马伟景

1957年出生于山东省曹县。现任中央企业专职外部董事。经济学博士，编审职称，国家社会科学基金应用经济学学科评审专家。曾任中共中央理论刊物《求是》杂志社经济编辑部主任、国际编辑部负责人，国务院研究室工交贸易司司长。

长期从事经济理论编辑、研究和经济政策研究、咨询工作，近年来开始从事中央企业决策管理实务。主要研究领域为政治经济学、产业经济、企业理论等，已出版文集《有心插柳》《中国改革发展研究论集》及《地下经济研究》《经济结构与经济增长》《富人经济学批判》（入选 2016 年经典中国出版工程）、《穷人经济学导论》等经济学专著多部，在国内外报刊公开发表论文 60 余篇。

中产阶级经济论

马传景 著

INTRODUCTION TO THE MIDDLE CLASS ECONOMICS

中国出版集团
研究出版社

图书在版编目 (CIP) 数据

中产阶级经济论 / 马传景著 . -- 北京 : 研究出版社 , 2019.8
ISBN 978-7-5199-0667-2

Ⅰ . ①中… Ⅱ . ①马… Ⅲ . ①中等资产阶级 – 经济学 – 研究 Ⅳ . ① F0

中国版本图书馆 CIP 数据核字 (2019) 第 155706 号

出 品 人：赵卜慧
责任编辑：张立明

中产阶级经济论

ZHONGCHAN JIEJI JINGJILUN

作　　者　马传景 著
出版发行　研究出版社
地　　址　北京市朝阳区安定门外安华里 504 号 A 座（100011）
电　　话　010-64217619　　64217612（发行中心）
网　　址　www.yanjiuchubanshe.com
经　　销　新华书店
印　　刷　北京艺诺印刷科技有限公司
版　　次　2019 年 9 月第 1 版　　2019 年 9 月第 1 次印刷
开　　本　889 毫米 × 1194 毫米　1/32
印　　张　9.25
字　　数　216 千字
书　　号　ISBN 978-7-5199-0667-2
定　　价　36.00 元

目录

Contents

导言

中国中产阶级经济研究：新时代的大命题

经济学的学科任务和学术价值，是对已经发生的经济现象做出符合实际、逻辑自洽、令人信服的经济解释，并对经济现象的发展趋势做出符合事物发展规律的科学预测。在此基础上，如果经济学家还能够提出解决问题的切实可行的政策建议，为国家制定相关经济政策提供有用的依据，则是经济学研究的更高境界。

改革开放以来特别是20世纪90年代中后期以来，中产阶级在中国悄然兴起并不断发展壮大，已经成为20世纪末期以来中国经济发生的一个大事件，也是在世界范围内有重要影响的经济事件。有抱负和责任感的中国经济学家有必要、也有责任对这个重大经济问题展开深入研究，提出中国经济学家自己的看法，建立分析研究中国中产阶级经济问题的概念和理论体系。

一、中产阶级经济问题是亟需研究的重要现实和理论课题

美国社会学家米尔斯在《白领：美国的中产阶级》一书导言中指出，“正是这样一个白领世界，才能使我们寻觅到现存的20世纪的基本特征”①。20世纪80年代以来，在发达国家特别是美国，中产阶级问题研究是学术界的一大热门话题。以哥伦比亚大学图书馆收录的西文图书为例，从1980年到2014年，与中产阶级有关的图书达到4000余部。当然，中国还没有形成以中产阶级为主体的社会，因此，中国中产阶级经济问题不可能像在发达国家那样引人关注。下面的讨论表明，中国中产阶级崛起已是一个重要事实。从学术研究应该具有一定预见性的要求看，现在就应该着手研究中产阶级兴起、成长的规律性以及与经济增长等经济问题的关系，不应该以中产阶级尚未占主体地位否定中国中产阶级经济问题研究的必要性。

中产阶级（国内官方提法是“中等收入群体”，也有学者采用“中等阶层”的提法。本书采用“中产阶级”概念，理由将在下文中论述）的兴起和不断发展壮大，是当今中国新的经济现象，已经引起国内外学术界和我国政府的密切关注。

由于界定中产阶级的标准不同，不同机构发布的中国当前中产阶级人数有很大差别。

2015年10月13日，瑞士信贷银行研究院发布的《全球财富报告》声称，中国的中产阶级人数为全球之冠，达到了1.09亿人，占总人口的比重为11%，比占第二位的美国多1700万人，比居第三位的日本多4700万人。

---

① ［美］C. 米尔斯·莱特：《白领：美国的中产阶级》，周晓虹译，南京大学出版社2016年版。

2015 年 11 月 27 日，西南财经大学中国家庭金融调查研究中心发布的 2015 年调查数据（采用了与瑞士信贷银行研究院同样的划分标准），估计中国中等收入家庭成年人口为 2.17 亿人，占总人口的比重为 21.4%。几乎同时，著名企业家马云在阿里巴巴论坛上表示目前中国已有 3 亿中产人士，在未来 10 年到 20 年将拥有 5 亿中产人口。在同月召开的一次国务院常务会议上，国务院总理李克强也指出，中国有 13 亿人口，中等收入者已有 3 亿人。①

2016 年 7 月 9 日的《经济学人》杂志封面文章是：《2.25 亿人踏入中产阶级，让中国执政者担心》，认为中国中产阶级人数为 2.25 亿。

2016 年年底，中国社会科学院副院长李培林在 2017 年《社会蓝皮书》发布会上指出，当前阶段中国中等收入群体家庭人口占全国总人口的 37.4%。根据国家统计局公布的有关数据，按 2015 年年底中国总人口 13.73 亿计算，中等收入人口达到了 5 亿人左右。

2019 年 2 月 25 日，人民日报主办的《环球时报》报道，美国著名智库美国战略与国际问题研究中心的“中国实力”项目两年前曾推出了有关中国中产阶级的研究报告，指出“2002 年，中国中产仅占人口总数的 4%，10 年后，攀升至 31%，超过 4.2 亿人”，“一贫如洗的 4 亿多人已一跃成为中国中产”。

长于发现赚钱机会的各类商家，已经敏锐地嗅到了中国中产阶级兴起带来的巨大商机，把中产阶级家庭作为目标客户和

① 以上一组数据转引自李春玲：《中产阶级的不安全感和焦虑心态》，载《文化纵横》2016 年第 8 期。

亟待开发的潜在市场，各类媒体上声称为中产阶级人士和家庭量身打造的各类商品广告铺天盖地。比如房地产项目的广告宣称他们打造的项目是“中产阶级的家园”或“中产阶级社区”；中高档汽车在销售时声称某一品牌的汽车是专为“中产阶级”或“专业人士”打造的；某些中高档家具、化妆品、服装、日用品宣称具有中产阶级的品味和风格，如此等等。一些属于中产阶级范围的都市白领和专业人士及其家庭，显然也在实践着欧美国家流行的中产阶级生活方式，如对服装品牌、居住环境、汽车档次、子女应该上什么样的幼儿园或学校等都有特殊要求，定期到俱乐部健身，到咖啡厅消费，每年全家到国内外旅游一到两次，等等。

作家和文学评论家比较早地发现了中产阶级的出现，并在文学作品中表现了中国中产阶级的审美生活趣味、精神立场、价值观和生活方式。一批中青年作家创作了一批充满小资情调和中产阶级趣味的小说，如《上海宝贝》《资本爱情现在时》《细小病毒》，被评论家称为“中产阶级文学”。

这一切都明白无误地表明，在中国，中产阶级已经成为重要的社会经济群体和影响经济发展的重要力量。尽管各个机构公布的中国中产阶级人数有很大差异，尽管许多所谓中产阶级人士认为自己不是中产阶级，感觉是被“中产”了，一个数量可观的中产阶级群体已经形成，是一个不可否认的事实。而中产阶级的兴起和不断壮大，必然对中国经济发展产生不可忽视的重要影响，甚至可能因此改变经济发展的走向和面貌。有人指出，“银发经济”和“中产兴起”是决定未来中国经济发展的两大经济现象。同时，有的学者进一步指出，中国中产阶级的兴起，还是一个具有全球意义的重大课题。

从发达国家经济发展的历史看，当一个国家中产阶级在人口中占了优势比重时，标志着这个国家已经实现了工业化、现代化，超过了中等收入水平。严格地说，中产阶级是工业社会的产儿，也是现代社会的一个基本特征。中国正在向全面建设小康社会迈进，并进而向国家现代化迈进，就不能不关注中产阶级发展的问题。全面建成小康社会直至建成现代化国家，在某种意义上就是消灭绝对贫困人口，并让中国大多数人口进入中产阶级行列。

中产阶级兴起是经济发展的结果，也是经济进一步发展的原因。中产阶级兴起和壮大对经济发展的影响是多方面的，包括中产阶级兴起对消费需求升级和消费结构变化的影响，对产业结构调整和优化升级的要求，对人力资源供给状况的影响，对扩大内需、调整结构、经济转型、促进增长的重要作用。一句话，中产阶级的形成和壮大对促进我国经济稳定持续发展都将产生重大影响。更何况，中产阶级的兴起和发展，对社会政治、文化也会带来深刻的影响。

从党的十六大开始，中央把扩大中等收入人口比重作为经济工作的一项重要任务，提出努力形成“橄榄型”的收入分配结构，促进实现共同富裕，使广大群众都能分享改革发展的成果。经济学有责任围绕提高中等收入人口比重即中产阶级比重的途径、政策措施等进行深入的研究，为国家决策提供经济上的依据。

迄今为止，经济学研究对中国中产阶级产生的机理还没有给出科学的解释，对中产阶级产生与发展将会对国家经济发展产生怎样的影响还不完全清楚，对今后中产阶级发展的走向还缺乏具有现实与理论根据的预测和建议。这些问题不解决，中国经济学就没有尽到它的责任，全面、系统、深入地研究中产阶级经济问题，是当代中国经济学面临的一项重大任务。

二、国内中产阶级经济问题研究现状

有的学者指出，就世界范围来看，20 世纪上半叶，人类思想超越了现实发展步伐，而面对 20 世纪后 20 年社会经济领域发生的巨变，人类思想远远跟不上现实的发展。[①] 整体上来看，中国经济学研究远远落后于我国经济体制改革和经济发展的步伐与现状，对于中产阶级经济问题研究的滞后则更为突出。

在中国率先关注和研究中产阶级问题的是社会学家。早在 20 世纪 80 年代后期，个别社会学者从中产阶级是政治民主建设的重要力量的角度关注中国中产阶级的出现，很快被作为“资产阶级自由化”和“精神污染”遭到批评，导致了这种研究活动的长时间停止和沉寂。90 年代末期又有一些社会学者开始介绍国外中产阶级发展状况和国际学术界关于中产阶级问题的一些概念、理论、分析方法等，指出中产阶级（当时的提法是中等收入群体）兴起有利于政治稳定和经济发展，逐步引起官方的重视和接受。国内真正开始系统、深入地对中国中产阶级问题展开研究，转折点出现在 2002 年 11 月党的十六大召开，江泽民同志在大会政治报告中正式提出要提高中等收入人群比重。从那时开始，陆续出现了一批研究中国中产阶级的学术成果。社会学从社会分层的角度指出，中国已经存在一个中产阶级阶层，并提出了划分中产阶级的不同标准，对中国中产阶级人数进行了分析、估计。还有一些社会学家对中产阶级的政治态度、民主意识以及中产阶级文化进行了研究，从而

① 金观涛、刘青峰：《开放中的变迁》，法律出版社 2011 年 1 月第 1 版序言。

对中产阶级兴起对于促进政治民主化进程、社会稳定的作用进行了探讨。就社会学对中国中产阶级的研究而言，国内外学界一致的看法是：这种研究还处于初级阶段或起步阶段，表现在划分中产阶级的标准、维度存在很大差别，因而对中国中产阶级数量的估计差别巨大，多的达到5亿多，少的只有1亿多；对中产阶级的政治态度、是否形成了一个独立的阶级等也存在很大分歧。对此，美国布鲁金斯学会中国中心主任李侃如指出："整体说来，描述不准确、数据不统一，以及大量猜测的存在（在很大程度上基于同西方经验的类比），已经成为这类研究的特点。"①

经济学与社会学研究对象和关注的重点不同。社会学对中国中产阶级问题的研究不能替代经济学的研究，何况社会学的研究还很不深入。从现在可以看到的文献来看，除了一些分别研究中产阶级某一方面经济问题的论文，已出版的可视为经济学研究的著作有秦言著《中国中产阶级——未来社会结构的主流》、苏海南等著《中国中产阶级阶层的兴起》、黄庐进著《转型时期中国中产阶级阶层消费行为研究》、李成主编《〈中产〉中国——超越经济转型的新兴中国中产阶级》（本书虽然是全面研究中产阶级问题的论文集，还包括了对中产阶级的社会学、政治学、文化学研究，但研究中产阶级经济问题的论文占了不少比重）等不多的几本。整体来看，国内经济学界对中产阶级经济问题的研究还只是零星的、散乱的，很不系统，很不深入。首先，对于如何划分中产阶级，经济学界还没有提出独立的理论标准和方法，而只是重复社会学的不同观点和主

---

① ［美］李成编著：《〈中产〉中国——超越经济转型的新兴中国中产阶级》，许效礼、王祥钢译，上海译文出版社2013年2月第1版序。

张，因而对中国中产阶级的规模、人数，中国经济学家还没有给出比较令人信服的测算和估计；对中国中产阶级兴起的原因和机理，停留在简单借用社会学对发达国家中产阶级产生的理论说明，缺乏从中国改革开放以来体制机制变化和经济发展现实出发的理论分析；对中国中产阶级兴起和发展壮大对经济进一步发展的影响也缺乏从需求、供给等方面深入的研究；对中国中产阶级发展的前景以及进一步成长壮大存在的障碍，如何促进中产阶级的发展、形成所谓“橄榄型”的社会收入分配结构，详细的论证和系统可行的政策建议仍付之阙如，如此等等。

对于中产阶级经济问题的研究这样一个既对国家经济发展有着重要意义，又有可能取得重大经济理论创新的课题，为什么国内经济学界不少研究者视而不见、置若罔闻？我以为主要是两个原因。一是现在国内大部分经济学者属于书斋中的经济学家，对现实经济问题既不了解，缺乏应有的经济嗅觉，不清楚哪些问题具有重大的现实意义和重大理论创新可能，同时对研究现实经济问题没有兴趣，也没有掌握研究现实经济问题的方法，不具备研究解决现实经济问题的能力。二是现在经济学界存在一种“西方中心论”的取向，一切唯西方经济学界马首是瞻，确定研究课题、研究方法、评价课题研究的学术价值都追随西方潮流和标准。西方经济学界研究的问题才是有价值的，西方学术界认可的研究课题才有人去研究。而西方不研究的课题就是没有价值的，不值得研究的。根据侯思铭发表的文章，20 世纪 90 年代的西方学术界，对中国已经产生了中产阶级的说法是不能接受的。1993 年，美国布鲁金斯学会约翰·桑顿中国中心高级研究员李成被美国当代国际事务研究所派往中国做访问学者。在长江中下游地区特别是上海，中产阶级的兴起引起了李成的注意。回到美国后，李成撰写了一本题为《重新认识中国：改革的动力和困境》，并于1997年出版，书中讲述了中国发生的变化，其中包括中产阶级在中国的兴起。在出版这本书之前，李成曾向多家刊物和出版社投稿，都被拒绝了，因为审稿人认为中国并没有中产阶级。他们认为，在中国除了一小部分非常有钱的富人，剩下的就是占人口绝大多数的穷人。图书出版时，李成曾经设想在标题中使用中产阶级的字眼，也因为不被认同而只能妥协，以现在的标题出版。① 既然西方学术界包括经济学界对中国是否产生了中产阶级都存在疑问，更不会承认关于中国中产阶级课题研究的学术价值，中国经济学家的研究成果就不会在西方国家发表或出版，这样的事情我们的一些经济学家是不屑做的。然而，由于2004年世界银行的一份研究报告提出了"中等收入陷阱"的假说，国内无数的经济学者纷纷跟进，一时间如何使中国走出所谓"中等收入陷阱"成为了一个学术热点。其实，正如华生等经济学家指出的，这个问题很可能是一个伪命题、假问题。因为，影响一国经济发展的主要因素是资本、技术、人力资本的供给状况，从发展经济学的理论推不出在中等收入水平上一定出现经济发展停滞的结论，经济发展的历史统计分析也并不支持一个国家进入中等收入阶段后一定会出现发展的停滞。类似这样的例子太多了。中国经济学研究要有所作为，应当从"西方中心论"的学术迷信中走出来，破除媚洋、崇洋的学术氛围，坚持经济学研究立足于中国经济现实、服务于中国经济改革发展实践，加强对现实经济问题的研究，包括对中国中产

① 侯思铭：《中产中国的未来》，载《经济观察报》网站，2013年5月3日发布。

阶级经济问题开展深入系统地研究，对这一经济现象给出合乎经济逻辑的解释，提出切实可行的理论和政策建议。

三、本书的主要研究内容

首先需要说明的是，目前国内除了运用“中产阶级”这一概念来指称书中研究的这一社会群体，媒体和学术界还同时使用“中等收入群体”“中等阶层”“中间等级”等概念指称同样的社会群体。虽然官方说法是“中等收入群体”，但是在书中我还是决定用中产阶级这个概念。这是基于以下几方面的考虑：

第一，从马克思开始，国际学术界研究这个问题虽然使用的概念不同，但是从经济上研究这个问题，还是应该使用中产阶级的概念。因为“中间等级”是一个政治学的概念，“中间阶层”是一个社会学的概念，只有中产阶级是以货币和物质资本、人力资本为标准划分的，才是一个经济学的概念。使用中产阶级的概念，可以使得我们的研究与社会学、政治学等学科的研究区别开来，并且使得对这个问题的经济研究有着共同的内涵，遵循共同的学理基础，便于国内外经济学术界的交流、对话。

第二，从研究中产阶级的理论源流看，马克思是第一个以占有资产为标准来界定中产阶级的，以后不少学者也是把资产作为划分中产阶级的标准。虽然后来的一些西方学者如赖特、国内一些社会学者倾向于用多元标准来界定中产阶级，比如除了用资产，还用职业、教育水平、收入水平认定社会成员是否属于中产阶级。但在我看来，人们的收入水平决定于从事的职业，从事何种职业取决于受教育状况和水平，只有受过良好教育才能从事科学技术研究、企业技术与管理、政府工作人员等所谓白领工作，而教育水平和职业能力又可以视为人力资本状况，这就与马克思关于占有资本状况决定属于哪个阶级在理论上统一起来了。只不过随着科学技术和经济的发展，不同类型的资本在经济发展中的作用发生了变化。在早期资本主义社会中，表现为货币和实物形态的资本在经济发展中发挥着更重要的作用，决定着人们的社会经济地位，而在工业化社会和后工业化社会中，人力资本在经济发展中的作用更加凸显出来，在经济发展中发挥着比过去时代更重要的作用，人力资本占有状况对人们的社会经济地位起着更大作用而已。

第三，在当下的社会主义国家，特别是在发展社会主义市场经济的条件下，不像马克思所处的古典资本主义社会中，不同阶级意味着根本利益的对抗，所谓“阶级”一词已经失去了原来的意义。使用中产阶级的概念，不会产生在今天的中国还存在着阶级斗争，不同社会群体之间存在着不可调和的利益矛盾的误解。从这个意义上说，中产阶级中的“阶级”一词只是借用而已。

在国内外关于中产阶级经济问题研究的基础上，本书将力求建立一个中产阶级研究的经济学框架。书中不研究社会学、政治学等学科关心的中产阶级文化、中产阶层的民主诉求、阶级意识的形成与否以及对社会政治稳定的影响等问题。

本书以中国中产阶级经济问题研究为主，国外中产阶级发展状况及其研究只是作为研究的背景。尽管如此，开头一章还必须对中产阶级定义、中产阶级产生的经济背景及原因、中产阶级基本经济特征以及对经济发展的影响做一个概括的论述。接着将重点分析中国中产阶级的兴起及其经济原因；从中国中产阶级自身特点研究入手，分析中产阶级兴起对中国经济发展的重要影响；通过分析中国中产阶级进一步发展壮大面临的经济社会环境，指出中国中产阶级发展的前景；提出促进中国中产阶级扩大的政策建议。

本书研究将借鉴和参考经济学已有研究成果，同时也会参考社会学家的研究文献。由于网络技术的发展，目前关于中国中产阶级经济有价值的研究成果不限于在平面媒体上发表的文章、出版的著作，作者还参考了许多发表在微信、各网站上的文章。书中在引用传统媒体和新媒体上其他作者的观点和材料时，都尽可能一一注明了出处。至于书中出现的事实和理论错误，则由作者负全部责任。

中产阶级在中国的兴起和壮大本身就是一个新事物，对中国中产阶级经济问题的研究更是处在筚路蓝缕的开创阶段，研究基础还很薄弱。本书对中国中产阶级经济现象的研究也只能是初步的，必然存在不深入、不全面、不正确的地方。希望本书能够起到抛砖引玉的作用，吸引更多的中国经济学家关注中产阶级经济问题，研究中产阶级经济现象，使中国中产阶级经济问题的研究逐步深入，形成有中国经济学派印记的关于中产阶级经济的学术理论体系。

第一章

中产阶级概说

本书的研究重点是中产阶级“特殊”，即与中国中产阶级有关的经济问题。但是，在展开对中国中产阶级经济问题研究之前，必须先对中产阶级“一般”，即与世界各国中产阶级兴起有关的经济问题有一个概括的把握，作为研究中国中产阶级经济问题的起点和前提。因此，本章先对中产阶级的定义、范围、规模、世界各国中产阶级兴起的原因和发展走势等问题进行简要论述。

第一节　谁是中产阶级：定义和划分标准

严格地说，中产阶级是一个现代社会的范畴。在前资本主义社会，中产阶级主要是一个政治概念。比如在奴隶社会，只有奴隶主和奴隶两大阶级，不存在一个中间层次。在封建社会和资本主义早期，法国的“第三等级”、英国的“市民等级”，等等，是与贵族阶层相对应的，虽然也代表着人们的经济地位，但主要是指人们的政治和社会地位。

这里从经济学的角度，对如何定义中产阶级等问题进行概述。

一、从一元标准到多元标准

如同在导言中指出的，国内外对中产阶级现象首先予以关注的是社会学界，经济学术界对中产阶级问题还没有引起足够重视。迄今为止，社会学家对中产阶级的研究中，关于中产阶级的定义，可谓众说纷纭、莫衷一是，各家观点分歧很大，甚至尖锐对立。由于定义不同，涉及中产阶级这个概念，所指的对象也有较大区别，不同的理论体系针对的对象各不相同。

概括地说，中产阶级定义主要有“一元标准”和“多元标准”之分。

1. 中产阶级定义的一元标准

所谓中产阶级定义的一元标准，是指用财产占有的状况定义是否属于中产阶级。从目前能够看到的史料看，最早根据财产占有状况划分社会阶级的是古希腊哲人亚里士多德。他将现实中的公民划分为三个层次。他说：“在一切城邦中，所有公民可以分为三个阶层（或阶级），极富、极贫和两者之间的中产阶级。”极富的公民主要指500斗级，即大奴隶主；极贫的公民指日佣级，即处于下层甚至破产境地、失去土地的公民；中产阶级则指为了生计而奔波的小奴隶主，即双牛级和骑士级的公民。如上所述，亚里士多德划分社会阶级时，是不包括奴隶的，只是根据财产状况对公民阶层的划分。[①] 古希腊政治家

① 周晓虹等：《西方中产阶级——理论与实践》，中国人民大学出版社2016年版，第30页。

梭伦也曾经以财产占有状况为依据把雅典公民划分为四个等级。即“500斗级”“300斗级”（这两级都能养得起马，应征为骑兵）、“双牛级”（构成重装步兵）、“日佣级”贫民（构成轻装步兵，担负军中杂役）。[①]

马克思在《德意志意识形态》《1844年经济学—哲学手稿》《共产主义原理》《共产党宣言》等一系列著作中，研究了资本主义社会的阶级构成。在这些著作中，马克思指出在资本主义社会中除了资产阶级、无产阶级之外，还有一个存在于他们之间的中间阶级——小资产阶级。从马克思的论述中我们可以看到，他是以财产占有状况来定义中产阶级的：所谓中产阶级或小资产阶级，就是拥有少量资本且从事劳动的阶级，包括小工业家、小商人和小食利者、手工业者和农民。[②] 在马克思、恩格斯看来，资本主义的发展趋势，将使整个资本主义社会分成两个阶级：资产阶级和无产阶级。在《共产党宣言》中，他们指出：“但是，我们的时代，资产阶级的时代，却有一个特点：它使阶级对立简单化了。整个社会分裂为两大敌对的阵营，分裂为两大相互对立的阶级：资产阶级和无产阶级。”“以前的中间等级的下层，即小工业家、小商人和小食利者、手工业者和农民——所有这些阶级都降落到无产阶级的队伍里来了，有的是因为他们的小资本不足以经营大工业，经不起较大的资本家的竞争；有的是因为他们的手艺已经被新的生产方法弄得不值钱了。无产阶级就是这样从居民的所有阶级

---

① 见百度知道，2015年9月12日。

② 周晓虹等：《西方中产阶级——理论与实践》，中国人民大学出版社2016年版，第70页。

中得到补充的。”①

在以后研究中产阶级的学者中，有一些学者特别是新马克思主义者，仍然坚持用财产占有状况来定义中产阶级。

2. 中产阶级定义的多元标准

19 世纪末 20 世纪初，围绕中产阶级的有无和性质，在马克思主义者或者说在德国社会民主党内部开展了一场大规模的讨论，实际上涉及了中产阶级定义和划分标准问题。考茨基坚持马克思关于以占有财产状况划分阶级的观点，将无产阶级定义为所有通过工作获取工资和薪水的人，并认为这些人越来越多，正在成为社会的主体。而争论的另一方、所谓修正主义者伯恩斯坦则认为，应将公务员、技术雇员、管理者、办公室人员和销售人员等薪金雇员阶层视为“新中产阶级”，实际上提出了阶级划分的多元标准——判断人们属于哪个阶级，不一定要根据财产占有状况，也可以根据职业、收入等其他方面。中产阶级不一定要占有一定财产，可以是那些白领雇员。根据这个观点，伯恩斯坦认为，资本主义发展的结果，不一定是无产阶级队伍越来越大，中产阶级或者说小资产阶级人数越来越少，出现马克思预言的两极分化和阶级对立，从而爆发无产阶级革命。这就为他所主张的议会斗争等渐进的社会改良策略提供了理论依据。我们知道，在中国曾一度把修正主义视为反动思潮和理论大加批判。如果不是先入为主，而是客观地回顾和研究历史上那场论战的经济背景，可以看到，马克思主义者和修正主义者不过是根据变化了的经济条件，从不同角度、不同侧面对重大现实经济和政治问题的正常争论，很难说谁完全正

---

① ［德］马克思、恩格斯：《共产党宣言》，载《马克思、恩格斯选集》（第一卷），人民出版社 1995 年版，第 273、280 页。

确，谁完全错误。从后来国际共产主义运动发展的实际情况看，不少国家的共产党人特别是西欧国家的共产党走了议会斗争的改良道路，一些国家走了暴力革命、推翻资产阶级政权的道路，都取得了成功，说明不同的理论适合于不同国家的实际情况。

在马克思主义阵营以外，一些学者也提出了阶级划分的多元标准，从而提出了不同的关于中产阶级的定义。如著名社会学家马克斯·韦伯就提出，社会各阶级的划分至少有三个方面的标准：从经济角度界定的阶级，从社会角度界定的阶级如社会声望，从政治权力角度界定的阶级。这种由财富、声望、权力构成的三位一体社会分层方法，得到了后来的社会学家的重视和运用。如美国著名社会学家吉尔伯特和卡尔，就提出了“九变量”的划分标准，包括职业、收入、财产、个人声望、交往、社会化、权力、阶级意识、流动。用这一标准来定义中产阶级，中产阶级的构成与用财产定义有着很大的差别。

属于“新马克思主义阵营”的美国著名社会学家莱特·米尔斯在 1951 年出版了《白领：美国的中产阶级》一书，指出界定原来的老中产阶级主要看是否占有财产，指农场主、小工厂主等占有一定财产的社会成员，而在二次大战后的美国，界定是否属于新中产阶级主要是看职业和收入状况。“今天，对大多数有着直接收入的人而言，其收入来源是职业而不是财产：现在，决定大多数中产阶级的生活机遇的，与其说是自己财产及其所得的有利可图的买卖，不如说是在劳动力市场上出售劳务的可能性。金钱可以买到的一切，以及人们梦寐以求的许多东西，都有赖于职业收入。在新中产阶级职业中，人们依赖他人的财产为他人工作。”①

二、“老中产阶级”与“新中产阶级”

由于中产阶级的定义不同，导致两种定义下中产阶级的构成具有很大区别。

以财产占有状况定义的中产阶级是谓“老中产阶级”。马克思以欧洲的情况为分析基础，包括了小工业者、小商人、小食利者、富农、小自由农，以及医生、学者、牧师等为数不多的自由职业者。这种老中产阶级或者马克思所说的“小资产阶级”，在工业革命前的欧洲人口数量较小。和欧洲的情况不同，工业革命前美国的“老式中产阶级”，包括自由农场主、店主和小企业主曾经占到总人口的80%。按照马克思的分析，“老中产阶级”的基本特征就是，拥有一定资本但又不能雇佣工人而只能自我雇佣的人；由于既有一定的资本，又要从事劳动，介于不劳而获的资产阶级与一无所有的无产阶级之间，所以他们是中产阶级或者中间阶级。随着工业革命的推进，特别是后工业社会的到来，老中产阶级不可避免地衰落了，人口急剧减少，验证了马克思在《共产党宣言》时代的分析。

以职业、收入、受教育程度定义的中产阶级是谓“新中产阶级”。按米尔斯的说法，新中产阶级主要是从事脑力劳动的“白领”；按普兰查斯的说法，新中产阶级主要是“非生产性的非体力劳动者”。综合伯恩斯坦、韦伯、米尔斯等以及现代学者的划分标准，新中产阶级包括专业技术人员、经理阶层、学校教师、办公室工作人员、销售人员、政府工作人员等

① ［美］C. 莱特·米尔斯：《白领：美国的中产阶级》，周晓虹译，南京大学出版社2016年版，第65页。

从事脑力劳动、收入处于中等水平的社会成员。正是“新中产阶级”构成了现代人口的主体，使我们的社会成为中产阶级社会。可以看出，新中产阶级的特征是，没有财产或资本，靠劳动获得收入，但由于具有较高的教育水平和知识、技能水平，获得的收入和生活状况明显高于、优于单纯的体力劳动者，在社会中处于中间层次，成为了中产阶级。

三、新老中产阶级定义和划分标准的统一性

表面看来，传统的中产阶级与现代中产阶级定义有着很大的区别，划分中产阶级的标准截然不同，其成员构成也有很大差别。解释一种经济现象却有两种理论体系，存在两种定义和标准，这种理论就是不成熟、不彻底的。深入研究一下，这两种定义和划分标准之间是否存在着由此及彼的桥梁，从而使两种定义和划分标准统一起来？下面的分析表明，两种定义应该可以统一起来。

1. 两个不同的分析视角：阶级结构与阶级构成

正如莱特指出的，在“阶级分析中，阶级结构和阶级构成之间的区别是阶级分析基本的，但常常是隐含着的区别”。“阶级结构分析指的是个人参与其中的社会关系的结构，这种结构决定着他们的阶级利益”；“阶级构成指的是阶级结构中以该阶级结构所形成的利益为基础而组织起来的群体的构成。阶级构成是可变的”。由此可见，阶级结构分析的重心在于社会关系，更进一步说则是生产关系和阶级关系；而阶级构成分析的重心在于群体的具体构成。①

① 周晓虹等：《西方中产阶级——理论与实践》，中国人民大学出版社 2016 年 1 版，第 23 页。

阶级分析和历史分析是马克思主义的两大社会分析方法。根据马克思本人的观点，阶级分析方法不是他本人的发明，英国、法国古典经济学家和法国大革命时期的历史学家都采用了阶级分析方法，马克思的贡献在于把阶级分析与历史分析结合在一起，指出阶级是一定历史阶段的产物以及阶级斗争的结果。马克思为了分析资本主义社会中人们之间的利益关系，采取财产占有或者是否拥有资本作为标准把社会成员划分为资产阶级、无产阶级和处于两大阶级之间的小资产阶级。这里，资本不仅具有会计学和财务上的含义，而且具有社会含义，是一种社会关系。资产阶级因占有财产和资本而成为剥削阶级，无产阶级因为除了自身以外一无所有而成为被剥削阶级，两大阶级之间存在着阶级斗争。阶级斗争的结果必然导致无产阶级专政。显然，这里马克思采用的是阶级结构的分析。同时，马克思也看到了技术进步、工业革命、生产力发展对社会成员构成的影响。新的职业经理和服务阶层是随着资本主义发展而出现的新的社会阶层，他们不占有财产，因而不是资本家，属于劳动者。但是他们从事的劳动与普通劳动者不同，他们出卖的主要不是体力，而是智力与脑力，从事的不是简单劳动，而是复杂劳动，从而使他们与一般体力劳动者区别开来，形成了一种新的社会阶层。比如，他在《资本论》中曾经详细分析了企业经营管理劳动的性质，指出这种管理行为如同乐队指挥，是机器大生产不可或缺的。显然，这里马克思采用的是阶级构成的分析。

不能武断地说，后来研究社会阶层划分的学者都是为了抹杀阶级矛盾和阶级斗争，回避了阶级结构分析，而采取了阶级构成分析。原因可能是：为了解释大量中产阶级的兴起，采用阶级构成分析也许更方便一些。从第二国际的伯恩斯坦到韦伯，再到 20 世纪的米尔斯、贝尔等社会学家，根据工业化社会或后工业化社会经济社会生活的变化，不再采用阶级结构分析方法，而主要采取阶级构成分析方法，来区分社会不同层次。他们重点关注中产阶级的具体构成，而不是揭示社会成员之间的利益关系，得出现代中产阶级主要由管理人员、技术人员、销售人员、教师、律师、医生、办公室文员、政府官员构成的结论。

可以看出，采取阶级结构分析或阶级构成分析的视角，就会得出不同的中产阶级的定义和范围。这里只是分析角度的区别，两者之间不存在相互对立和排斥的关系。

四、中产阶级定义的“资本一元论”

根据占有财产或资本状况的一元标准来定义中产阶级，只适用于前资本主义时期的历史实际。根据职业、收入、消费、教育状况等多元标准定义中产阶级，反映了社会经济技术的变化及其对经济发展的重大影响，但却抛弃了以占有财产或资本来定义中产阶级的理论，前提是这两种定义之间是毫无内在联系的。那么，这两种定义方法之间真的没有任何必然联系吗?

其实，只要我们把财产或资本的概念扩展一下，或者说只要我们接受了现代人力资本的概念和理论，完全可以用资本占有状况的一元论来定义中产阶级，把目前流行的两种关于中产阶级的定义标准统一起来，并在此基础上进一步分析研究中产阶级经济问题。

关于这个问题，学术界已经有人进行了探讨。英国当代著名社会学家吉登斯认为，可以根据三种“市场能力”把社会成员划分成三种阶级。即掌握生产资料的市场能力的上层阶级、掌握教育和技能的市场能力的中产阶级、只具有体力劳动的市场能力的下层阶级。如果把吉登斯的市场能力转换成资本的概念，我们完全可以把社会成员划分为掌握了物质资本的阶级、掌握了高级人力资本这种特殊资本的中产阶级、只是掌握了一般人力资本的下层阶级。美国当代社会学家古尔德纳更认为，“新阶级的资本是它在教育的基础上获得的人力资本，而旧阶级凭借的是财富资本”①。

从发展经济学理论的发展和演变，也可以看出资本的概念是不断发展和扩展的。哈罗德、多马建立了经济增长模型，形成了独立的经济增长理论，得出了在不存在技术进步和资本折旧的假设下，经济增长率随着储蓄率的提高而提高，随着资本—产出比的扩大而下降的结论。此后不久，索罗和斯旺对哈罗德—多马模型进行了发展和修正，建立了索罗—斯旺模型，认为劳动力与资本之间是可以相互替代的，长期增长率是由劳动力增加和技术进步决定的。劳动力增加不仅指数量增加，而且还包含劳动力素质和技术能力的提高。所以，索罗、斯旺长期增长模型打破了一直为人们所信奉的资本积累是经济增长的最主要因素的结论，启发人们认识到长期经济增长除了要有资本以外，更重要的是技术的进步、教育和训练水平的提高。20世纪80年代中期以来，主要是由于罗默、卢卡斯的工作，建立了以构建技术内生化增长模型为中心的人力资本理论，人称新经济增长理论。新经济增长理论克服了把技术进步作为外生变量、不能解释经济增长真正原因的缺陷，指出技术进步是经济增长的核心，并通过指出技术进步是由于市场激励而导致的

---

① 周晓虹等：《西方中产阶级——理论与实践》，中国人民大学出版社2016年1版，第69、80页。

有意识行为的结果，把技术进步在经济增长中的作用内生化。他们认为，经济增长的原动力是知识积累，资本的积累不是关键，强调知识积累、技术进步对于经济增长具有决定性作用。新经济增长理论的重要贡献是把劳动力扩大为人力资本投资，即人力资本不仅包括绝对的劳动力数量和该国所处的平均技术水平，而且还包括劳动力的教育水平、生产技能训练和相互协作能力的培养，这一切成为经济增长的关键。20 世纪 60 年代初以后，在芝加哥大学任教的西奥多·W. 舒尔茨、加里·贝克尔以及阿罗等人发表了一系列重要论文，发现人力资本的贡献是经济增长的重要原因之一。因此，在研究经济增长问题时，有必要扩大传统的资本概念，把人力资本包括进来，而不应该仅仅只考虑有形的物质资本和货币资本。人力资本与非人力资本都有资本的属性，但又具有不同的特点。人力资本的形成也有成本，也可以进行投入—产出的经济学计算。努力提高人力资本的素质，激发人力资本的积极性，就可以大大促进经济增长，而且人力资本的投资收益率要大大高于非人力资本。根据对人力资本性质、特点的分析，这些经济学家提出，由于在某种意义上决定人类前途的并不是空间、土地和其他自然资源，而是人口的素质、技能和技术水平，只要人的素质和积极性不断提高和得到充分发挥，经济增长就具有无限空间，人类的前景是乐观的。①

经济增长理论和发展经济学资本概念的演变和扩展，是以经济增长和经济发展的实际为依据和基础的。事实上，在经济增长和经济发展过程中，技术和知识的作用越来越大，物质资

① 参见马传景：《穷人经济学导论》第七章相关内容，商务印书馆 2018 年版。

本、货币资本与人力资本在经济增长和发展中的相对重要性也在发生着变化，人力资本的作用对经济增长和发展越来越起着决定性的作用。

综上所述，由于资本概念的演变和扩展，我们完全可以用占有资本状况的一元标准来划分阶级，来定义中产阶级。老中产阶级是占有部分财产或资本的阶层。在工业化前的社会，这种中产阶级一度占有较大或优势比重，在工业化、后工业化时代，这类中产阶级人数减少，但不会消亡。因为总有一些行业适合小规模经营，大公司、大企业永远需要一些小企业为其提供配套产品和服务，大企业、大公司固然拥有规模经营优势，小企业、小公司也有固有的优势。在现代社会中，通过接受教育而占有一定人力资本的人们，与只能从事体力劳动、不拥有高级人力资本的普通劳动者相比，属于中产阶级，并且占了社会成员的多数，即学术界指出的“新中产阶级”成为社会的主流人口，我们的社会就进入了中产阶级社会。至于职业、教育、收入等划分标准，也可以用资本概念来替代。收入的多寡，取决于职业和职位的差异，职业和职位的差异，无非是由拥有人力资本状况的差异导致，而人力资本的差异主要是缘于受教育状况不同。

第二节　中产阶级在发达国家的兴起及其原因研究

中产阶级兴起并在社会人口中占据了多数，是经济发展过程中的大事件。本节简单描述西方国家中产阶级的兴起并分析其发展壮大的经济、技术等方面原因。

一、中产阶级在西方的兴起

实际上，中产阶级在人数上占据主导地位，主要是由于“新中产阶级”的兴起。随着工业化发展和后工业化社会的到来，“老中产阶级”的数量是下降的。因此，我们下面讨论的主要是新中产阶级的崛起情况及其主要原因。

在西方主要国家，新兴中产阶级的崛起主要集中在两个历史时期。一个时期是 19 世纪末期和 20 世纪 30 年代，对应着机器大工业的快速发展和工业化的狂飙突起；另一个时期是第二次世界大战结束后到 20 世纪 80 年代，对应着工业化的完成和后工业化社会的发展。

1. 新中产阶级是工业化发展的产儿

真正意义上的中产阶级的形成，主要源于工业革命的兴起和发展。19 世纪末 20 世纪初，是西方国家工业化、城市化快速发展时期，也是新中产阶级开始发展壮大的时期。

在西欧的英国、德国、法国诸国中，新中产阶级正是在这个时期获得了发展。比如在英国，19 世纪末以后中产阶级的构成发生了重要变化，主要表现为新中产阶级的产生。这部分新中产阶级主要由各个领域的专业人士组成，如律师、医生、企业的管理人员和技术人员、政府文官队伍。

在美国，这一时期正是所谓“镀金时代”和“爵士时代”所指称的时期。“镀金时代”指从南北战争结束到 20 世纪初的那段历史，是美国工业化快速发展、由农业国向工业国转变、由自由资本主义向垄断资本主义转变的时期，因为美国作家马克·吐温和查尔斯·沃纳于 1873 年发表了著名的长篇小说《镀金时代》而得名；“爵士时代”指从一次世界大战结束到 1929 年那一段经济高速发展的繁荣时期，因为美国作家菲茨杰拉德在 1922 年出版的长篇小说《爵士时代》而得名。据美国历史学家霍夫斯塔德的研究，1870 年到 1910 年，美国总人口增长了两倍多，其中工人阶级增长了 3 倍，农民增长了 1 倍，老中产阶级增长了两倍，而新中产阶级则增长了 8 倍，人数从 75. 6 万人增长到 560. 9 万人，约占当时美国中产阶级的 63%。又据乔治·梅森大学的历史学家迪纳的研究，1870 年，全美从事经理、带薪水的专业技术人员、推销员和办公室人员等工作的人数约为 75 万人，到了 1910 年，增加到每 5 个就业人口中就有 1 人从事这类工作。1890 年办公室工作人员有 38. 1 万人，1900 年上升为 70. 8 万人，1910 年又翻了一番，达到 152. 4 万人，到 1920 年又飙升至 283. 8 万人。1900—1920 年间，美国半技术性操作工人从占总就业人数的 12. 5% 增长到 15. 6%，而同期白领职员占总就业人数的比例已从 3% 增长到 8%。[①]

2. 新中产阶级是后工业化社会的宠儿

如果说，工业化导致了新中产阶级的崛起和发展，那么后工业化社会的来临和发展，使得新中产阶级取得了更大的发展，并最终取代老中产阶级成为中产阶级主体。可以说，新中产阶级是后工业化社会的宠儿。

1973 年，美国哈佛大学教授、社会学家丹尼尔·贝尔出版了《后工业化社会的到来》，指出第二次世界大战后不久，以美国为代表的发达国家进入了后工业化社会。后工业化社会的主要特征是服务业的产值和就业人数超过了工业和农业，本

① 转引自周晓虹等：《西方中产阶级——理论与实践》，中国人民大学出版社 2016 年版，第 132 - 133 页。

质是在物质基础达到一定水平，供给方面以知识和技术为动力改变生产方式，需求方面由追求数量向追求质量转变，推动经济发展面貌改变的过程。正是在贝尔所说的后工业化社会，新中产阶级获得了进一步的壮大和发展，在全部就业人口中逐步占了主要比例，使这些国家进入了中产阶级社会。在美国，白领阶层的总数从 20 世纪 40 年代的 1608 万人增加到 5105 万人，白领阶层占就业者的比重也从 20 世纪 40 年代的 31% 上升到 80 年代的 60% 以上。1964 年的调查表明，美国认为自己属于中产阶级的人数达到 44%，而到 2000 年，认为自己属于中产阶级的人数则高达 70% 以上。① 在西欧和北欧国家，自 20 世纪 50 年代以后，都开始出现了新中产阶级数量不断增长的趋势，越来越多的非技术职业消失，越来越多的人进入非体力劳动部门就业。如法国蓝领工人在全部劳动人口中的比重从 1969 年的 40% 下降到 2000 年的 30%。2001 年的数据显示，英国、德国白领雇员占劳动者的比例都超过了蓝领雇员。在欧美以外的国家中，日本战后获得了美国的经济援助和支持，经历了几个“经济景气”，实现了经济腾飞。与此同时，新中产阶级也在日本发展起来。1963 年，美国社会学家傅高义根据 1958—1960 年在日本的田野研究发现，20 世纪 50 年代末 60 年代初的日本，“新社会秩序中的一个重要现象是大批‘新中产阶级’的出现，‘老式中产阶级’的权力和影响正在衰落，他们正在逐渐被‘新中产阶级’即大商行的白领雇员和政府职员所取代”。自那时开始，日本的新中产阶级一直快速发展壮大。尽管“广场协议”签订后日本经济遭受重创，使日本

---

① 转引自苏海南等：《当代中国中产阶层的兴起》，浙江大学出版社 2015 年版，第 40 - 41 页。

进入了两个“失去的10年”，整个日本社会还是沉浸在“全面中产”或“一亿中流”的兴奋之中，中产阶级的自我认同率甚至超过了欧美，达到90%。①

二、中产阶级兴起的主要原因

纵观19世纪末20世纪初以来中产阶级不断发展壮大，并最终在发达国家就业人口中占据了主导地位的历史过程，这种变化从根本上说根源于科学技术的不断进步及其在社会生产中得到应用，并由此引起了产业结构、企业制度和组织结构的变化。19世纪70年代到20世纪初，以电力的广泛应用和内燃机的发明为主要标志的第二次工业革命，使人类社会由蒸汽机时代进入了电气时代，自由竞争的资本主义阶段进入垄断资本主义即帝国主义阶段。20世纪以来科学技术又发生了革命性进步，最重要的标志是信息技术的发明突破，使人类社会进入了信息化时代和经济全球化时代。科技进步的日新月异导致社会分工不断细化，社会经济活动越来越专业化、技术化、职业化，新的行业和职业不断出现。这些变化不能不映射到社会阶层的变化上。所以，社会阶层的变化及中产阶级的兴起，是由社会生产力和社会生产关系的重大变化所引起的。对此，可以主要从以下方面进行概略分析。

第一，“两权分离”与管理阶层的发展壮大。20世纪以前企业制度的主要形式是，资本家不仅拥有企业所有权，而且拥有对企业的管理权，实际支配着企业的生产资料和生产经营活

① 转引自周晓虹：《全球化与中产阶级的形塑：理论与现实》，见李春玲主编：《比较视野下的中产阶级形成：过程、影响以及社会经济后果》，社会科学文献出版社2009年1版，第86－87页。

动。20 世纪以后，生产越来越集中，企业规模不断扩大，自由竞争被垄断所取代。企业生产规模日益扩大，一方面是市场竞争的结果，正如列宁指出的，竞争必然导致一些企业破产关闭，生产必然更加集中，竞争必然导致垄断；另一方面一些行业具有规模效益，企业越大成本越低，利润率越高，以追逐利润为目标的资本家就会千方百计地把企业越做越大；再有，股份制这种新的企业组织形式的应运而生，为利用社会资本和个人投资提供了可能，可以集中利用大量社会资本迅速扩大生产规模。企业生产规模日益扩大，生产技术愈益先进，企业生产经营活动变得十分复杂，需要具有专业管理知识和管理技能才能胜任，而原来的资本家及其继承人不一定具有这种管理运营大规模企业的能力和技能。为了使投资获得最大收益，资本所有者愿意把企业经营管理权让渡给专业的企业管理人员。同时，由于在股份制企业组织形式下，股权高度分散，某一个股东难以获得对企业的支配权，众多股东为了各自利益，会经过商讨形成决定，把企业管理权交给管理专家。这样，在西方国家发生了一场所谓“管理革命”或“经理革命”，企业生产经营活动支配权、管理权由资本所有者手中转移到专业经营管理者手中，形成了一个专门从事企业经营管理的阶层，并且数量越来越大。据统计，美国这一群体的人数在 1900 年时约为 511.5 万人，1920 年时猛增至 1092.9 万人。同一时期在英国，经理和高级管理人员的数量也达到了 62.9 万人[①]。

对于企业管理活动的重要性以及管理人员的地位，马克思早就洞察到了。他在《资本论》中充分肯定了经营管理活动

---

① 转引自周晓虹等：《西方中产阶级——理论与实践》，中国人民大学出版社 2016 年版，第 134 页。

在剩余价值生产中的重要作用，把这种管理活动比作乐队的指挥，不可或缺。由于当时经理人的角色主要由资本家本人充当，马克思不可能预见到以后的管理革命。此后，新老制度学派经济家凡勃伦、加尔布雷斯以及律师伯利、经济学教授米恩斯都发现了企业中权力结构的变化，特别是美国政治理论学家詹姆斯·伯恩海姆发表了他的代表作《管理革命》，更深入地研究了所有权和管理权分离的主题，提出了“资本主义正在向‘管理社会’转变，拥有所有权的资本家逐渐对生产不再有贡献，他们成为被管理人所挣来的利润喂养的人，而管理者则实际控制着生产资料，并因此而控制了社会权力”。从功能理论出发，伯恩海姆把企业人员区分为几个阶层：各种工人，承担生产功能；专业技术人员；经营主管，他们承担执行功能；经理阶层，他们是严格意义上执行管理功能的阶层；股东，他们名义上拥有企业，但在实际生产过程中，这种功能不再具有更多的实际意义；金融资本家，他们承担的功能是获得利益，是金融资本增值，不再关注一个行业和企业。在伯恩海姆看来，上述六个阶层，二到四个阶层都属于管理阶层，构成了典型意义上的“中间阶级”。①

第二，先进生产技术的应用与专业技术人员队伍的扩大。在工场手工业时代，工人凭借经验、手艺长期生产一种产品，科技应用在企业生存和发展中的作用不突出，不存在科技人员与生产一线工人的分工。到了机器大生产时代，科学技术与生产的结合越来越紧密，越来越多的科学技术应用于生产过程，同时技术和产品开发成为企业越来重要的活动，决定着企业发

① 周晓虹等：《西方中产阶级——理论与实践》，中国人民大学出版社 2016 年版，第 140 – 142 页。

展与生存，专业的科技人员成为员工队伍的重要组成部分。这些工程师和研发人员的收入水平和工作稳定性都远远超过一般体力劳动者，成为新中产阶级的重要组成部分。与此同时，科学技术研究成为一种专门的职业，独立于企业。并且企业科研机构不断增多，也成为中产阶级的重要组成部分。根据科技部《中国科技人才发展报告》（2014 年）提供的数据，2013 年中国共有科技人员资源 7105 万人，每万人中科技人力资源为 522 人。在中国如果要申请高科技企业，大学专科以上人员占员工比例必须达到 30%，其中研发人员比例要达到 10% 以上。可见，在中国这样一个发展中国家，科技人员在企业和全部人口中尚且占有相当高的比例，发达国家中科技人员占的比例会更高。

第三，产业结构转变与服务业就业人数占多数。产业经济学认为，产业结构变化遵循着一定的规律，这就是消费品工业或者说轻工业、重化工业、第三产业或者说服务业依次在社会经济中占据主导地位，在国民生产总值和社会财富创造中占据优势比重。第三产业或者说服务业将随着经济技术发展逐渐占据主导地位，一方面因为人们在满足基本生存需求以后，物质需求在消费支出中所占比重会逐渐下降，而会产生越来越多的非物质消费需求并在消费支出中占据越来越大的比重，比如说文化娱乐、旅游、教育、休闲、体育健身，等等。另一方面，随着科学技术的发展，社会分工随之发展深化，生产领域的一些环节会从生产领域独立出来，成为新的服务行业，如物流、研发、设计，等等。需要指出，服务业有传统服务业和现代服务业之分。传统服务业如饮食、修理、旅馆业等一般属于体力劳动，不需要较高的教育和技术水平，因此收入水平与一般体力劳动收入大体相当。而现代服务业如金融、保险、教育、研发设计、文学创作、艺术表演，等等，则需要较高的教育、科学和文化素养，是一种比较高级的劳动或带有创造性的劳动，因而收入水平会高于一般体力劳动者，使现代服务业的从业者成为中产阶级的重要组成部分。正是由于服务业特别是现代服务业的发展壮大，在国民经济中的地位日益重要，这些行业的从业人员也在不断增多，从而使新中产阶级的队伍不断扩大。

1973 年，美国哈佛大学教授丹尼尔·贝尔出版了《后工业社会的到来》，认为经过第二次世界大战后的持续发展，西方发达国家已经由工业社会进入了后工业社会。后工业社会的基本特征是，经济方面从生产经济转为服务经济；职业分布上专业技术人员阶级处于主导地位；更重要的是社会中轴的转变，即理论知识将处于中心地位，成为社会革新和制定政策的源泉。世界各国半个多世纪发展的历程证明了贝尔的预见是正确的。现在不但西方主要发达国家产业结构中服务业占了主导地位，像中国这样的发展中国家，经过改革开放以来 40 年的持续高速发展，第三产业或者说服务业的产值占比也超过了第二产业或者说工业，在三次产业生产总值中的比重超过了一半以上。

第四，社会经济活动管理复杂化与政府公务人员增加。随着经济总规模的扩大和社会分工体系日益复杂，国家经济事务和社会事务管理的职能也变得越来越复杂和更加庞杂，门类更多，工作量更大，导致从事国家经济、社会事务管理的专业行政技术人员数量的增长。目前，美国约 3. 5 亿人口中，公务员人数约 2800 万人，中国接近 14 亿人口中国家公务员有 700 多万人，但实际上从事经济社会事务管理的人员，或者说财政供养人员数量在 5000 万—6000 万人之间。就西方主要发达国家而言，国家公务人员的增加与应对经济危机的需要有关，特别是与大危机引起的西方经济思潮的变化有紧密的联系。在20世纪20年代末30年代初经济大萧条发生以前，西方国家一直信奉自由主义市场经济理论，相信靠市场这只“看不见的手”的自发调节，经济就可以高效运行，政府对经济的干预越少越好。1929—1933年席卷所有发达国家的大危机告诉人们，单靠市场机制自发调节，并不能保证经济供求关系之间的均衡，就会发生周期性的经济危机，给国民经济带来重创。经济大危机期间上台的美国总统胡佛继续奉行自由主义经济政策，他许下的把美国经济从危机中拯救出来“让每一个家庭饭桌上都有一只鸡吃”的诺言没有兑现，最终下台。1933年罗斯福就任总统后，在美国施行了所谓“罗斯福新政”，运用财政手段和货币手段，加强了政府对经济活动的干预，包括政府投资公共设施建设、对金融业实行整顿、保证正常的货币供应量、完善社会保障体系、对穷人给予救济，甚至规定了工业企业生产时间、产品价格，防止生产过剩等手段，在不长的时间内，使美国经济从危机中走了出来。1936年凯恩斯的《就业、利息和货币通论》出版。这本书以应对资本主义国家屡屡发生的经济危机为背景，明确指出单纯依靠市场调节不能自动实现供给和需求之间的平衡，必然会出现生产过剩的经济危机，导致严重失业。为了保证充分就业和经济正常运行，必须运用财政和货币政策对经济活动予以干预。凯恩斯的理论问世后，在西方国家产生了深远影响，他的经济主张先后被各国政府所接受，国家干预学说一度取代了自由主义经济学说的主流地位。经济理论和经济政策导向的重大变化，导致国家对社会经济活动的管理和干预的加强，国家公务人员数量出现较大幅度的增加。有关研究表明，自20世纪40年代以来，美国政府部门已经成为就业最重要的领域之一，政府工作人员数量一直快速增长。到了20世纪70年代末，已经有1200万人为各级政府工作，占全部劳动力的10%，每6个美国人中，就有一个受雇于政府机构。而在1929年，只有300万人为政府工作，占全部劳动力的比例为6.4%。国家公务人员要胜任对经济社会事务的管理，必须接受较高水平的教育，具备较高水平的专业素质，因而可以获得高于普通劳动者的收入水平。“二战”以后，国家公务员队伍的不断扩大，成为新中产阶级队伍扩大的重要原因。

在社会主义国家，国家公务人员成为中产阶级的重要组成部分，则又有其特殊的经济政治背景。列宁设想，社会主义革命胜利后，国家应该由工人阶级直接管理。然而，事实上，工人不可能直接管理国家，而必须由具有一定文化教育水平和专业技能的官僚、职员来行使管理经济社会事务的职权。由于社会主义国家普遍实行了高度集中统一的计划经济，从生产到分配再到消费，都纳入国家管理的范围，需要一支庞大的经济行政管理人员队伍。由于国家公务人员事实上掌握着经济生活的一切大权，他们享受着制度内和制度外、成文的和不成文的各项特权和利益，以致一些马克思主义理论家和社会主义国家一些持有不同政见的理论家认为，在社会主义制度下形成了一个拥有特权的“新阶级”，其中最有代表性的理论著作是前南斯拉夫的吉拉斯的《新阶级》。由于经济制度和政治制度的安排，社会主义国家的公务人员成为介乎于高级官员和普通劳动者的中间阶级。中国等社会主义国家实行经济体制改革以后，政府职能有了较大转变，国家对经济活动的管控大幅减少，经济市场化程度有了显著提高。但是，社会主义国家改革还很不彻底，进一步改革阻力还很大。以中国为例，由于改革路径从改革初期的自下而上、鼓励基层先闯先试，转变为目前的强调顶层设计自上而下的改革，上面不确定的改革事项，下面都不能动，而改革首先要触动的是官员的权力和利益，要先动他们的“奶酪”。除非我们的官员都是圣人，要他们主动放弃权力和既得利益，应当是很困难的。因此，在我国和其他社会主义国家距离建立完善的市场经济体制，让市场发挥资源配置的根本性作用，还有很长的路要走，国家公务人员构成中产阶级重要部分的现状，还要维持很长一段时期。

第五，教育的改革发展与新中产阶级队伍的壮大。新中产阶级与无产阶级的主要区别，不是取决于财产占有数量的多寡，而是受教育程度和专业技能的差别，从而导致的收入水平的差别和社会地位的分野。因此，新中产阶级成长的一个基本前提条件是教育事业的发展。近代以来，西欧各国及美国开始重视教育的作用，并实行了教育改革，促进了教育的发展，为新中产阶级的出现奠定了基础，也为新中产阶级的成长壮大创造了不可或缺的条件。欧洲国家首先是英国在18—19世纪实现了从贵族教育到大众教育的转变，把受教育权从拥有特权的贵族阶级向全社会普及，并且进行了教育改革，大多数高等学校开始采用自然科学的突出成就，使高等教育与社会生产发展紧密联系在一起，越来越多的人可以通过接受现代教育，获得专业技能，使自己跻身于中产阶级行列。在美国，内战结束后，自19世纪70年代开始，美国的基础教育、高等教育和职业技术教育均获得了迅速发展，进入名副其实的黄金时代。教育体系的完善和教学内容的更新，为培养适应社会经济发展需要的专业人员提供了制度上、实践上的保证，大量训练有素的专业人才很快加入了美国中产阶级的队伍。新中产阶级集中了大量受过高中以上教育的青年，受教育年限平均达到12年，而普通工人受教育年限只有8—8年半。到1900年，美国接受过比较专业技术训练的执业人员已经达到1200万人。①

第六，现代社会保障体系的日趋完善与中产阶级人数的增长。在建立了完善的社会保障制度的条件下，一方面由于人们生活没有后顾之忧，家庭有能力把收入的重要部分投入到子女教育和个人继续教育，提高知识和技能水平，从而有利于中产阶级队伍的壮大；另一方面，由于完善的社会保障体系的建立，人们不会因为疾病、工伤、失业导致收入水平的大幅下降，有利于保持和巩固中产阶级的经济地位，使中产阶级阶层数量保持稳定和持续增长。自19世纪80年代到第二次世界大战以前，以德国率先建立现代社会保障制度为滥觞，西欧和北欧等国如丹麦、瑞典、挪威、芬兰、意大利、英国、比利时、法国、奥地利、荷兰、瑞士等，也先后建立起了带有强制性的社会保障体系，包括工伤社会保险、失业社会保险、老年社会保险、疾病社会保险等。到了20世纪30年代，以颁布《社会保障法》为先声，美国也开始实施社会保险制度。这标志着社会保障最终在主要资本主义国家形成了一种制度。以第二次世界大战为分水岭，西方社会保障制度发生了巨大变化，社会保障由以前的临时应急措施变成了国家的长期政策；由把维持公民最低生活需要、就业、义务教育视为生存权利的极限，重新定义为使公民享有现代文明和福利；从最初只对个别经济困难的个人实行的社会救助，发展到社会全体成员都有权享受国家给付的各种福利待遇；从战前的“侧重治疗”转变到“侧

① 转引自周晓虹等:《西方中产阶级——理论与实践》，中国人民大学出版社2016年版，第133－134页。

重预防”。[①] 战后社会保障制度改革的结果，是在主要发达国家普遍建立起了福利国家，对公民实行所谓“从摇篮到墓地”的保障。这促使中产阶级的队伍进一步扩大，中产阶级的经济社会地位进一步稳固。西方建立的“福利国家”社会保障制度，也有明显的弊病，事实上存在另一种不公平，影响了经济效率，降低了国家的经济竞争力，也需要改革。当然，这属于另一个领域的重要问题，这里不做进一步讨论。

第三节　中产阶级兴起对经济发展影响的一般分析

中产阶级成长壮大，极大地改变了社会经济关系和整个社会经济面貌，也对以后的经济发展过程有着举足轻重的影响，使得经济发展的动力、经济发展的机理都发生了变化。正确认识和了解中产阶级在经济发展中的作用，是理解现代经济发展规律和走向的重要方面。

一、中产阶级在经济发展中作用的日益凸显：知识技术与资本重要性的此消彼长

各种生产要素在经济增长或经济发展中的重要性取决于其稀缺性。在农业社会和工场手工业、机器大工业的早期，经济增长主要靠索取自然资源，是人与自然的交换，经济增长和财

① 参见潘强恩、马传景、王兆斌：《社会保障新论》，红旗出版社 2000 年版，第 7－14 页。

富总量扩大的最重要条件是物质资本和货币资本，使劳动力与生产资料得以结合，使财富生产过程得以进行并使生产规模不断扩大。在经济发展的这个阶段，对于经济增长和经济发展而言，资本是稀缺性资源。正因为如此，早期经济增长理论强调的是资本的作用，如哈罗德—多马增长模型中以资本为核心，认为资本的积累、投资的增长，是经济增长的关键。随着机器大工业的发展，特别是人类社会由工业社会进入后工业社会，知识、技术在经济增长和经济发展中的作用日益凸显，知识、技术以及掌握知识、技术的人力资本成为经济增长和经济发展的关键因素与稀缺性资源。对应这种变化，经济增长理论也相应地发生了发展和变化。如索洛—斯旺模型发现资本和劳动产出的余量（生产增加量除了资本和劳动的贡献还有一部分剩余）来源于技术进步。在卢卡斯、罗默等人的经济增长模型和舒尔茨等芝加哥大学教授的经济增长理论中，技术进步和人力资本供给及人力资本素质提高成了决定经济增长的决定性因素，形成了新经济增长和发展理论。掌握知识和技术的主要是我们所指称的新中产阶级，进行知识和创新的也主要是新中产阶级。由于物质资本、货币资本和人力资本在经济增长和经济发展中相对重要性的这种变化，人力资本成为经济增长发展的稀缺性资源，掌握这种人力资本的新中产阶级，成为稀缺性资源和决定经济增长与发展的决定性力量。

20 世纪 50 年代以来，西方学者敏锐地意识到知识技术和人力资本在经济增长和发展中作用越来越重要，并且从不同角度进行了论述。

美籍奥地利经济学家熊彼特认为经济发展的动力主要来源于创新。这里所说的创新包括技术的创新、产品的创新、市场的创新、经营模式的创新，等等。熊彼特的经济发展理论最终得出的结论是，上述创新主要靠企业家，企业家的创新活动对于经济发展具有决定性意义，因而企业家是经济发展的决定性力量。如果我们对现实经济运动和企业的实际情况有所了解就可以发现，熊彼特所说的上述创新活动许多是由专业技术人员和管理人员进行的，特别是技术创新、产品开发活动、管理创新活动更是以专业技术和管理人员为主体。时至今日，专业技术人员和管理人员仍然是新中产阶级的中坚部分。因此，新中产阶级的创新活动，越来越成为现代经济发展的决定因素，属于新中产阶级范畴的专业技术人员和管理人员是经济发展的稀缺性资源。

新制度主义经济学家加尔布雷斯较早地提出了知识资本的概念，构造了以“权力转移论”为核心的新理论，阐述了20世纪中期以知识分子和专业人士为主要组成部分的新中产阶级在西方社会结构中占据主导地位的演变过程。加尔布雷斯认为，对最重要最稀缺资源的拥有，决定了社会权力的归属。两百年前，土地是决定性因素，地主是掌权者；随着在美洲土地的大量开垦和增加，资本渐渐稀缺，资本家成为掌权者；到了现代，也就是新工业时代，随着科学技术迅猛发展，技术变得越来越复杂，越来越专门化，对于企业成功至关重要，科学技术在经济发展中已经替代资本成为最重要的独立生产要素，社会权力就自然转移到了掌握科学技术和专门知识的人手中，包括科学家、工程师、专业技师、营业员、广告人、推销员、法学家、调解员、经理、董事等技术结构阶层，他们成为新一代的掌握知识资本权力的人，从而成为新一代掌权的人。加尔布雷斯所论权力的转移，实际上也论述了经济增长中不同要素作用的此消彼长。

丹尼尔·贝尔在《后工业社会的到来》一书中，以技术为中轴将社会划分为前工业社会、工业社会和后工业社会三种形态。贝尔强调，在社会进步过程中，技术已经成为一种主要力量，尤其是进入20世纪以来，各种高新技术的发展，特别是原子能、电子计算机和各种通信技术的发展，极大地促进了信息技术和新能源的开发利用，导致了信息产业的发展和工业的逐渐衰退，以生产为主的工业社会特色逐渐被新的后工业特色取代，美国进入了后工业社会形态。他指出，“如果工业社会以机器技术为基础，后工业社会则以知识技术为基础。如果资本与劳动是工业社会的主要结构特征，那么信息和知识则是后工业社会的主要结构特征”。因此，在这种新的社会形态中，新中产阶级，即专业与技术人员阶级将日益扩大而处于主导地位，理论知识将处于中心地位。贝尔认为美国在第二次世界大战以后率先进入了后工业社会，20世纪70年代以来，西方发达国家的经济体系也纷纷从工业为主的经济转向服务业为主的经济，即进入了后工业社会，知识成为了现代经济增长的基础。在当今许多国家，知识与技术已经成为经济发展的决定性因素，专业技术人员即新中产阶级，已经成为决定经济发展的稀缺性资源。与贝尔的看法相呼应，管理大师德鲁克曾预言，工业社会已经进入后资本主义时代，知识将成为唯一重要的资本。①

以上分析表明，由于知识技术与资本在经济发展中作用的此消彼长，掌握专业技术知识的中产阶级在经济发展中的作用日益增强，成为决定经济发展的关键力量。是否拥有一支强大的中产阶级队伍、中产阶级的知识技术状况如何，以及中产阶

---

① 参见周晓虹等：《西方中产阶级——理论与实践》，中国人民大学出版社2016年版，第224、225－227、334页。

级的作用能否充分发挥，将决定一个国家经济发展的当前面貌和未来前景。

二、中产阶级兴起对经济发展的直接影响：需求与供给分析

一个国家经济的持续快速发展，取决于需求和供给两个方面。如果一个经济体能保持强劲的需求，将有力地拉动经济增长和发展；如果一个国家拥有充足的、高素质的生产要素供给，将有效地增加有效供给，推动经济持续稳定发展。让我们分别从需求和供给两个方面，分析中产阶级兴起对经济发展的重要影响。

首先，从需求方面看，中产阶级虽然没有资本家阶级那样的高收入，但是消费倾向高于资本家阶级，即消费支出占总收入的比重更高，具有更强烈的消费欲望；由于中产阶级收入水平高于一般体力劳动者，购买力和消费水平也明显高于一般劳动者。如果一个社会形成了一个人数众多、在社会成员中具有优势比重的中产阶级，就保证了国内庞大而稳定的消费市场，这个社会将具有旺盛的需求能力，拉动一些行业以至整个经济的快速持续发展。典型的例子是美国的汽车工业。美国进入中产阶级社会的同时，也进入了汽车时代。在 20 世纪 20 年代，中产阶级不仅把汽车看作必需品，而且看作社会地位的象征，由中产阶级支撑的庞大的汽车消费市场，使美国汽车工业达到了空前的繁荣。同时还要看到，中产阶级还具有一个公认的特点，就是他们的消费方式是前卫的，引导着消费的潮流，不仅追求新奇，要求生产商不断提供新产品和新服务满足他们的需求，而且对产品质量具有较高要求。一旦一种产品和服务的消费成为中产阶级的时尚，很快就会成为整个社会的消费潮流。

为了满足中产阶级人士和全体社会成员对消费的需求，生产商和服务商就必须不断开发新产品，提供新服务，提高技术水平和产品质量水平，必然推动产业结构调整升级，导致产品质量不断提高，从而推动一个国家经济水平不断迈向新的高度。

其次，从供给方面看，新中产阶级的主体是专业技术人员。在知识技术成为经济发展的稀缺性资源的时代，中产阶级兴起和人数的不断增加，意味着高素质人力资本的充分供给，提供了经济发展必需的最宝贵资源。同时，知识技术型的新中产阶级不断发展壮大，将推动技术、产品、管理等方面的创新源源不断，大大促进技术进步步伐，推动产业结构升级和产品技术质量水平提高，收获企业管理效率提高和商业模式创新带来的效益。由于中产阶级具有较高的收入水平，将有更多的剩余收入用来储蓄，他们的储蓄将部分转化为资本投入生产过程，为经济发展提供强有力的资本支持。

三、中产阶级兴起与社会经济矛盾的缓和

保持稳定的社会环境，是经济持续发展的必备条件。在中产阶级人数不断增加和占多数的情况下，有利于缩小社会收入差距，避免造成过大的贫富差距，缓和社会矛盾。因为中产阶级职业比较稳定，收入增长预期稳定，生活比较优裕，最不愿意看见社会发生动乱，成为维护社会稳定的重要力量。马克思当年曾经指出，随着资本主义机器大工业的发展，小资产阶级也会因为大企业成为社会生产的主要组织形式以及竞争的日益加剧，逐步加入无产阶级的队伍，社会将分化成两大对立的阶级——无产阶级和资产阶级。随着资本积累的历史过程的演进，无产阶级相对贫困化和绝对贫困化的状况都会加剧，阶级斗争矛盾将不断激化，最后导致无产阶级革命。历史进入20

世纪，在西方主要发达国家没有出现马克思所说的普遍的无产阶级革命，社会主义制度普遍取代资本主义制度，一个很重要的原因，就是在两大阶级之间形成了一个数量巨大的中产阶级，阶级矛盾得到了缓解。许多国家的共产党，也从当年马克思倡导的暴力革命、武装斗争，转到主要从事议会斗争，争取无产阶级的权力和利益的道路上来。从理论逻辑上看，马克思在当时条件下做出的分析和得出的历史结论并没有错，只是中产阶级的兴起，使情况发生了重要的变化。

当然，关于中产阶级兴起与经济发展的关系，还可以从其他不同的角度加以分析。但是，从以上几个方面的分析，我们已经可以得出以下重要结论：一个国家制定和采取了有利于中产阶级成长和发挥中产阶级作用的战略和政策体系，将增加稀缺性资源供给，为经济发展提供强大的消费拉动力和高素质生产要素支持，保持稳定的经济发展环境，大大促进一国的经济发展。相反，如果一个国家采取了一种不利于中产阶级发展壮大和发挥作用的经济政策体系，将严重抑制一国的经济发展，甚至使国家陷入经济停滞的困境。所以，紧密结合中产阶级崛起的经济背景，选择一国经济发展的路径和战略、政策，对一个国家的发展前景至关重要。

第四节　中产阶级的发展走势和未来

总的看，中产阶级在各国特别是在发达国家的兴起，是经济发展水平达到一定阶段出现的社会经济现象，是科学技术进步及其在社会生产中愈益广泛应用的必然产物，是产业结构调整和变化的必然结果。因此，随着经济发展水平的不断提高，科学技术的继续进步并得到更加广泛的应用，产业结构不断调整转换而趋向高级化，中产阶级发展总的趋势必然是数量继续增加，在经济社会发展中的作用更加重要。但是，也应该看到，中产阶级的发展壮大，毕竟是多种因素作用的结果，既有经济发展和科技发展的因素在起作用，也有国家经济政策在其中发挥重要影响；经济发展处于繁荣阶段将促使中产阶级数量增加，经济萧条和不景气却会引起中产阶级数量的减少；科技发展和产业结构调整的趋势有利于中产阶级发展，但在具体的阶段和时期可能会导致中产阶级队伍的萎缩。从中产阶级发展的历史轨迹看，既有中产阶级发展狂飙突进、人数迅速扩张的时期，也有中产阶级人数减少的时期，并不呈现一种直线发展的态势，整个中产阶级地位处于一种不稳定的状态。

一个时期以来，中产阶级危机成为西方发达国家学术界热议的话题，取代了关于中产阶级发展的乐观基调。正如中法社会科学研究中心主任、清华大学社会学系教授让·路易斯·罗卡所言，“自 20 世纪 80 年代以来，关于中产阶级成长的话语已经逐渐被中产阶级危机的话语所取代”。罗卡指出，“学生数量的大量增加和后工业危机使越来越多的大学毕业生和研究生成为失业者。因此，不仅工人家庭的成员成为中产阶级的梦想已变成一种梦魇，而且属于中产阶级的年轻人也面临着找工作的严重困难”①。事实上，经历了 20 世纪 70 年代以前中产阶级的迅速发展，继西方国家基本形成了“橄榄型”的收入分配结构，中产阶级成为劳动人口的主要构成部分，80 年代

---

① 李春玲主编：《比较视野下的中产阶级形成：过程、影响以及社会经济后果》，社会科学文献出版社 2009 年版，第 65 页。

以来却出现了中产阶级的严重萎缩。在美国，与1973年相比，1984年美国社会上层阶级和下层阶级都有了增长，而美国中产阶级队伍却萎缩了5.1%；19世纪70年代初，有75%的美国人属于中产阶级，而在80年代末，这个比例却降低到67%。[①] 进入21世纪，在经济全球化不断深化发展的时代里，与中国等亚洲新兴市场经济国家中产阶级正在迅速发展壮大的情况形成鲜明对比，欧美发达国家的中产阶级正处于整体往下沦落的态势，中产阶级的劳动条件、收入和生活水平、社会地位、阶级人数所占比例、阶级再生能力等都越来越恶化。熟悉美国经济情况的中国社会科学院研究员张宇燕曾著文指出，2015年，美国中产阶级占成年人口的比重只有50%，远低于1971年末的61%，同期中产阶级收入占总收入的比重更是从62%降低到43%。在欧洲国家，同一时期中产阶级的境况更加窘困。在欧洲传统的中产阶层市民社会，愤怒和躁动的情绪蔓延，在最近包括希腊、法国、西班牙等国在内的一系列大规模罢工队伍中，昔日有车有房、衣食无忧、经常全球旅行度假的白领，冲在队伍最前面，抗议降薪和延迟退休年龄。昔日社会稳定的基本力量，今天成为工会骨干和抗议活动的先锋。一向以社会和谐、财富分配均衡的日本，也出现了中产阶级社会的全面崩溃。2000年前后，90%的日本人认为自己属于中产阶层，而在2009年东京大学的一项调查中，接近一半的日本人把自己的经济地位定义为“中产阶层以下”。被誉为“日本战略之父”的日本管理学者大前研一在《M型社会》一书中指出，传统意义上的中产阶级已经严重衰落，构成中产阶级的

---

① 参见周晓虹等：《西方中产阶级——理论与实践》，中国人民大学出版社2016年版，第195页。

主要是原中产阶级中的中低层，所以目前的日本社会主要由中低层收入者和富人构成，呈“M”型。[①]

全球中产阶级发展趋势是多种因素共同作用的结果。要准确预见中产阶级发展趋势，需要从错综复杂的经济社会关系中发现影响中产阶级发展走向的主要因素，并分别对这些因素如何影响中产阶级的发展进行分析，从而从整体上把握中产阶级未来的发展前景。综合现有文献和著者的观察研究，作者以为影响中产阶级发展的主要有以下几个重要方面。

一、经济发展状况对中产阶级发展走势具有决定性的影响

从根本上说，中产阶级兴起是现代工业取代了传统手工业、社会财富总量迅速涌现、经济发展水平大幅度提高的结果。一个物质生产仅能维持人们基本生存需要的社会，是不可能产生所谓中产阶级的。因此，中产阶级今后的发展也与经济发展状况密切相关。当经济保持快速发展时，中产阶级的数量就会随之加快增加；当经济发展处于停滞和萧条状态时，中产阶级的数量不仅不会增加，还会萎缩。美欧国家中产阶级发展出现危机的时期恰恰是经济发展不景气的时候。比如，美国2008年爆发了金融危机和经济危机，使失业率和失业人口达到了几十年来的高峰。同时，美国学者指出，经济衰退的主要问题不在于数百万新增贫困人口，而是中产阶级遭到了巨大打击。曾经占据美国人口大多数的中产阶级所秉持的“美国中产梦”，包括有一天能自己买一套郊区的房子，拥有一份稳定、高收入的工作，工作到65岁退休，等等，已经被金融危

① 参见周晓虹等：《西方中产阶级——理论与实践》，中国人民大学出版社2016年版，第300－311页。

机彻底碾碎了。在曾经的中产阶级家庭里，一个人赚钱，就足够保障全家人过上舒适的日子。然而现在，这样的日子已经远去。[①] 日本之所以出现了大前研一所说的M型社会，传统中产阶级消失，"中产阶层以下"人口增多，主要发生在日本与美国签订"广场协议"后经济发展的长期低迷时期，即两个"失去的十年"。在经济快速增长的繁荣时期，会出现中产阶级的扩大，而在经济衰退时期，则容易出现两极分化，导致中产阶级的萎缩。因此，对于国家和政府而言，要使中产阶级不断发展壮大，最重要的还是要千方百计保持经济的稳定发展，扩大社会财富总量。

二、科学技术发展和产业结构调整变化对中产阶级发展具有双重影响

在讨论中产阶级兴起的原因时，我们曾经指出，科学技术的迅猛发展，产业结构的调整转换，要求劳动者只有具有较高教育水平和知识技术水平才能胜任复杂的技术工作、管理工作，导致了中产阶级的兴起和发展壮大。但是，在科学技术发生新的进步和产业结构发生重大调整时，社会教育体系需要一定时间的调整，以培养适应新技术和新的产业结构需要的劳动者，劳动者需要一定的学习时间来适应就业市场的新要求，这种劳动者知识技术的调整与技术变化和技术发展、产业结构变化之间有一个滞后期。这样，原来的一些就业岗位可能快速消失，人们又一时难以适应新的岗位的需要，一批专业技术人员就会失业，原有的中产阶级人数就会出现萎缩。所以，从一定时期

① 参见周晓虹等：《西方中产阶级——理论与实践》，中国人民大学出版社2016年版，第301页。

内看，科学技术进步和产业结构调整，对中产阶级的发展可能会产生负面影响。美国伊利诺伊大学劳动经济学家凯文·哈洛克曾指出，当经济衰退朝着复杂和恶化的方向发展时，新的科学技术加剧了中产工作岗位消失的速度。“曾经的人力工作岗位现在都被高科技代替了。或者是发生功能转变，传统岗位消失。这种现象不仅出现在传统工艺组装线岗位上，而且同样威胁着一些白领岗位”。前美国劳工部首席经济学家乔治城大学劳动经济学教授亨利·霍哲指出，在科技进步和产业结构变革时期，一些职业正在消失，一些行业的就业者很容易失业。“曾经拥有良好收入的文职类工作的消失最为明显”。另一位经济学家里夫金也指出，“中级管理人员最倒霉。80%具有中级管理职称的雇员在调整结构的过程中可能被解雇。”美国最新研究表明，20世纪90年代兴起的信息革命引领的新经济，并没有带来中产阶级生存状况的改善。在新经济条件下，一个中产阶级家庭一旦主要工作者失业了，他们即使紧缩基本生活支出25%，能靠收入积累维持9个月的也只有13%而已。也就是说绝大部分美国中产阶级是经不起任何失业危机的，一旦失业超过9个月，就会落入拍卖房产、流离失所的惨况。①

三、国家经济政策走向是影响中产阶级发展的重要因素

现代国家通过资源配置和经济政策影响着经济生活。国家对掌握的资源如何配置，经济政策指向的变化，对中产阶级的盛衰有着重要的影响。从经济政策角度看，主要是以下几方面的政策对中产阶级影响明显。

---

① 参见周晓虹等：《西方中产阶级——理论与实践》，中国人民大学出版社2016年版，第301－304。

1. 税收政策

国家税收政策是社会财富分配和再分配的重要手段。税收政策的倾向不同，对各个社会阶层的收入水平、生活水平、社会地位会产生不同的影响。在很大程度上，税收政策决定了社会财富分配格局，决定了哪些人可以富起来，哪些人难以富起来，哪些人的收入水平将会出现下降。20 世纪 70 年代末 80 年代初，以美英两国为代表，激进的保守主义政府先后上台，实行新自由主义经济学的一个分支——供给经济学派的经济主张和经济政策，被称为里根—撒切尔革命。供给学派的主要经济政策主张包括减少国家对经济活动的干预、降低税收、私有化。其中，带有“劫贫济富”性质的税收政策的调整，成为欧美中产阶级衰落的一个重要诱因。这种税收政策的核心内容是通过税收政策的调整，保证企业利润的扩张，而加重了工资收入者的税收负担，其中中产阶级承受着最高比例的税负，受影响最大。撒切尔政府将个人所得税最高税率从 83% 降到 60%，基础税率从 33% 降到 30%，小公司所得税税率从 42% 降到 30%，最高公司所得税税率从 52% 降到 35%；里根政府则将个人所得税最高边际税率从 70% 降到 28%，最低所得税税率由原来的 11% 提高到 15%，公司所得税税率减少为 15%、25%、34% 三档。减税幅度的差异对中产阶级产生了不利影响。从 1978 年/1979 年至 1990 年/1991 年，英国中等收入阶层实际纯收入上升了 378%，但最高收入阶层实际纯收入却上升了 1481%。1980 年，美国新中产阶级家庭的税后收入则由 30900 美元下降到 29500 美元。① 这种税收政策实施的结

① 参见周晓虹等：《西方中产阶级——理论与实践》，中国人民大学出版社 2016 年版，第 195 页。

果，使得社会财富向最富有的阶层不断集中，低收入和中等收入阶层在社会收入分配中处于不利地位。对此西方经济学家给予了严厉批评。美国普林斯顿大学教授克鲁格曼在题为《美国中产阶级消失的历史》的演讲中尖锐地指出，最近经济增长的收益却流向了富人阶层，造成中产阶级衰落的原因是现在的美国政府以牺牲穷人的利益来取悦富人。[①] 与此同时，欧美中产阶级阶层对这种不利于中产阶级的收税政策越来越不满，要求减轻中产阶级税收压力的呼声越来越高。2008 年金融危机后，美国、欧洲等国家开始了税收改革，特朗普上台后更是大刀阔斧地降低公司所得税。税收政策方面的这些新动向，将对中产阶级的走向产生重要影响，值得密切关注。

2. “福利国家”政策的调整

现代国家具有集中一部分社会财富、配置和使用社会财富的职能。政府通常通过税收集中社会财富，并将其中的一部分用来提供公共服务和福利。因此，政府集中的财富多少，用来进行社会福利建设的比重高低，决定着一个国家的福利状况。而福利状况如何对中产阶级的盛衰产生了重大影响。由于在欧洲国家有社会民主党的传统，以及这些国家工人阶级争取自身权益的不懈斗争和努力，再加上苏联东欧和中国等社会主义国家的建立，使资本主义国家的政府认识到，不对古典的资本主义制度实行改革，马克思预言的无产阶级革命和社会主义在全世界的胜利就不可避免，资本主义的政治经济制度就难以继续维持。因此，第二次世界大战后，欧美等发达国家普遍建立起福利国家制度，对民众实行从“摇篮到墓地”的社会保障。

① 参见周晓虹等：《西方中产阶级——理论与实践》，中国人民大学出版社 2016 年版，第 302 页。

在福利国家制度下，缩小了贫富差距，减少了失业，人们没有养老、医疗、子女教育等方面的后顾之忧，有效地促进了更多的劳动者进入中产阶级行列，已经上升为中产阶层的社会成员，社会地位也很稳固。但是，福利国家制度也有严重的弊病，就是使劳动者的工作积极性降低，导致国家的经济活力和创造力衰减。20 世纪 70 年代，欧洲一些国家经济增长出现停滞状态，财政收支状况日益恶化，通货膨胀加剧。这种状况在英国特别典型，被称为 20 世纪“英国病”。随着 20 世纪 70—80 年代新自由主义经济学占据了西方经济学主流地位，对福利国家制度进行了批判。一些经济学家和政治家反对福利国家的垄断，认为一个社会不应该如此迷恋财富的再分配，而忘了财富的创造，政府不应该提供应当由人民自我提供的福利，而应当在更大程度上利用市场、慈善和家庭资源解决一些福利问题。在这些经济主张影响下，西方一些国家开启了福利体制改革，总的取向是减少国家福利开支，更多靠市场和家庭资源解决公民的医疗、养老、教育等福利问题。采取这样的政策，结果成为导致中产阶级衰落的重要成因之一。需要指出的是，过度福利化也不利于中产阶级的成长。因为毕竟靠国家提供的福利只能维持基本生活需要，不可能进入中产阶级行列，也不能巩固已经获得的中产收入水平。但是，由于欧洲国家根深蒂固的福利国家传统，也由于西方国家的政党政治，一些政客为了争取选民的支持，在竞选时抬高行市，对选民许诺超出可以承受的福利，结果造成了国家财政不堪重负，劳动者缺乏吃苦耐劳精神，一些人依靠国家养活，使得这些国家经济发展停滞，财政状况不断恶化，几乎导致国家破产。2008 年经济危机中“PIGS”即葡萄牙、意大利、希腊、西班牙等国家经济几乎到了崩溃边缘，问题就是这样产生的。这种现象有可能引起欧洲国家新一轮福利制度的改革。比如美国新任总统特朗普上台伊始，就否定了奥巴马政府期间出台的医疗保障制度，表现出明显的去福利化倾向。西方国家福利制度改革走向如何，将对中产阶级的发展产生何种影响，还有待观察。

3. 国家对经济活动的干预强度

国家对经济的干预主要通过两个方面：一是通过直接介入经济经营活动，从而尽管规模、比重各国各有不同，但都形成了一定规模的国有经济或国有机构；二是通过制定、调整货币和财政政策，制定准入标准和市场行为规范并进行监督，等等。因此，国家要履行经济干预和经济管理职能，国有经济部门要雇佣一部分就业人员，政府经济管理活动也需要雇佣一批技术和管理等方面的专业人员，成为中产阶级的重要组成部分。国家对于经济活动干预范围多大、强度多大，不同经济理论指导下、不同时期的政府、不同国家的政府都有很大区别，从而也影响着中产阶级的增长和减少。上文指出过，20 世纪 80 年代，美国里根、英国撒切尔政府执政期间，奉行新自由主义经济理论，强调经济自由放任，减少国家对经济活动的干预。里根上任时美国面临经济滞胀的严重局面，如何解决美国经济的问题？当时的保守主义者提出，在当前的危机中，政府不是解决问题之道，而是问题本身。政府的重要任务是改革和去除不必要的、非生产性的政府管制，培养人民的活力、创造力和雄心以及对勤奋、节俭、自制的追求。在这种思想指导下，里根政府和撒切尔政府进行了两个方面的改革。一方面对国有经济实行大规模的私有化，另一方面减少了大量政府工作岗位，对那一时期中产阶级的萎缩起了推波助澜的作用。在英国，撒切尔政府通过企业上市、商业出售、产权买断等方式对英国国有企业进行了全面私有化，将竞争机制引入国有垄断行业，实现国有经济非调控化。1979—1992 年间，英国的 46 个大型国有企业实行了私有化，涉及员工 90 万人，接近国有工业就业总量的三分之二。在美国，里根政府把始于 20 世纪 70 年代的解除经济管制政策进一步推向深入，在石油、天然气、航空、公交、铁路等行业开放市场价格，降低准入标准。解除管制改革大大降低了中小企业的进入门槛，打破了“政府—大企业—白领”三方分利的稳定格局，对以白领雇员为主的中产阶级就业稳定性产生了极大冲击，过去几十年扩张最快的办公室职员等低技术类白领就业职位首当其冲成为裁员对象。① 可见，政府对经济活动的介入程度、对经济活动的干预强度，决定着就业于政府管理部门和国有企业、国家主办的教育机构、医疗机构的雇员数，因而在很大程度上影响着中产阶级的增长或萎缩。

---

① 参见周晓虹等：《西方中产阶级——理论与实践》，中国人民大学出版社 2016 年版，第 194－195 页。

第二章 新时期中国中产阶级的兴起

世界上没有两片完全相同的树叶。上一章我们主要以西方发达国家为研究对象，对中产阶级的产生、作用、规模、发展趋势等进行了一般论述。当进入中国中产阶级问题的研究时，我们会发现，无论是我国中产阶级产生的历史条件、历史过程、划分标准、阶级构成、阶级特点等，都与西方国家有一定差别，具有一定特殊性，需要予以关注。

第一节 当代中国中产阶级兴起的历史过程

在中国，中产阶级是一个新近舶来的概念。那是因为中国很长一段时期内不存在一个中产阶级。即使是现在，对于中国中产阶级的状况，学术界也存在着完全不同的判断。一种判断认为，目前中国的中产阶级已经形成；另一种判断认为，目前中国并不存在一个中产阶级，中产阶级的概念是虚构的。还有人认为，一些学者只是把城市中产阶级纳入了研究视野，而把占人口将近一半的农民排除在中产阶级研究范围之外，再加上目前经济增长乏力、资产价格飞涨，一些中等收入阶层的经济地位正在下降，关于中产阶级的研究视角是没有多少意义的，是一个伪命题。

尽管对于中国中产阶级的现状的判断存在着分歧，但是社会公众和媒体已经认可中国存在着一个中产阶级群体，大多数研究者都认为中产阶级在中国的崛起是一个不能否认的重要现象。在中国，最先意识到中产阶级存在的首先是商家，其次是媒体。如汽车制造商、房地产开发商等都把中产阶级作为重要目标客户。一些经济嗅觉敏感的财经杂志开始关心中产阶级人士的喜怒哀乐和生存状态，并为大众勾画了中产阶级的基本形象。在媒体和大众心目中，典型的中产阶级人士应该居住在中高档社区的大房子里、开着高档的私人轿车、穿着名牌服装、经常旅游度假，或者是另一种表述：拥有私人房产、私家轿车和不断增长的金融资产、能够去国外度假、送子女到海外留学。

显然，这幅关于中产阶级的“速写”不够准确，顶多是一小部分中产阶级上层人士的状态。要对中国中产阶级有一个全面、准确的把握，需要做更为深入、细致的分析。

一、中国历史上的中产阶级

西方国家中产阶级的产生开始于工业革命，经过近 200 年的工业化发展，到第二次世界大战后的 20 世纪 60、70 年代，形成了中产阶级占劳动人口多数的“橄榄型”社会结构，或者说进入了中产阶级社会。中国在 20 世纪初以前仍处于封建社会，满清政府实行闭关锁国政策，在欧洲发生的工业革命和工业化在相当长的历史时期内与中国无关。鸦片战争后，为了“师夷长技以制夷”，一些清政府要员如张之洞、李鸿章、盛宣怀等开展了洋务运动，学习西方先进技术，围绕形成制造坚船利炮的能力开办了现代工业。以后，以张謇、周学熙、荣氏兄弟为代表的民族资本家，在20世纪初创办纱厂、煤厂、面粉厂等，期望实业救国。第一次世界大战结束后的一段时期内，中国民族工业获得了一定发展。然而，在半殖民地、半封建社会的中国，民族工业发展本身就依附于外国资本主义，并且面对外国输入产品的竞争处于劣势地位，国内以自然经济为主的经济体系也限制着民族工业的发展。特殊的历史环境和经济环境决定了旧中国民族工业不可能真正发展起来。到1949年解放前，中国连制造铁钉的能力都不具备，工业产品市场是外国产品的一统天下，市场上充斥着洋油、洋烟、洋火等外国货。民族工业这样的发展水平，与现代工业相联系的中产阶级也难以真正发展起来。如果一定说旧中国也有中产阶级的话，那就是在农村存在的自耕农和小地主、富农，在城市存在着一个小资产阶级阶层。小资产阶级的概念是马克思提出来的，指的是位于无产阶级和资产阶级之间的阶层，他们拥有一定的生产资料，凭借劳动和技术取得收入。在中国，小资产阶级的概念是毛泽东在20世纪20年代提出来的。中国小资产阶级的共同特点是，一般拥有少量的生产资料或专业技能，自己劳动，不剥削或基本不剥削他人。根据一些专家的研究，1949年前中国存在400万家私人公司和小企业。[①] 除了其中

① ［美］李成编著：《〈中产〉中国——超越经济转型的新兴中国中产阶级》，许效礼、王祥钢译，上海译文出版社2013年版，第7页。

的一小部分大实业家，大部分私人企业主和小企业主应当属于中产阶级行列。

中华人民共和国成立后，经过三年经济恢复，毛泽东提出了"一化三改造"的过渡时期总路线，即建设社会主义工业化，实行对农业、手工业和资本主义工商业的社会主义改造。到1957年第一个五年计划完成时，基本上完成了社会主义改造，继经过土改已经消灭了地主、富农后，民族资产阶级、私营企业、小手工业作坊也都被消灭了。后来又经过人民公社化运动，在农村建立起了"三级所有、队为基础"的集体经济。至此，旧中国原有的中产阶级被完全消灭了。在建立单一公有制经济的同时，中国学习苏联的做法，实行高度集中的计划经济，生产活动由计划统一安排，产品实行计划调配，人们除了工资以外，没有任何财产收入，收入分配上实行平均主义原则，人们经济收入水平差异很小，已经失去了产生中产阶级的经济土壤。据美国社会学家白威廉研究，20世纪60—70年代，中国高收入者的收入只是低收入者收入的2.2—2.3倍，而基尼系数只有0.20—0.21。[①] 再加上传统计划经济体制严重压抑了人们的劳动积极性，我国经济发展水平一直非常低下，国家又把主要资源投入重工业发展，人民生活需要的消费品生产严重不足，我国经济呈现典型的短缺经济特征，全体人民基本生活需求尚难以满足，不可能形成不同的经济阶层，更不可能形成一个中产阶级。据《中国农业年鉴》和《中国统计年鉴》的数据，1952年国家政府部门工作人员的年平均工资为446元，1980年为529元（1977年提高了部分国家工作人员

---

① 转引自周晓虹等：《西方中产阶级——理论与实践》，中国人民大学出版社2016年版，第343页。

工资），28 年间只增长 18.6%；农村集体年人均收入在集体化后的 1953 年为 38.8 元，1975 年为 54.4 元，22 年只提高 40.2%。[①] 毕竟中产阶级是经济发展水平达到一定水平的产物，是一个国家经济进入现代化阶段的产物，这样的经济发展水平和人均收入水平，根本不具备中产阶级的产生和发展所必须的经济基础。

二、改革开放以来中国中产阶级的兴起

从 1949 年到开始改革开放这一段时间，原有的属于中产阶级的小资产阶级被消灭，也不具有产生新的中产阶级的经济条件。所以，我们讨论的中国中产阶级的兴起，是改革开放以后的经济现象。确切地说，中国中产阶级的兴起是改革开放进行到一定阶段的现象，在改革开放初期，也不存在中产阶级兴起的问题。因为，改革开放初期虽然对传统计划经济体制有所触动，比如农村实行家庭联产承包责任制，对私人企业的解禁，明确提出实行“允许一部分人先富起来”的政策，在农村出现了一批勤劳致富的专业户和万元户；在城市出现了一些私营企业和个体经营者，他们中的一部分人收入远远高于一般工资收入者的水平；国有企业实行承包制，企业经营者和员工报酬与企业经济效益挂钩，不同企业的职工收入出现了一定差距。出现这种情况，还不能说中国中产阶级就开始产生了。因为，从经济上说，中产阶级既是一个相对概念，也是一个绝对概念。中产阶级除了具有“中间阶层”这一特征，还必须有收入水平的绝对量这一定量规定。仅仅人们之

① 转引自周晓虹等：《西方中产阶级——理论与实践》，中国人民大学出版社 2016 年版，第 344 页。

间财产占有和收入水平有了一定差距，不是中产阶级产生的充分必要条件，一部分人的财产占有和收入水平已经达到了一个较高的水平，也是中产阶级形成的一个必要条件。美国经济学家霍米·哈拉斯和杰弗里·格茨认为，在当今世界，人均日消费 10 美元应该是进入中产阶级行列的临界水平。[①] 正因为如此，国家统计局最近发布的《2018 年全国时间利用调查公报》提出，中等收入者的划分标准是月收入 2000 元—5000 元，在网上引起了轩然大波，[②] 许多人认为这样的标准很不严肃。实际上，国家统计局提出的划分标准不是中等收入者标准，而只是收入中位数标准。

中产阶级在中国的真正兴起是 1992 年邓小平“南方谈话”发表，中国全面实行改革开放以后这一历史阶段的事情。1978 年党的十一届三中全会拉开改革开放大幕以来，虽然经济体制改革有了一定进展，但是由于在经济理论上对市场与计划的关系问题没有得到根本解决，经济学界和决策机关仍然认为市场经济是资本主义的根本特征，计划经济是社会主义的根本特征，对中国经济体制改革的目标模式始终在市场和计划的地位、重要性以及二者关系上打转转，先后提出社会主义是有计划的商品经济、社会主义是计划经济与商品经济相结合、社会主义是计划调控市场、市场调控企业，市场取向改革难以迈出实质性的步伐。邓小平在“南方谈话”中明确指出，计划和市场都是手段，计划和市场不是社会主义和资本主义的本质区别，资本主义也可以有计划，社会主义也可以有市场，要求

---

① 参见［美］李成编著：《〈中产〉中国》——超越经济转型的新兴中国中产阶级》，许效礼、王祥钢译，上海译文出版社 2013 年版，第 42 页。

② 见搜狐首页教育，2019 年 1 月 26 日。

停止姓“社”和姓“资”的无谓争论，先干起来再说，大胆试、大胆闯，加快经济体制改革步伐。同时，他还充分肯定了深圳、珠海等地对外开放取得的成绩和经验，指出关起门来搞建设，建不成社会主义，要求进一步扩大对外开放。一石激起千层浪。邓小平“南方谈话”解决了导致改革开放徘徊不前的理论难题，排除了深化改革、扩大开放的思想障碍，为深化改革提供了强大推动力。1992 年党的十四大提出了建立社会主义市场经济的改革目标，1993 年 11 月中共中央发布了《关于建立社会主义市场经济体制若干问题的决定》，提出了全面改革的任务和措施。在整个 90 年代，按照《决定》的部署，我国进行了宏观经济管理体制、财税金融体制、企业经营管理体制、工资管理体制、社会保障体制等全方位改革，要素市场开始形成，社会主义市场经济体制的“四梁八柱”搭建起来，初步建立起社会主义市场经济体制。经济体制改革的不断深入，对外开放的逐步扩大，从各个方面推动了中国中产阶级的成长。

国有企业以建立现代企业制度为目标，一部分企业实行股份制改造和公司制改造，推进干部能上能下、人员能进能出、工资能升能降的内部改革，员工收入与企业经济效益挂钩，个人收入与所作贡献、所处职位相联系，专业技术人员和管理骨干收入与普通员工收入拉开了差距；对国有经济布局实行调整，实行抓大放小，一大批中小国有企业通过出售、改制等方式退出了国有企业序列，一部分中小企业所有者和经营管理人员获得了财产收入和较高工资收入，达到了中产阶级的收入标准。

国务院陆续废止了几百部约束私人经济和个体经营发展的法律法规，大批官员和国有企业的管理人员、知识分子辞职创业，其中很大一部分人成功创业，积累了一定资产，获得了较高收入，部分人成为中产阶级的一部分。据当时人事部门统计，仅 1992 年一年，全国辞官下海的国家公务人员就有 2 万多人。[①] 这一时期还启动了事业单位改革，一些事业单位全部或部分进入市场，许多专业技术人员开始通过市场方式获取资源，通过转让个人技术成果和辛勤劳动获得了较高收入，进入了中产阶级行列。

国家实行鼓励、支持和引导非公有制经济发展的政策，不断完善非公有制经济发展的市场环境、法律环境和政策环境，私营经济和个体经济得到了快速发展，非公经济人士的经济地位和政治地位不断提升。1999 年全国个体工商户达到 3160 万家，从业人员达到 6240 万人；私营企业达到 150 多万家，从业人员 2021 万多人，个体私营经济创造的工业产值已经占到当年工业总产值的 18%。[②]其中一部分个体工商户和私营企业经营情况比较好，获得了较高的经营收入，成为中产阶级的重要组成部分。

1992 年以后，我国大幅度扩大了对外开放，外资企业、中外合资、合作企业快速发展，跨国公司纷纷进入中国，一些专业技术人员和管理人员成为外企员工，获得了高于国内普通员工的收入，成为中等收入人士。

我们之所以认为 1992 年以后是我国中产阶级进入成长的黄金时期，除了在这一时期社会成员之间在收入水平上出现了较大差距，还因为随着国民经济的快速发展，国家经济实力的增强，社会财富总量快速增加，使社会平均收入水平得到了大幅提升，使中产阶级的产生具备了不可或缺的经济基础。据统

①② 转引自苏海南等：《当代中国中产阶层的兴起》，浙江大学出版社 2015 年版，第 59 页。

计，1978 年到 2013 年，我国人均 GDP 从 381 元提高到 41903 元，按不变价格计算年均增幅达到 8.7%。城镇居民年人均可支配收入从 1985 年的 739.1 元提高到 2013 年的 26955 元，提高了 35.47 倍；农村居民年人均纯收入从 1985 年的 397.6 元提高到 2013 年的 8896 元，提高了 21.37 倍。[①]

进入 21 世纪以后，我国经济体制改革继续深化，对外开放进一步扩大，特别是我国加入了世界贸易组织（WTO），工业化、城市化、市场化、信息化、国际化进程不断推进，个体私营经济进一步发展壮大，国有企业专业技术人员和管理人员的收入进一步增长，外资独资、合资合作企业员工人数继续扩大，收入不断增加，国家公务人员队伍继续扩大、收入有了较大幅度增加，中高级公务员的收入达到了中等收入阶层，信息技术和信息产业发展、第三产业特别是现代服务业的发展，吸纳了大批专业技术人员，形成了一个数量庞大的中等收入人群。特别是 21 世纪以来党和政府更加重视非公经济发展，先后出台了两个鼓励支持个体、私营经济等非公经济发展的"36 条"文件，宪法中明确写进了保护私有财产权的条文，2013 年以后又把"大众创业"作为经济转型升级和稳增长的战略措施，出台了一系列文件规定，从政府审批和服务、市场准入、财政金融支持等方面改善非公经济发展条件，使我国个体经营和私营企业得到了更大发展，非公经济产值和利润、就业贡献率日益提高，在国民经济中的地位由"三分天下有其一"，变成占据经济的"半壁江山"，再到习近平总书记在民营经济座谈会上所说的"五六七八九"：民营经济贡献了税收

① 转引自苏海南等：《当代中国中产阶层的兴起》，浙江大学出版社 2015 年版，第 61－62 页。

的 50% 以上、GDP 的 60% 以上。个体和私营经济的发展，使越来越多的个体工商户和私营企业主进入中产阶级行列。数据显示，从 1993 年到 2012 年的 20 年间，私营企业数量增加了 33 倍，到 2014 年私营企业数量更达到了将近 1500 万户，个体工商户达到了 4866 多万户。这一切，使得 21 世纪我国中产阶级人口快速上升，使得中产阶级经济问题成为国家制定发展战略和经济政策不能忽视的因素，也成为经济学研究不得不重视的课题。值得指出的是，由于 21 世纪以来中国工业化、信息化水平的显著提高，生产过程技术复杂化程度显著提升，经济结构的加速调整变化，服务业加速发展，大公司、大集团迅速增加，企业管理活动专业化、复杂化，企业制度和管理模式向着现代企业制度逼近，越来越多的专业技术人员和管理人员进入中产阶级队伍，并越来越成为中产阶级的主要组成部分。这与 20 世纪 80 年代到 90 年代下海经商成功人士、个体经营者和私营企业主构成了中产阶级主流的情况，有了很大不同，而与西方国家工业化过程中老中产阶级比重下降、新中产阶级比重迅速上升的情况非常相似。

第二节　新时期中国中产阶级兴起的主要原因

在描述中国中产阶级兴起的历史过程时，对其产生发展原因，已经能够看出一些端倪。这一节我们对这个问题进行具体分析。

一、经济体制改革是中产阶级兴起的制度动因

如同中国近40年来经济的持续快速发展，从而创造了人类历史上的经济奇迹，根本原因是我们实行了经济体制改革，获得了“制度红利”，一些学者把中国改革开放40年来的快速发展归结为许多红利，如人口红利、资源红利、制度红利，等等。其实，其他方面的情况改革前后都没有变，变化了的只有经济体制机制，也就是经济制度的变化。所以，我一直认为中国经济取得的辉煌成就，就是改革红利，不是其他红利。这也意味着，要走出当前的经济低迷困境，使中国经济继续健康发展，只有靠深化改革、真正改革，而不是靠其他措施。因此，从根本上说，中产阶级在近20年间的兴起，也是改革的结果，是改革必然产生的另一项“红利”。

中国经济体制改革的方向是建立发挥市场配置资源的根本性作用的经济体制，亦即市场取向改革。这种改革必然产生两大后果：一是经济效率的大大提高，二是不同社会成员之间的收入差别。这些都为中国中产阶级的成长和发展奠定了基础。让我们对这两个方面分别加以分析。

第一，改革带来了经济效率的提高。国内外主流经济学在分析中国经济体制改革带来经济效率提高的原因时，通常以哈耶克的观点为依据，即在市场经济条件下，各个经济主体只需要根据自己需要的有限信息进行决策。比如厂商只需要根据市场价格信号就可以了解市场上某种产品供求状况，从而对生产做出调整或者转而生产其他产品。而在计划经济条件下，决策机关则需要接受和处理数量巨大的信息才能做出决策，因而决策效率很低。而且由于现代经济条件下经济信息量的巨大和信息传输过程中可能发生的信息失真，很难保证决策的正确性和

科学性。这就是在20世纪30年代弗里德利希·哈耶克与奥斯卡·兰格那场东西方经济学世纪大论战中，哈耶克的主要观点。而兰格认为，如果计划部门能够掌握足够的经济信息，比如说有了电子计算机这种先进技术手段，由市场调节生产和按计划组织生产，本质上没有区别。在那次论战中，据说哈耶克的观点占了上风，而兰格的“电子计算机社会主义”观点占了下风。其实，仅仅这样来认识问题，哈耶克并没有取得理论上的最后胜利。因为随着信息收集、传输、处理技术的进步，由一个中央机构收集、处理信息，从而对社会生产的供求状况得出正确的结论，再根据这种分析做出决策，从技术上来看是有可能的。所以，最近马云发表演讲时说，运用大数据、云计算技术，完全可以由一个机构取代市场对社会生产做出合理安排，亦即可以实行计划经济。事实上，市场经济更有效率，市场经济相比计划经济更具有优越性，不能只从决策论的角度来认识，还必须从动力论和资源论的角度来分析。

从动力论的角度看，市场经济是一种有利于提高经济效率的机制，而计划经济则没有这样的机制。首先，计划经济中人们的收入由国家统一规定，与人们的经营成果及经济效益没有多少关系，因而排除了竞争，否定了个人努力和贡献的价值。市场经济中人们的利益取决于在竞争中的表现，成本更低、技术更先进、质量更好的产品更有竞争力，更能获得高收益，因而人们要不断进行包括技术、产品、市场、企业组织结构、商业模式等各方面的创新，就可以大大提高资源的利用效率。中国实行经济体制改革的结果，引入了竞争机制，使得企业家十分重视技术创新和产品创新以及商业模式创新，而创新是经济发展和效率提高的根本动力。各类技术人员、管理人员和普通雇员也会在企业生产经营中努力创新和工作，从而在企业利益分配中获得更大的份额。其次，在市场经济制度下，为了获得更多利润和收入，人们就会把自己控制的资本和人力资源根据效率高低不断重新配置和在部门之间、产品生产之间流动，可以保证资源配置到具有更高效率的部门和产品生产上，从而提高整个资源的利用效率。中国实行改革开放政策后，为了获得更大的经济利益，大量经济资源包括资本和劳动力从效率较低的农业部门向工业部门、服务部门转移，使整个社会经济资源的利用效率显著提高。这就是实行改革开放以后，同样的土地、矿产资源，同样的人口众多，中国经济发展速度远远超过改革开放以前的几十年的深层次原因。经济快速发展，社会财富总量迅速增加，为中国中产阶级的兴起提供了必不可少的经济基础。

从资源论的角度看，计划经济体制下，按列宁的说法整个社会生产是一个超级大工厂，由计划部门和国家经济管理部门指挥组织社会生产活动，其他人听命令就是了，不需要发挥聪明智慧，不需要创新。而在市场经济条件下，每个企业主、生产技术人员、管理人员和劳动者都需要开动脑筋，或进行技术创新，或进行管理创新，或提高个人技能，无数经济活动主体都把自己的智力资源投入到经济活动中去，这与计划经济体制下只需要少数一部分人投入智力资源的情况完全不同。而智力资源是最具有生产力的资源，是创造财富的最宝贵源泉。单凭这一点，市场经济就比计划经济更优越。改革开放以后中国之所以能够取得世人瞩目的经济发展成就，很大程度上就是因为改革把数量巨大的潜在智力资源变成现实的智力资源，从闲置不用的状态中解放出来，充分动员起来，用于社会生产活动，从而创造了比计划经济体制下数量大得多的财富。

第二，改革带来了人们收入水平的应有差别。市场经济的本质是竞争，各个社会成员的利益取决于在市场竞争中的表现，人们在竞争中的表现要由市场来评价，这就必然带来资产占有状况、收入水平的差别。企业所有者的利益取决于创新状况和对市场供求状况及趋势的把握，取决于决策的及时和正确与否。专业技术人员和管理人员的工作成果也是由市场来评价的，只不过这种市场评价是一种企业内部的市场评价。技术人员和管理人员、技术工人收益的多少，取决于对企业效益的贡献，以及对企业生存发展的重要性。为了使企业在竞争中获胜，企业老板必须依靠企业内部人才，包括技术、管理等骨干员工，必然根据他们的贡献和能力给予不同的报酬，甚至为了留住人才，使他们与企业共命运、同患难，有的企业还会采取各种方法，把一部分资产让渡给核心员工。这就是许多私营企业骨干员工都持有一定数量股份的原因。正是由于中国实行了改革，打破了平均主义大锅饭，使人们有了经济利益的差别，一部分专业技术人员、管理人员、技能人才有可能凭借自己的知识技术和勤奋努力，获得了比一般员工更高的收入，成为中产阶级的一员，才有中国中产阶级的发展壮大。

二、城市化、工业化和经济快速发展是中产阶级产生的直接经济基础

中产阶级占劳动人口多数，是城市化、工业化和经济现代化的产物。中产阶级的兴起必须以一定经济发展水平为基础。工业化、城市化是经济发展的强大动力。因为社会经济结构以工业为主可以更多地把科学技术应用到生产中去，从而显著提高经济效率；而工业化水平的提高，反过来又为科学技术进步提供了实验条件和手段，为科学技术应用提供了现实需求，也

向科学技术研究提出新的课题和任务，实现科技进步与工业发展的良性互动和良性循环。工业的特征是实行标准化、批量化、通用化生产，能够获得规模经济效益，工业化的大踏步前进，无疑可以提高经济效益，加快经济发展。城市化的进步把各类产业和人才集中在城市地区，可以形成完整的、相互配套的工业体系，用最小成本进行生产，大大降低运输等成本，获得聚集效益。同时，工业化、城市化的发展，需要大量具有专业技术知识的劳动者，也需要越来越多的企业管理人员和社会事业管理人员，他们通常都能获得高于普通体力劳动者的收入，因而为中产阶级的成长提供了前提条件。

改革开放以来，我国经济发展的轨迹是工业化、城镇化快速发展，推动着经济快速发展，为中产阶级的成长壮大提供了经济基础。随着工业化进程的推进，工业在三次产业结构中的比重迅速提升，在相当长的时间内占据优势地位，而农业等一次产业比重不断下降。由于工业发展到一定阶段，必然派生出生产性服务业的发展，并带动其他服务业发展，近年来第三产业的比重已经超过了第二产业。与此相适应，我国城镇化快速推进，城镇人口迅速增加。特别是1996—2010年间，城镇化率年均提高1.4个百分点。全国城镇人口由1978年的1.7亿人增加到2010年的6.6557亿人，目前的城镇化率已超过50%，专家预计到2030年我国城镇化率将达到70%。正如上面分析的，工业化、城镇化必然推动经济快速发展，40年来我国经济保持了稳定持续高速发展，除个别年份，平均增长率超过9%，特别是2000—2010年期间，国内生产总值每年的增长率都在10%以上，使我国总体发展水平快速提升，社会财富总量快速增加。同时工业化、城镇化发展，为中产阶级成长提供了能够获得较高收入的工作岗位。

三、经济结构调整升级是中产阶级发展的重要推动力

在发达国家，中产阶级是工业社会的产儿，更是后工业化社会的宠儿。在中国情况也是如此。我国现在处于工业化的中后期，正逐渐向后工业化社会过渡。改革开放以来，我国首先是工业获得了快速发展，在产业结构中比重上升，使得技术人员、管理人员增加，白领阶层开始扩大。目前我国开始出现一些后工业化社会特征，服务业所占比重已经超过了工业，占整个经济的比重超过了50%，教育、科技、流通、通信、研究设计等服务业吸纳越来越多的专业技术人员，使得中产阶级在人口中所占比重越来越大。

四、现代社会保障体系的建立与完善是中产阶级成长的必要保障

现代社会保障制度既是市场经济的支柱之一，也是中产阶级得以稳定成长的前提和保障。我国过去对国家公务人员实行的是国家保障制度，对职工实行的是企业保障制度，对农民及城市居民实行的是家庭保障制度。这种保障制度的问题是，国家公务人员和企业职工虽然保障程度比较高，但是毕竟保障范围小，大多数社会成员无法享受这种保障；在广大农民和城市非就业人员靠家庭保障的情况下，由于家庭抗风险能力弱，实际上他们的基本生活得不到保障。从20世纪末期起步，经过十几年不断扩大保障范围和增加保障种类，持续提高保障水平，我国基本上建立起了覆盖国家公务人员、所有企事业单位和城镇非就业人员、农民在内的全体社会成员的社会保障体系。虽然目前对一部分社会成员特别是城镇非就业人口、农民的社会保障水平还有待提高，但是毕竟现代社会保障制度

的框架已经建立，使得人们不会因为失业、工伤、疾病、退休等原因导致生活水准大幅度降低，保证已经进入中产阶级行列的人们不致降低到低收入人群行列，保障了中产阶级人口稳定上升，为我国进入中等收入人口占大多数的社会提供了前提条件。

五、教育事业的发展是中产阶级壮大的重要前提

中产阶级的主体即“新中产阶级”包括企业技术、管理人员，科研机构、教育部门、政府部门等各类白领阶层，以接受过高等教育，具有一定专业知识、技术和管理能力为条件。因此中产阶级的形成必须以教育事业的发展为前提，中产阶级占人口多数要求实现高等教育的大众化。我国过去高等教育的特点是精英教育，能够接受高等教育的只是极少数人。如1977年恢复高考，参加考试的人数为570万人，只录取了27万人，录取率不到5%。这样的教育状况不可能形成中产阶级。我国自1999年开始实行大学扩招，教育部发布了《面向21世纪教育振兴行动计划》，提出到2010年，高等教育毛入学率达到15%。当时出台这项政策的直接目的是应对亚洲金融危机的影响，通过大学扩招缓解就业问题，增加居民教育消费从而拉动需求，改变经济发展低迷的状况。1998年，全国普通高等院校招生108万人，1999年招生则达到160万人，增加了52万人，2001年招生260万人，录取率首次突破了50%，2012年招生数达到685万人，2013年招生数更达到了700万人，高等教育毛入学率达到34.5%，预计到2019年可以超过50%，录取率达到70%。中国高等教育的快速发展，与经济发展形成了互动关系：高等教育为经济发展及时输送了大量高素质技术管理人才，经济发展水平的不断提高、各

级政府财力增加和城乡居民收入增加为高等教育提供了经济支持。同时，高等教育和经济发展的齐头并进为中产阶级形成提供了前提条件，使一大批受过高等教育的青年可以在技术、管理、科研、文化艺术、教育、政府管理等岗位工作，获得高于普通体力劳动者的收入，进入中产阶级行列。

对于20世纪末期开始的高校扩招，社会舆论和有关方面人士颇有微词，认为高校扩招降低了我国高等教育水平，以致中国科学技术创新能力不足，出不了学术上的大师级人物，新中国建国几十年只有屠呦呦一个人获得了诺贝尔生物或医学奖，与13亿多人口的大国和经济发展上的崛起很不相称。对这个问题，我看要从两个方面看：第一，一个国家科学技术研发能力和水平取决于基础是否雄厚。中国有10多亿人，天资聪颖的人数量巨大，20世纪80年代初高等教育毛入学率只有2—3%，很多有创新潜质的青年被挡在大学门外，无疑埋没了很多人才，不利于国家创新能力的提高。实行高校扩招，使更多的人通过接受高等教育而具备进行科学技术研究的能力，毕竟比一年只有几十万高校毕业生更容易出科研成果，更容易出拔尖人才。第二，我国高等教育质量下降，根本原因恐怕不是因为招生太多，而是因为我国高等教育管理体制、教育理念、教育方法、课程设置、培养方向等出了问题。2009年，美国高等教育毛入学率达到了89%，英国为59%，法国是55%，日本是59%，比我国高得多，也没有影响这些国家的科技创新能力。不从解决我国高等教育的真正症结入手，下决心深化高等教育改革，一味在高等教育扩招带来的问题上纠缠，可以说是舍本逐末，不得要领。

六、经济全球化和我国实行全面开放是中产阶级队伍扩大的外部动力

经济全球化是第二次世界大战以来，特别是20世纪90年代以来世界经济发展的重要趋势。经济全球化是指世界经济活动跨越国界，通过对外贸易、资本流动、技术转移、提供服务、互相依存、相互联系而形成的全球范围的有机经济整体的过程，是当代世界经济的重要特征。在邓小平理论指导下，中国顺应世界经济发展潮流，实行全面对外开放政策，并在2001年加入了世界贸易组织。中国主动加入经济全球化进程，极大地促进了我国经济发展。通过全面对外开放，我国利用了大量境外资金，引进和吸收国外先进科学技术和管理方法，承接了国外产业升级和调整引起的产业转移，由于产品具有较大的成本优势扩大了出口，获得了国际分工的利益，使我国成为发展中国家利用外资最多的国家，成为世界上仅次于美国的进出口大国。加入世界贸易组织之前，国内不少人担心我国经济会被冲垮，然而事实恰好相反，正是由于我国对外开放的扩大，带来了21世纪中国经济又一波发展浪潮，在2012年GDP超过了日本，成为世界第二大经济体，第一大外汇储备国，国家经济实力进一步增强，人民生活进一步改善。这一切验证了邓小平同志的重要思想，关起门来搞建设，是建不成现代化的。经济全球化深入发展和我国全面对外开放不仅带来了经济新一轮发展，也大大促进了中国中产阶级的成长壮大。这主要表现在两个方面：第一，通过引进先进生产技术和管理技术，我国工业等行业技术、管理水平迅速提高，需要大批专业技术管理人员，为新中产阶级发展提供了机会；第二，经济全球化和我国扩大开放进程中，世界许多

跨国公司进入中国，创办了数量众多的外商独资、中外合资、合作企业，吸纳了一批专业技术和管理人员，使一大批专业技术人员成为白领。可以说，没有经济全球化和我国对外开放，就没有 40 年来中国经济的持续快速发展，也没有中国中产阶级的快速成长。

第三节　中国中产阶级的规模和现状

如前文所述，迄今为止对国内中产阶级开展研究的主要是社会学界，而社会学界关于中国中产阶级划分标准和现在有多大规模存在着很大分歧。本节试图根据对中国中产阶级进行经济角度研究的需要，对中产阶级划分标准、整体规模以及现阶段中产阶级的特点进行初步的讨论。

一、界定现代中国中产阶级的标准

国内外界定中国中产阶级的标准可谓五花八门。有的只看客观标准，如财产、收入、职业、消费、教育水平，等等；有的还有主观标准，比如被视为中产阶级的人们是否认同中产阶级身份。有的主要看收入和财产，有的还重视消费特点。有的主要看经济状况，有的还加上政治态度以及对社会稳定的影响。社会学家衡量是否属于中产阶级，主要看职业身份，经济学家衡量是否属于中产阶级，则主要看收入和财产状况。

从现有研究中国中产阶级的文献看，国内外关于中国中产阶级划分标准的代表性观点主要有以下几种：

瑞士信贷银行研究院确定今天的中国人是否属于中产阶级，主要看收入水平。他们认为符合家庭年收入在2.8—28万美元标准的，就是中产阶级。同时又从财富存量来衡量是否属于中产阶级，比如在2015年10月发布的一份研究报告中认为，一个成年人至少拥有28000美元储蓄才算中产阶级。[①]

国内西南财经大学中国家庭金融调查与研究中心在统计中国中产阶级人数时，采用的是和瑞士信贷银行研究院大体相同的标准。

麦肯锡全球研究所的定义是，中国中产阶级是那些年收入（按购买力算）9万元—36万元人民币之间的人。

中国国家统计局将中产阶级定义为年收入在5万元—42万元人民币之间的人。

全球知名财经媒体《福布斯》杂志则以可投资资产作为划分中产阶级的标准，把中国中产阶级定义为年投资能力在10万美元—100万美元之间的人。

巴黎政治学院社会学教授和中国问题专家让－路易·罗卡把绝大多数中国中产具象为“有一份体面的收入，一个有意义的工作，一套公寓，一辆汽车，接受良好教育，能赋予下一代好的生活方式”。

日本《产经新闻》2019年刊文称，北上广等一线城市和二三线城市的民众收入以及物价都有很大差别。所以按照中国官方的一些数据判断，一线城市中产的标准是年收入在人民币50万元以上、拥有至少一套不小于90平方米的住房、至少拥有一辆20万元人民币以上的私家车、银行储蓄至少在10万元

---

① 李春玲：《中国中产阶级的不安全感和焦虑心态》，载《文化纵横》2016年8月22日。

以上。其他城市中产阶级标准是年收入在 15 万元至 20 万元、拥有住房和私家车、个人储蓄在万元以上。①

由于社会学主要是从社会分层的角度研究中产阶级的，社会学家对中国中产阶级的界定标准主要看职业、收入和教育水平。如李培林就采用了这样的标准。同样是中国社会科学院社会学所的学者，李春玲在界定中国中产阶级时，除了职业、收入指标，还加上了消费和主观上是否认同的指标。但是，有的社会学者从社会分层的根源出发，认为决定人们经济社会地位的是社会经济制度安排，主要有两个因素：与公共权力的关系和市场交易能力。由于中国政府仍然拥有重要的资源配置权力、公有制经济仍然占有重要地位这一重要国情，与公共权力的关系如何，的确影响着人们的经济社会地位；市场交易能力则指人们将自己控制的资产权力和人力资本权力付诸交易的能力。根据是否享有公共权力和市场交易能力，可以把人们区分成若干社会阶层，其中包括中产阶级阶层。② 这倒是一个很有趣的分析和研究角度。

经济学者对中国中产阶级的研究不多见，对如何界定中产阶级议论也不多。北京大学的厉以宁教授曾指出，现在中国的中产阶级至少要拥有两套住宅——显然他看重的是财产标准。苏海南是研究劳动经济的专家，她和其他几位同事提出的中产阶级界定标准包括收入水平、财产状况、职业、教育水平、家庭消费支出的恩格尔系数等经济和教育指标，同时他们还提出了中产阶级应该具有相近的价值观。就中产阶级收入标准而

---

① 《各国怎么看中国中产阶级》，载《环球时报》2019 年 2 月 25 日。

② 参见李春玲主编：《比较视野下的中产阶级形成：过程、影响以及社会经济后果》，社会科学文献出版社 2009 年版，第 53 – 54 页、第 149 – 150 页。

言，苏海南等认为，2013 年劳动者个人年收 6—15 万元、家庭年收入 8. 5—22 万元的为中产阶级；就财产而言，中产阶级应该拥有住房或者具有在可预见的未来时间购买住房的能力；就职业位置和受教育水平而言，中产家庭的户主应受过中等及以上文化程度的教育，多数是白领、灰领或企业主、个体工商户。[①] 可以看出，经济学者关于划分中产阶级的标准，仍然是社会学的多元标准方法，没有多少经济学研究的特点和个性。

从经济角度研究中国中产阶级问题，划分中产阶级的标准应该具有经济学特色。按照第二章中我提出用一元论的视角来界定中产阶级的看法，即用拥有资本状况来确定是否属于中产阶级，可以用拥有实物资本、货币资本状况和拥有人力资本状况来判断人们是否属于中产阶级。拥有实物、货币资本数量及因此获得收入达到社会中等水平的属中产阶级，由于拥有人力资本状况无法直接测量，可以外化为收入水平、职业位置和受教育程度三项指标。这样，我划分中产阶级的标准，包含李培林等学者提出的收入、教育、职业三项标准，加上财产占有状况。

二、中国中产阶级的规模

由于划分中产阶级的标准不同，对于当今中国中产阶级的规模，各种估计差距甚大。2016 年 7 月，英国《经济学人》以家庭年收入为标准，认为中国家庭年收入为 1. 15 万—4. 3 万美元的中产阶级人数为 2. 25 亿人；苏海南认为我国 2015 年家庭收入在 8. 5 万元—22 万元的中等收入劳动者约 1. 6 亿多，

---

① 参见苏海南等：《当代中国中产阶级阶层的兴起》，浙江大学出版社 2015 年版，第 74 – 80 页。

约占全国 7.7 亿从业人员总数的 20%，加上赡养的人口约为 2.4 亿人以上，约占全国总人口 13.67 亿人的 18%；西南财经大学中国家庭金融调查与研究中心的研究报告认为，2015 年中产阶级人口 2.04 亿人；中国社会科学院李培林领导的课题组认为，现阶段中国中产阶级家庭人口占全国家庭总人口的比重为 37.4%，总人数将近 5 亿人，大大高于其他学者的估计。如此，等等。根据《环球时报》转载文章，美国战略与国际问题研究中心则认为，在 2012 年中国中产阶级人数已经达到了 4.2 亿人，并预测当前中国中产阶级人数已经达到了 7 亿人。①

三、现阶段中国中产阶级的构成

目前国内外研究中国中产阶级问题的学者比较一致地认为，目前我国中产阶级人士主要由以下几部分构成：一是个体工商户和私营企业主，以及农村的专业种植大户；二是各级党委、政府部门的中高级公务员和事业单位高层工作人员；三是企业中的技术人员、管理人员、高级技能人员，等等；四是从事科学研究的科技人员，包括部分社会科学研究人员；五是部分在服务业特别是现代服务业就业的人员，如金融部门工作人员、律师、注册会计师、建造师、文艺界体育界人士、医生、记者、教师，等等；六是在外资企业工作的白领工作人员。从发展趋势看，个体工商户、私营企业主等自我雇佣和雇主阶层在中产阶级中的比重正在逐渐降低，而在政府和企业工作的专业技术、管理人员在中产阶级中所占比重逐渐提升，与西方国家中产阶级的构成正在逐步接近。

---

① 见《环球时报》2019 年 2 月 25 日。

四、中国中产阶级的经济特征

第一，中国中产阶级产生的前提条件与西方国家不同。改革开放以来，在中国最早成长起来的中产阶级阶层是实行计划和市场双轨制、改变单一公有制改革的结果。我国实施上述改革时的制度环境和经济环境主要有两大特点：一是中国经济具有短缺经济特征，生产资料和消费资料都严重短缺；二是公有制经济一统天下和高度集中的计划经济体制。在国家实行价格双轨制和允许非公有制在一定范围内发展的情况下，首先是一批国家公务人员或者有一定权力背景的干部子弟辞职下海，利用原来在机关、企事业单位的人脉关系或者是父母的人脉关系，拿到计划价格的生产物资、消费品，以市场价格转手倒卖，可以得到成倍甚至几倍的收入，收获了第一桶金，成为中国最早的富人。当时人们把这批人称为“官倒”。其次，当时有一些城镇下乡知青回城后没有正式工作和固定收入，或者在街道集体所有制单位工作，工作条件差、收入水平低，他们为了改变现状，或者从事把南方开放地区的服装、化妆品、洗浴用品运到内地倒卖，或者从事修理、开出租、餐饮、经营小卖店、小百货等个体经营，也获得了高于普通劳动者的收入，有的成为“万元户”。这两部分人有的已经成为富裕阶层，有的较早进入了中产阶层，现在仍然是中产阶级的重要构成部分。显然中国这部分中产阶级的产生或者与他们同权力的联系有关，或者与短缺的市场环境有关，这与西方中产阶级产生和发展的制度环境、市场环境大相径庭。在西方国家，市场经济环境早已形成，随着工业化与后工业化社会的发展，小业主、小农场主的数量是下降的，而与大工业、现代服务业相联系的专业技术人员迅速增加，所谓“新中产阶级”成为中产阶级的主体。也就是说，西方中产阶级是市场经济的产物，是工业化、后工业化的产物，而中国中产阶级的一部分是与权力相结合的产物，是市场环境不完善的产物。正因为如此，有的学者主张把与权力的联系以及社会地位作为划分中产阶级的一个要素。当然，随着我国市场取向改革的深入以及工业化、城市化进程的进步，大量的专业技术人员进入中产阶级行列，成为中产阶级的主要组成部分，与西方中产阶级的成分逐渐接近。但是，我国经济体制改革还不彻底，政府掌握的资源和配置资源的权力还很大，公有制经济所占比重仍然比较大，尤其是在关系经济社会发展和人民生活的重要领域占据主导地位，与权利的关系以及与公有制经济单位的联系，仍将在很大程度上决定着人们的财产和收入多寡。中产阶级在中国的健康发展，需要进一步深化改革，提高经济市场化程度，使得与权力的联系对人们收入水平的影响逐步减小，而在市场竞争中的表现对人们收入的影响要不断扩大。

第二，中国中产阶级成长过程和西方国家不同。西方发达国家现代意义上中产阶级产生与发展的历程，最早应该追溯到工业革命的发生。这样计算，西方中产阶级从产生到占人口多数，收入水平方面形成“橄榄型社会”，应该经历了将近 200 年的时间。即使从 20 世纪初期算起（所谓修正主义者伯恩斯坦那时已经发现，在资本主义国家已经存在着一个中产阶级，从而修正了马克思随着资本主义发展，社会将由资产阶级和无产阶级两大阶级构成的观点），到第二次世界大战后的五六十年代，经历中产阶级快速成长到最后形成中产阶级社会，也用了近半个世纪的时间。总体来说，西方国家中产阶级的发展形成是一个渐进的过程。回过头来看中国的情况，如果只讨论改革开放以来中国中产阶级的产生和发展问题，那只有 20 多年的时间。在这短短的20几年，中产阶级从无到有、从小到大，迅速形成了一个带有中产阶级特征的社会群体（且不说中国是否已经初步形成了一个中产阶级）。如果说中国工业化、现代化、城市化过程是把西方几百年的现代化过程在一个压缩的时空中展现出来，那么中国改革开放以来中产阶级的发展也是一个典型的"时空压缩"过程。中国中产阶级产生与发展过程的"时空压缩"特征，对今后中产阶级的成长和壮大过程将产生以下影响。其一，从中产阶级发展的动力机制看，主要是经济体制改革释放了制度红利，调动了人们的积极性、创造性，以及发挥市场机制配置资源的作用，大大提高了资源利用效率，也使闲置资源包括物质资源、智力资源变成了现实的经济资源，从而使经济快速发展，社会财富迅速增加，为中产阶级的发展提供了经济基础，也为人们之间形成财产和收入差别提供了可能。同时，我国通过改革开放，走向市场、走向世界，可以利用后发优势，引进国外先进技术和管理经验，承接发达国家产业结构转移，与我国丰富和价格低廉的劳动力、土地、能源、原材料资源结合起来，生产出价低质优的产品，既满足国内生产和消费需求，也迅速走向国际市场，实现了改革开放以来40年经济持续快速增长，使中国人民总体收入水平加快提高，使中产阶级成长具备了基本条件。随着改革的不断深入，改革越来越触及人们的深层利益，改革的结果由原来的"帕累托改进"变成一部分人利益增进必然以另一部分人利益受损为代价，改革的难度越来越大。如果改革不能迈出实质性步伐，或停滞不前甚至倒退，经济发展的动力就会衰减，中产阶级增加的速度就会减缓。同时，在需求方面，由于我国居民基本需求逐渐得到满足，世界经济周期进入下行阶段，对外贸易增速减缓，我国经济增长的市场空间必然会缩小，将会给我国经济增长带来严重影响。在供给方面，我国经过几十年发展，产业层次与发达国家逐渐接近，生产产品大体类似，比如西方国家生产芯片，我们也生产芯片，西方国家造波音、空客飞机，我们也造 C911 商用飞机，与西方国家企业和产品形成了竞争关系，不可能再像以前那样从发达国家引进先进技术。而由于体制机制等方面的原因，国内自主创新能力不足，新技术、新产品研发落后，我国经济发展一段时间内失去了技术来源，后发优势将逐步减弱，也会影响经济发展的速度。改革难度的加大和供需环境的重大变化，都会对中国中产阶级的成长带来一定影响。其二，由于我国中产阶级是在较短的时间内成长起来的，增量收入和资产增加较快，而存量资产和收入积累不够，当经济增长发生波动影响到人们的收入时，部分中产人士有可能重新跌落到低收入阶层，影响了中产阶级的稳定性。其三，由于中国中产阶级在短时间内成长起来，在消费行为、投资行为方面都不成熟，因此对经济发展的影响与西方国家的中产阶级将会有一定区别。比如在股票市场上和其他投资领域的不理智做法；消费上的盲目攀比，导致中国成为世界上最大豪华汽车、高级化妆品的市场，与中国平均收入和中产阶级收入极不相称。

第三，中国中产阶级内部经济状况差别较大。研究中国中产阶级的学者都意识到，中国中产阶级的划分标准比如说收入水平是一个大的区间标准，虽然经济地位属于中等收入阶层，但由于收入水平、职业、受教育程度等方面的情况存在较大差别，实际上中产阶级又可以分成不同的群体，相互之间经济状况十分悬殊。李培林、张翼用收入、职业、教育三个指标来划分中产阶级。按照他们的划分标准，符合其中一项标准的就属于中产阶级，2005 年中国中产阶级占人口比重为 25.8%。其中收入、职业、教育水平三个指标都符合中产阶级标准的人群属于“核心中产阶级”，占人口比重为3.2%。符合其中两项标准的称为“半核心中产阶级”，占人口比重约为8.9%。只有一项标准符合中产阶级要求的称为“边缘中产阶级”，占人口比重为13.7%①。另据对外经济贸易大学廉思教授课题组对中国“新社会阶层人士”的研究（相当于对新中产阶级主体部分的研究），新社会阶层之间收入水平差别十分明显，家庭年收入在30万元以上的占比为37.6%，家庭年收入在50万元以上的占比为10.7%，而41.3%的受访者家庭年收入在10万元以下②。

第四，中国中产阶级在城乡地区之间分布不均衡。中国中产阶级主要分布在东部经济发达地区和中心城市，这体现了中产阶级的成长壮大必须以一定的经济发展水平为基本前提，同时也反映了中国经济发展的地区不平衡和城乡之间经济发展的不均衡。上述对外经济贸易大学廉思教授课题组关于新社会阶层的研究报告显示，新的社会阶层主要分布在一线城市，北、上、广、深、津、渝集中了该阶层全部人数的70%。京津冀、长三角、珠三角等城市群的主要城市新社会阶层也比较集中，如杭州、南京、大连、苏州等城市③。与此同时，中西部等经济欠发达地区和广大农村地区中产阶级人口所占比重则比较低。苏海南等人的研究表明，他们估算的全国2—2.5亿中产阶级人口中（2011年数字），90%多集中在城镇，只有不到

① 参见李春玲主编：《比较视野下的中国中产阶级形成：过程、影响以及社会经济后果》，社会科学文献出版社2009年版，第104－105页。

② 参见课题组：《中国当前新社会阶层人士有哪些特征》，载《改革内参》2016年第39期，第27－28页。

③ 同上注，第28页。

10%分布在农村。而且进入中产阶级阶层的农村家庭，人均年收入大概在8—10万元，在中产阶级人群中也大多处于底端①。

第五，中国中产阶级稳定性较差。与发达国家的情况比，现阶段我国中产阶级更具有不稳定性。主要原因有如下几点：一是经济体制改革的不断深入，我国经济市场化程度不断提高，依靠与政府部门的特殊关系以及与权利的联系来谋取利益的空间越来越小，各个领域的市场竞争越来越充分，原来的个体工商户和私营企业主等自我雇佣和雇主阶层靠与官员、权力的联系以及经济短缺、竞争不充分而获利的优势逐渐减弱，而他们中间的一些人受教育程度较低，技术和管理素质不高的劣势越来越明显，自我雇佣和雇主阶层从中产阶级滑落到低收入阶层的可能性明显增加，在中产阶级中的比重开始下降。二是我国由于国内外需求环境发生变化，低成本竞争优势逐渐消失，由超常规增长进入中低速增长时期，经济增长对就业的带动能力减弱，外资企业增长速度也出现减缓现象，导致就业机会减少，通过在外资企业工作成为白领的机会也在减少，影响一部分中产阶级人士经济收入和经济地位的稳定。三是我国正处在产业结构调整和转型升级时期，一些中产阶层人员知识结构陈旧，学习新技能、新知识能力较弱，适应新的行业和岗位的能力不强，有可能因为产业结构调整的结果失业，失去收入来源，从中产阶级行列中坠落出去。四是在目前中产阶级构成中，所谓“边缘中产阶级”占的比重较大，他们一般受教育程度不高、职业不稳定、收入水平刚刚达到中产阶级的水准。

---

① 苏海南等：《当代中国中产阶层的兴起》，浙江大学出版社2015年版，第113－115页。

他们是由于经济高速发展、财富总量迅速增加而进入了中产阶级，实际上对经济发展波动、经济结构调整的适应能力较差，其中一部分极容易由中等收入阶层变成低收入阶层。

第三章

中产阶级兴起与中国经济发展（上）：从供给方面进行研究

中产阶级的兴起既是经济发展的结果，又是影响或决定未来经济发展方向、特点及可持续性的重要因素。因此，在前两章分别研究了世界发达国家和中国中产阶级崛起的过程、原因、走向等问题的基础上，从本章开始，我们分别从供给和需求两个方面，研究中产阶级兴起对中国经济发展的影响及其应当采取的经济政策措施。

来自上海社会科学院的社会学者卢汉龙先生曾经提出一个重要的观点：中产阶级形成后，经济发展发生了两大变化：第一种变化是，人力或者人力资源已经成为资本以外的一种生产力要素；第二种变化是，消费者对生产已具有重要意义，成为经济活动的推动力，其重要性甚至已经超过了生产者①。从经济学的

---

① 卢汉龙：《中产阶级小康社会》，见［美］李成编著：《〈中产〉中国——超越经济转型的新型中国中产阶级》，许效礼、王祥钢译，上海译文出版社 2013 年版，第 98－99 页。

角度看，这种观点未必十分准确。但这是国内社会学界关于中国中产阶级经济研究中最具洞见的观点了。这个观点无疑对经济学探究增长或发展问题、尤其是对我们研究中产阶级兴起对经济增长或经济发展的影响问题，提供了一个很重要的研究路径，值得重视。

在开始分析中产阶级发展对经济增长的影响之前，我们有必要对已有的经济增长理论进行简单的讨论，从而建立正确的研究角度和研究方法。

一、传统经济增长理论的缺陷

迄今为止，随着影响经济要素的变化和人们对经济增长实质、过程认识的深化，经济增长理论已经经历了从不成熟到比较成熟的进步，经济增长模型与现实的经济增长过程越来越接近。但是，西方经济学家建立的经济增长模型的一个共同特点是，只考虑了生产方面或要素供给对经济增长的影响，而不考虑需求方面的变化对经济增长的制约。

古典经济增长理论：哈罗德—多马模型。把经济增长作为一个专门研究领域，是从英国经济学家哈罗德和美国经济学家多马开始的。他们建立了著名的哈罗德—多马模型：$G = S/V$. 其中 G 代表经济增长率，S 代表储蓄率，V 代表资本—产出比率。这个模型的要义是，在满足假设条件时，经济增长率取决于社会储蓄量或者说是社会投资总量及其与资本—产出比率的比值。显然，这个模型认为对经济增长最重要的要素是全社会投资总量。

新古典经济增长理论：罗伯特·索洛增长模型。与哈罗德—多马模型相比，索洛经济增长模型的进步在于，认为劳动力和资本是可以相互替代的，长期经济增长率是由劳动力增加和技术进步决定的。前者不仅指劳动力数量的增加，还包含劳动力素质与技术能力的提高。因此索洛长期经济增长理论打破了一直为人们所奉行的“资本积累是经济增长的最重要的因素”的理论，向人们展示，长期经济增长除了要有资本以外，更重要的是靠技术进步、教育和训练水平的提高。

新增长理论：保罗·罗默增长模型。罗默的新增长理论及其模型的创新在于，一改传统经济增长理论把技术进步作为经济增长的外生变量，而把技术进步和人力资本素质的提高作为经济增长的内生变量来对待。罗默认为，技术进步对经济增长的作用既体现在生产的产品技术水平和质量的提高，也体现在劳动力素质和技能水平的提高上。这种理论的提出，与科技进步在生产中的作用日益突出以及人力资本理论日渐发展和引起重视的背景有关，更加切合经济发展的实际。

从几种有代表性的经济增长理论可以看出，尽管西方经济增长理论根据经济增长的实际在不断改进，越来越重视技术进步和人力资本的作用，但是这些模型和理论的共同问题是，只是从供给方面，从影响经济增长的要素着手研究，而完全不考虑需求方面对经济增长的影响。而在高度社会化、市场化、国际化、信息化的经济环境中，需求环境的变化，需求总量的变化，厂商生产的产品能否实现，能否在市场上卖出去，对一个企业和一个国家长期经济增长都是十分重要、不可忽视的。

我以为，西方经济学界研究经济增长忽视需求因素的影响，可能与西方经济学家实际上深受供给经济学派，特别是深受萨伊经济学理论中供给可以自动创造需求观点的影响。尽管现在已经有学者指出，从萨伊的经济学著作中并不能自然得出供给自动创造需求的观点，但是从凯恩斯和马克思对萨伊的批判看，经济学家一直把供给自动创造需求等同于萨伊的主要经济学说。由于萨伊在西方经济学说史中的重要地位和相关观点影响深远，西方经济学家研究经济增长，往往排除掉需求的影响，而专注于供给方面的要素的研究。

二、马克思社会扩大再生产理论模型的启发

马克思的经济学说中没有专门的经济增长理论，但是他的扩大再生产理论实际上就是关于经济增长的理论。因为，从某种意义上说，经济增长过程就是社会扩大再生产过程。与西方经济学的经济增长理论不同，马克思研究社会扩大再生产问题时发现，要使社会总产品得以实现，社会扩大再生产要能够顺利进行，一方面要有追加的生产资料和消费资料，同时生产资料生产与消费资料生产之间要保持一定比例，即社会生产与社会需求之间要保持一定比例。这也就是说，要实现经济增长，既要有要素投入的增加，如投资、劳动力的增加，又要有市场需求的相应扩大，保证多生产出来的产品能够在市场上卖出去。

马克思认为社会扩大再生产的条件也就是社会总产品的实现条件。研究社会总产品的实现，既要研究价值补偿，也要研究实物补偿。因此，社会总产品从实物上分成生产资料和消费资料两大种类，社会生产部门分为两大部类：生产资料的生产为第一部类，消费资料的生产为第二部类。从价值上分成三大部分：C，在生产过程中只发生价值转移的部分，即生产资料的价值；V，劳动力价格部分，主要包括工人工资以及养活家庭、工人个人发展所需要的货币收入等；M，剩余价值。

马克思简单再生产基本公式是：$\text{I}(v+m)=\text{II}c$

马克思扩大再生产的总公式是：$\text{I}(V+\triangle V+M/V)=$

Ⅱ（C + △C）

上面的公式都表明，第一部类向第二部类提供的生产资料同第二部类对第一部类生产资料的需要（包括对追加的生产资料需要）之间，以及第二部类向第一部类提供的消费资料同第一部类对消费资料的需要（包括新增劳动力对追加消费资料的需要）之间，要保持平衡的比例关系，否则，社会扩大再生产难以正常进行。从马克思扩大再生产总公式可以看出，在扩大再生产情况下，即使只是把社会生产分成两大部类，社会总产品的实现即两个大部门生产的产品都能顺利在市场上卖出去尚且十分困难，现实的社会生产更加细分，社会总产品的实现则更加困难。所以，马克思认为社会扩大再生产的根本问题是总产品的实现问题，在商品生产条件下，由商品向货币的转变是“惊险的一跃”。因而，在马克思主义经济学中，经济增长的关键是市场需求与生产之间的平衡问题。

当然，如果用西方经济学的划分标准，马克思的社会扩大再生产理论或经济增长理论应当属于古典增长理论，即经济增长的条件是需要增加投资和劳动力，而且没有涉及投资的技术含量和劳动力的素质差别。尽管如此，马克思的社会再生产理论是研究经济增长问题同时关注生产和需求两个方面的最早的尝试，这在理论上已经预示了后来宏观经济学、特别是凯恩斯宏观经济学的产生。

鉴于以上的理论分析，我们在研究中产阶级兴起和壮大对经济发展的影响时，不采取西方经济学只从生产要素供给方面研究经济增长的方法，而是从供给和需求两个方面分别加以研究。

本章是从供给角度进行的分析。

第一节　中产阶级兴起与资本供给状况变化

经济增长速度的高低和增长是否可持续，首先取决于经济增长要素的供给状况。随着经济增长理论的不断发展，经济学家越来越重视科技进步在经济增长中的作用，并把技术进步因素由外生变量看作内生变量。美国经济学家罗默因为对这种"新经济增长理论"发展做出的关键贡献，获得了2018年诺贝尔经济学奖。但是必须承认，充足的投资供给仍然是经济增长的必不可少的条件。进一步分析，技术进步也不是凭空从天上掉下来的，需要研究开发，必须投入资本购买设备和支付科研人员的工资和其他费用。

中产阶级的兴起和不断发展壮大，使得资本供给状况发生了重大变化。在20世纪60年代以前，投资资本主要来源于企业利润的积累以及银行贷款。当西方发达国家进入中产阶级社会以后，社会投资资本不仅来源于企业积累，也有很大一部分来自于中产阶级收入中消费支出以后的剩余收入。中产阶级的剩余收入一部分变成了储蓄即银行存款，可以被企业用来投资，变成了投资资本；一部分用来购买企业股票，通过资本市场等直接融资渠道进入企业，成为社会投资资本的重要组成部分。

中产阶级资本供给能力取决于家庭净资产状况。家庭净资产包括家庭现有固定资产（如住房等可变现资产）、存款、证券投资、实业投资、理财等其他资产。资料显示，2007年美国家庭净资产为12.64万美元，到2010年则下降到7.73万美元。据西南财经大学《中国家庭金融报告》提供的数字，2015 年中国家庭平均资产为 91.9 万元，而中产阶级家庭平均净资产为 81.21 万元①。

本节从储蓄和投资两个角度研究中产阶级兴起引起的资本供给变化及其对经济增长的影响。

一、中产阶级发展与储蓄增加

长期以来，中国经济学界包括官方一直认为中国人喜欢存钱，储蓄率居世界之首，成为中国经济发展资本供给充足的重要原因。比如，多年来央行和国家统计局的关于中国储蓄率的统计数字显示，中国国民储蓄率超过和接近 50%，而世界各国平均储蓄率只有 20% 左右。但是，需要指出的是，国民储蓄率不等于居民储蓄率，前者包括政府、企业和居民三部门收入总额中储蓄所占比例，后者则是居民家庭收入中储蓄所占比例。根据专家研究，虽然我国储蓄率高达 50% 左右，而居民储蓄率实际上多年来一直保持在 20% 左右。值得关注的是，近 20 年来，我国国民储蓄率和居民储蓄率都发生了引人注目的变化。从 1998 年到 2008 年，居民储蓄率震荡上升，而 2008 年到 2015 年，居民储蓄率则呈不断下降之势。到 2015 年，居民储蓄率已经由过去十几年的 20% 降到了 13%。特别是近几年，国民储蓄率与居民储蓄率都出现了下降。根据央行的统计，2013 年我国人均储蓄额为 7 万元，2016 年降低到 4 万元，2017 年则不足 2 万元②。

更令人吃惊的是，据西南财经大学《中国家庭金融报告》

---

① 见新浪财经，2015 年 12 月 3 日。

② 见凤凰网、财经，2018 年 4 月 18 日；中金在线，2016 年 10 月 9 日。

披露的信息，在我国储蓄最多的10%的家庭，拥有全部家庭储蓄的75%，另外35%的家庭储蓄较多，拥有全部家庭储蓄额的25%，而50%的家庭储蓄为零①。这一方面说明，我国收入分配不平衡的状况已经相当严重，一部分家庭无钱可存；另一方面说明，中国家庭收入扣除日常支出后的剩余部分一般会存入银行的情况发生了重大变化，可能包括一部分中产阶级也是零储蓄家庭，收入剩余部分或用于投资，或用作了其他用途。

由于对中国中产阶级经济的研究还没有引起学术界和有关方面足够的重视，储蓄方面目前可以掌握的数据是全国储蓄总额、居民储蓄总额，以及储蓄总额和居民储蓄总额的变化情况，而中产阶级在居民储蓄总额中所占比重，以及中产阶级家庭储蓄变化情况等数据，都难以得到。因此，对中国中产阶级发展与储蓄增长的数量关系目前还难以准确度量。关于中国中产阶级发展引起的储蓄增长对经济增长的影响，我们只能进行以下层面的讨论。

第一，中国中产阶级的发展壮大，意味着社会总收入的不断增加。根据凯恩斯的观点，中产阶级的消费倾向显然要低于低收入群体，必然有更多的收入用于储蓄。因此，毫无疑问，中产阶级的崛起，必然要引起储蓄总额的增加，从而为经济增长提供更多的资本供给。在中国当前情况下，由于需要为子女教育做经济上的准备、医疗保障体系不健全等原因，中产阶级家庭还需要把收入中相当一部分储蓄起来，以备不时之需。

第二，由于土地财政、土地制度以及经济增长对房地产的

---

① 中国家庭金融调查与研究中心：《中国家庭金融报告》，载新浪财经2018年8月31日。

严重依赖等因素，中国房地产市场严重扭曲。一方面中产阶级面对越来越高的房地产价格，需要把更多的收入用来购买住房。许多中产阶级家庭交了首付以后，相当比例的购房款需要通过向银行贷款解决，比例一般在30—50%之间，因此必须按月向银行缴纳利息和归还部分本金，月供占家庭收入很大部分，家庭总收入中可以用来储蓄的比重越来越少，造成了储蓄占收入比重的下降。有数据显示，从2009年开始，中国城镇居民的购房支出占总收入的比重达到了30%，这意味着连续7年中国人把总收入中的三分之一用于买房子了。同时，由于投资渠道不畅，许多中产家庭把购买商品房作为投资的主要形式，或者把投资房地产作为对冲通货膨胀、财产保值的主要手段。这也使得中产阶级把越来越多的收入用来投资房地产，从而导致了居民储蓄率的降低。这样，由于中产阶级的发展而带来的储蓄的增长，就大大打了折扣，对经济增长的影响也比人们预想的要小。

第三，事实上，在成熟的市场经济体制下，金融制度比较完善，投资渠道畅通且多种多样，发达国家银行存款利息率一直比较低，有的较长时期内保持零利率甚至负利率，居民包括中产阶级生活必需支出以外的收入，大多首先选择购买公司股票、政府债券等投资，而不是用于储蓄。因此，在西方发达国家，社会融资总额中，直接融资和间接融资通常各占一半，甚至直接融资占一半还多。在我国，居民储蓄特别是中产阶级收入中储蓄占比越来越低，也是经济发展到一定阶段的正常现象。这就提醒我们，中国经济增长所需要的资本投入，今后应当更多依赖直接融资和信托、保险资金等渠道，而不是像目前这样主要来自居民储蓄。这也意味着，今后企业发展和经济增长过多依赖低利率银行贷款的传统做法越来越行不通了，银行靠低息揽储、高息贷款，躺着挣钱的日子也快结束了。

二、中产阶级兴起与社会总投资增加

改革开放40年来，我国家庭积累了巨额的个人资产。个人资产包括储蓄与投资。个人净资产中储蓄与其他投资是此消彼长的关系。居民储蓄率降低意味着证券投资、房地产投资、理财产品等资产在居民总收入中所占比重的提高。由于中产阶级在中国的不断发展壮大，来自于中产阶级的各类投资不断增长，成为我国经济增长所需投资的重要来源。

从2013年—2018年，世界著名财经杂志《福布斯》中国版连续发布《中国大众富裕阶层财富白皮书》。所谓大众富裕阶层，即我们通常所指的中产阶级阶层。从《福布斯》杂志发布的这些报告，既可以看出中国中产阶级资产规模的不断扩大，也能看出这个阶层投资的变化情况。

第一，近年来我国中产阶级数量不断增长，意味着可供投入经济增长的社会资本进一步增加。据2013年到2018年《福布斯》中国版发布的《中国大众富裕阶层财富白皮书》提供的数据，可投资资产在10万美元至100万美元的中产阶级群体人数，2010年为794万人，2012年达到1026万人，2013年达到1202万人，2014年年末达到1388万人，2015年年底达到1528万人。根据《福布斯》和有关专家研究，中国中产阶级群体人均可支配资产为133万元人民币。台湾专栏作家黄承富则认为中国中产阶级人均可支配资产为130.8万元。黄承富在文章中还指出，2013年年末，中国大陆私人可投资资产为94.1万亿元，其中中产阶级掌握的私人财富占16.6%[①]，2015

① 见共识网，2014年5月15日。

年中国私人可投资总额为 114.5 万亿元。无论按中产阶级群体人均可投资 133 万元计算，还是按中产阶级可支配资产占私人可支配资产的 16% 左右计算，中产阶级可支配资产总额都在 18—20 万亿元之间。这是一笔数额不小的资产，如果有顺畅的渠道投入经济增长过程中，将成为推动我国经济继续增长的重要力量。事实上，与低收入阶层相比，中产阶级收入中投资比例大得多。据里昂证券的一项研究，中国蓝领阶层中只有约 7% 的人士投资股市，约 12% 的人投资银行理财产品；而中产阶级人士这两个比例则分别是 35% 和 47%[①]。

第二，中产阶级投资趋向于多样化，而且投资结构逐步由房地产投资占优势比重向金融投资占优势比重转变。研究表明，中国中产阶级收入除了工资和奖金收入，有八成的新中产阶级有其他投资收入来源。有人在研究新中产阶级的资产分布时指出，在新中产家庭的投资中，银行理财、投资性房地产、股票、商业保险、基金、互联网金融是他们选择较多的类别。在新中产阶级家庭中，有 59.61% 持有理财产品，46.77% 持有投资性房产，有近 41% 持有股票[②]。《福布斯》2015 年中国大众富裕阶层财富报告指出，目前中产阶层投资结构中银行理财产品、股票、基金成为最受青睐的投资产品，而房地产从 2015 年首次下降到投资选择第四的位置。2018 年《福布斯》报告也指出，新兴中产阶层对投资金融产品的财富来源占比超过了房地产。因为房地产需要较大的资金量才能变现，加之政策管控导致土地和房地产溢价能力减弱，一些门槛不高的金融

---

① 《蓝领将给习近平在 G20 峰会上以强有力的支持》，载《华盛顿邮报》2018 年 11 月 27 日。

② 见搜狐·财经，2018 年 1 月 8 日。

产品就成为新中产阶级偏好的财产收入来源。

但仍有学者指出，在目前中产阶级持有财富中，房地产占比最大。如在第九届中挪社会政策论坛暨第82次中国改革国际论坛上，中国改革发展研究院（海南）院长迟福林等学者指出，有关统计称中等收入群体把大部分财富配置在房产上，占比近80%[①]，不知道资料来源是否可靠。

第二节 中产阶级发展与人力资本供给的有效改善

现代经济增长和发展理论明确认为，科学技术在经济增长或发展中的作用不可低估，而技术进步及其应用离不开人力资本的发展。据有关机构研究，目前我国新中产阶级中70%以上具有本科学历。这意味着，中产阶级的兴起过程，同时也是中国人力资本总量增长、质量提高的过程。因此，研究中国中产阶级兴起与经济发展的关系，必须分析中产阶级兴起与人力资本供给情况变化的关系。

一、知识溢出效应与索洛残差

如何认识技术进步或者说人力资本在经济发展中的作用？让我们先对经济增长理论的一个经典模型和一个国际通用的重要经济指标进行简要讨论，为下文分析中国具体情况提供一点经济理论背景。

---

① 见中国战略性新兴产业网，2017年4月11日。

1. 人力资本作用和知识溢出效应

从舒尔茨到罗默，随着经济增长理论的发展，经济学家对技术进步和人力资本作用的认识也不断趋于深化和系统化。现代经济增长理论特别是人力资本理论认为，人力资本促进经济增长的作用主要来自知识效应，因为创造知识、掌握和运用知识都离不开高素质人力资本。人力资本的知识效应包括知识需求效应、收入效应和替代效应。知识的需求效应要求采用新的生产资料，更新和完善劳动者技能，从而提高劳动生产率；知识的收入效应是指受过教育、培训而具有更多知识与能力的劳动者，会有更高的生产力；知识的替代效应则指知识可以替代自然资源与物质形式的资本，成为经济增长的要素和源泉。由于知识的替代效应，人类社会可以克服自然资源、物质资本的限制，保持经济的持续增长。经济增长理论还把知识分成一般知识和专业知识，用以说明知识和人力资本促进经济增长的机理。经济学家认为，一般知识会产生外部效应，使所有企业都能获得规模收益。而专业化知识则会产生内部效应，获得生产要素的递增收益，给企业带来垄断收益。专业化知识与一般知识的结合，不仅使知识、技术、人力资本自身产生递增的收益，而且也使其他追加的生产要素如资本、劳动的收益递增，从而产生溢出效应。这些效应的共同作用，使经济增长的速度大大高于投资或其他物质资本的增长率，成为经济增长的重要源泉。

值得指出的是，美国经济学家保罗·罗默的新经济增长理论对技术进步和人力资本对经济增长的作用解释更加符合经济实际，使得经济增长理论前进了一大步。罗默的贡献主要是两个经济增长模型。在第一个模型中，罗默虽然也证明和指出了知识是一种生产要素，知识能够提高投资效率，因此国家应该像重视对机器投资一样重视知识的投资，但是他是在完全竞争假设下进行的分析，在技术非商品性质的前提下，无法解决技术进步的动力问题，因而也无法真正使技术进步作为经济增长的要素内生化。因此，在1990年发表的《内生技术进步》一文中，罗默在垄断竞争假设下，分析了技术进步对经济增长的促进作用，提出了经济增长的第二个模型。在这个模型中，罗默指出，技术商品具有非竞争性和部分排他性的特殊属性，拥有新技术可以在企业产生内部效应，给企业带来垄断利润，企业就具有了研发新技术的经济动机，这样技术进步源于市场激励而导致的有意识的投资行为，使得技术进步要素真正变成了经济增长的内生要素。由此，罗默得出了增长是技术进步的结果，人力资本状况决定增长率，知识溢出效应的存在是经济实现持续增长的不可缺少的条件等重要的理论结论，既对现代经济增长过程具有强大的解释力，也对近几十年许多国家的经济政策产生了极大影响。

2. 全要素生产率和“索洛残差”

近年来越来越引起重视的全要素生产率，实际上体现了经济学家和各国政府对技术进步、人力资本在经济增长中的作用越来越重视。所谓全要素生产率，是指各要素（如劳动和资本）投入之外的技术进步和能力实现等导致的产出增加，是剔除要素投入贡献后所得到的残差。由于最早由美国经济学家索洛在1957年提出，故学术界也称之为“索洛残差”。从上述定义可以看出，全要素生产率的来源包括技术进步、组织创新、专业化生产和生产创新等。因此，全要素生产率的增长率常常被视为科技进步的指标。这个指标的定义和越来越受到的重视启发我们，在现代经济增长中，技术进步和人力资本的作用正在发挥着日益重要的作用。只有重视人力资本开发和技术进步，才能保持经济的持续、快速发展。

二、优质人力资本增加与经济快速高效发展的机理分析

中国中产阶级构成主要是专业技术人员，是谓“新中产”。“新中产”人员数量的增加是经济发展的结果，也是过去经济快速发展的原因和未来经济持续发展的希望。

尽管人们对中国过去几十年教育发展出现的问题诟病甚多，但是中国教育事业获得了突飞猛进的发展，为改革开放40年来经济高歌猛进的发展提供了强大智力支撑，也是无可辩驳的事实。

从1977年恢复高考到1999年，我国高校平均每年扩招幅度为8.5%，到1999年，18—22岁适龄青年高校入学率只有4%。为了满足广大青年接受高等教育的强烈愿望，当然也出于拉动消费、促进经济增长从亚洲金融危机冲击导致的低迷状态中走出来的动机，1999年国家决定高校大幅度扩招，当年招生159万多人，增加幅度高达42%。此后，从1999年到2005年，高校平均每年扩招25%左右。到2010年前后，我国每年高校毕业生达到600—700万人，近年来更达到800万人左右的高峰。对高校扩招的利与弊，社会各界议论纷纷，褒贬不一，各有道理。作者不是教育专家，这里不作深入讨论。我想指出的是，中国高等教育实行扩招政策，用10年时间完成了国外30年、50年走完的路，产生了一个重要结果，就是培养了大量的技术人员和高技能人员，使中国成为工程师数量最多的国家，也成为技能人才数量最多的国家。这对中国经济发展已经产生并将继续产生极其深远的影响。对此，让我们从三个方面进行分析。

1. 优质人力资本增加与我国传统产业发展

经过新中国成立后30几年的投资建设，我国在改革开放开始时已经建立起了比较独立、完整的工业体系。但是，技术比较落后，产品质量和水平也比较低。改革开放以来特别是进入20世纪90年代以来，经济全球化进程加快，国际产业结构进入重大调整时期，发达国家更加专注于信息、生物、新材料等高新技术产业技术研发和产业培育，从而把一些传统产业转移到发展中国家，为中国传统产业升级、改造提供了一个千载难逢的机会。由于中国有广阔的国内市场，有相对独立完整的工业体系，再加上90年代末高校扩招带来了工程技术人才的迅速增加，借中国加入世界贸易组织的契机，中国成功承接了发达国家传统产业转移，利用发达国家的先进技术、先进设备、先进的管理技术和经验，使我国传统产业特别是制造业生产技术水平和产品水平得到了迅速提升，生产规模迅速扩大，许多产品产量跃居世界第一，“中国制造”占领了国际市场，促进了我国经济快速发展。根据2016年的统计数字，我国生铁、粗钢、彩电、冰箱、空调、化肥、造船、电解铝、摩托车、水泥、平板玻璃等共221种产品产量居世界第一，钢铁、摩托车、水泥、空调等产品产量占世界产量一半以上①。应当看到，如果没有高校扩招培养了充足的工程技术人才，我国很可能错过这次国际产业结构调整的机遇，中国赶超发达国家经济发展水平的大好良机很可能会与我们擦肩而过。国家决定高校扩招恰好与国际产业结构大调整在时间上交集，不知道是历史的巧合，还是时任领导人的深谋远虑，今天已不可求证。总之，1999年以来高素质人才的大量增加和充足供给，是我国

① 见搜狐·财经，2017年10月10日。

传统产业快速升级、迅速扩张的重要条件。美国的情况也能很好地说明这一点。据报道，国际金融危机后，当时的美国总统奥巴马提出要重振制造业，解决经济衰退和失业增加问题。一次他到旧金山公干，约乔布斯谈话，希望乔布斯把苹果手机生产线搬到美国。乔布斯说，把苹果生产线搬回到美国完全可以，但请总统给我们提供 4 万名工程师和 30 万名熟练工人。乔布斯讲完这番话，奥巴马说，这事就算了吧。因为，美国在经济上多年来脱实向虚，致力于发展金融等产业，实体经济严重衰落，在新英格兰甚至出现了一个“铁锈带”。大学培养的多是金融、保险和商业管理人才，不注重培养工业领域技术和工艺人才，缺乏重振工业特别是制造业必须的工程技术人员和熟练工人。鉴于人才培育不是一朝一夕的事情，依我看，美国重振制造业还要假以时日。

2. 高科技人力资本增加与中国新兴产业崛起

以专业技术人员为主体的新中产阶级兴起，不仅在我国传统产业升级发展方面发挥了巨大作用，在高新技术产业发展中也发挥了主力军作用。我国近 20 几年培养了大批信息软件人才，他们或者自己创业成立网络公司，或者成为国内兴起的各类网络公司、平台的业务骨干，促进了我国信息网络行业的发展，涌现了 BAT（百度、阿里巴巴、腾讯）等世界著名公司，也促进了商业模式创新，滴滴打车、分享单车、民宿、瓜子二手车等新型公司如雨后春笋般迅速涌现。前不久我参观了华为北京研究总院，这里从事的研究开发，是支撑华为始终处于信息技术产业前沿的大脑部位，在这里挑大梁的，除了院长 40 岁左右，主力是 30 岁左右的年轻科技人员。正是由于具有了这样一支进入中产行列、高素质的科技人才，才促进了我国高新技术产业的发展。有数据显示，目前在国内收入处于前列的是金融业和信息软件行业，而信息软件行业的从业人员大多是“80后”“90后”的新中产人士。目前我国不仅传统产业里一些产品产量位居世界第一，在一些高科技产业里我国产品产量也位居领先地位。比如手机产量排名世界第一，工业机器人产销量世界第一，集成电路产量世界第一，互联网用户世界第一、网民达7.1亿人①，无人机和人工智能在世界上也处于行业前列。

3. 研发型人才增加与国家科技创新

年轻的中产人士在国家科技创新中发挥的重要作用，不是一个理论问题，而是有目共睹的现实。让我们用最近网上热议的陕西某研究机构一个科技人员的离职风波为例，来说明新兴中产人士在我国科技创新中的作用。2018年9月，西安市某科研单位向上级单位的一份报告流传到了网上，大致内容是：

“张小平，男，研究员，在西安航天动力研究所作为项目主要成员参与了120吨液氧煤油发动机、480吨液氧煤气发动机、8吨变推力液氧煤油发动机、10吨液氧甲烷发动机、百吨级液氧甲烷发动机等国家重大型号研制及预先研究任务，长期负责低温发动机总体设计研究及技术把关，离职前任低温发动机副主任设计师职务。480吨液氧煤油发动机作为我国未来载人登月及深空探测用主动力系统，是我国目前推力最大的在研液体火箭发动机；8吨变推力液氧煤油发动机作为我国未来载人登月任务用发动机，将为月面着陆器近月制动、从环月轨道减速、下降、悬停及着陆月面提供动力，是实现载人月面着陆的关键装备。作为这四型发动机总体室系统级专家，张小平个人的离职对这四型发动机的方案论证及研制工作均造成了极大

① 见搜狐·财经，2017年10月10日。

影响，尤其是480吨液氧煤油发动机在2018年第二季度的研制过程中出现了深层次的技术难题，急需发动机技术专家开展集中攻关工作以便尽快确定后续发动机研制方案，该发动机的方案和研制进度将直接关系到我国重型运载火箭的方案选择和研制进度，甚至从某种程度上会影响到我国载人登月重大战略计划的论证和策划工作。为国家培养液体火箭发动机技术专家是我们研究所的义务，但我们不愿看到、也无法接受因个人的离职而影响到国家重大的战略项目！”

且不去讨论张小平离职事件的是是非非，通过摘抄的这一段文件我们可以得出几个结论：第一，张小平年收入12万元左右，属于专业技术型的中产人士；第二，张小平年龄30来岁，职务为副主任设计师，在技术序列中职级不高；第三，这样一位毫不显眼的年轻技术人员离职，竟然影响了我国登月火箭重大科技项目的整体进展，说明年轻一代科学家在国家重大科技创新中的作用举足轻重；第四，目前，在我国众多科技领域，年轻科学家都发挥了关键和骨干作用。能否善待年轻中产人士特别是青年科技人才，发挥他们在科技创新中的作用，决定了我国在未来科技竞争中的胜负，也决定了国家发展的未来。

三、关于“人口红利”的讨论

近年来，经济学界和经济方面人士关于“人口红利”的讨论很热烈。这个问题既是一个关系今后我国经济发展的重要理论问题，也与我们本书关注的人力资本在经济发展中作用问题紧密联系，有必要认真加以探讨。

到目前为止，学术界和社会上关于人口红利问题的讨论，主流观点是这样的：我国前几十年经济发展的奇迹之所以发生，其中一个重要原因是来自于人口红利。即我国人口庞大，劳动力资源丰富，具有劳动力成本较低的优势，因而能够使企业获得丰厚的利润，也使得我国企业产品在国内外市场上具有较强的竞争力。由于计划生育政策产生的后果，我国已经到了人口高峰期，劳动力资源增加幅度开始下降，今后还会出现绝对下降，因而我国劳动力资源丰富的优势不复存在，这既是当前经济增长速度下滑、经济发展进入新常态的原因，也必将成为今后我国经济发展的障碍。我认为，经济学界关于人口红利的主流观点是错误的，是既缺乏对经济现实的观察力，也缺乏理论上的洞察力的结果。具体说来，主流观点错就错在：一是对我国过去几十年经济发展的真正原因认识错误，二是对我国今后经济发展的模式、道路认识错误，三是对今后我国经济发展对劳动力资源或者说人力资本的需求认识模糊。让我们分别加以分析。

1. 这红利，那红利，改革红利第一条

我国改革开放40几年来经济快速持续发展，使我国综合国力、人民生活发生了翻天覆地的变化，这是人类经济发展史上的一个奇迹，需要认真深入地研究。对这一经济现象做出科学的解释，不仅对发展中国家具有巨大的借鉴作用，而且也是对经济学理论的巨大贡献，也将对经济科学发展产生重要的推动作用。但是，迄今为止对中国经济发展奇迹的解释基本是这样的：中国经济快速持续发展，是因为来自于土地（或包括土地在内的资源）红利、人口红利、改革红利。我个人认为，40几年来中国经济高速发展过程中不存在土地红利、人口红利，只存在改革红利。因为在我国所谓的“土地红利”“人口红利”过去就存在。我们不是一直都说“地大物博、人口众多”是中国的一大基本国情吗？这个国情，改革开放前后没有发生任何变化，变化的只是因为邓小平同志领导和发动了经济改革，对经济发展具有决定性影响的体制机制发生了重大变化。过去我国丰富的土地、矿产资源和人口资源只是一种潜在的经济资源，只能处于闲置状态，而实行改革开放政策，经济体制机制的变化特别是资源配置方式的变化，使这些潜在资源变成了现实的经济资源。资源投入总会导致产出，资源投入总量的变化，必然引起经济总量的变化。资源投入的快速增加，必然导致经济增长速度的加快。同时，由于改革开放引起的经济制度的变化，承认人们经济利益的差别性，承认个人努力可以给个人带来实实在在的好处，大大调动了人们的生产经营和劳动积极性，必然促进经济快速发展。还要指出，发挥市场配置资源的作用，在许多领域取代计划配置资源的作用，可以更好地根据需求与供给的关系调节资源分配，大大提高了资源利用效益，使我国经济效率、效益得到显著提升，也必然导致经济发展速度的提高。近年来，我国经济发展进入了所谓新常态，经济增长速度明显降了下来，有很多原因，但最根本的原因是经济体制改革没有实质性进展，制度创新没有迈出显著步伐，这从另一个侧面说明，过去几十年我国经济快速发展的根本原因是因为改革开放引起的体制机制创新，而不是什么土地红利和人口红利。

2. 创新发展：中国经济转型升级的方向

改革开放以来前几十年，中国经济走的是一条靠增加资源投入、以规模扩张为目标、以牺牲环境和资源为代价的发展道路。由于我国经济发展水平较低，土地、原材料、劳动力资源丰富且价格较低，国内长期处于短缺经济状态，实行对外开放特别是加入 WTO 使我国企业和产品走向了国际市场，国内外需求增长旺盛，产品不愁市场，我国有可能通过不断增加资源投入，扩大生产规模求得经济快速增长。这种发展模式在一定时期内有一定合理性。但这种“粗放式”“透支式”发展模式，毕竟是不可持续的。当国内外市场需求增长速度放缓，资源包括土地、劳动力等要素价格上涨，成本优势不再明显，产品竞争力相对下降，这种发展模式就失去了合理性，经济发展的高速度就难以为继了。同时，过去经济发展过程中不重视环境保护和资源节约的恶果逐渐显露出来，土地、水资源、空气污染越来越严重，严重的雾霾不但笼罩了北京、石家庄等北方城市和华北平原，而且逐步扩展到长江流域甚至珠江三角洲等地区和城市，最近连韩国都把出现雾霾归罪于中国。我们的经济发展也是一种透支式发展。我们过度追求经济发展的高速度，过度重视财政收入增长，过度重视当代人收入水平提高，大规模开发利用土地、水资源、矿产资源，实际上透支了下一代人发展所需资源，压缩了子孙后代的生存和发展空间。这严重背离了中国人前人栽树、后人乘凉的传统。党和国家逐步意识到，这样的发展模式必须改变。早在21世纪初，党中央和胡锦涛同志就提出要坚持以人为本，全面、协调、可持续的科学发展观，改变过去那种粗放式、资源环境破坏式的发展模式。党的十八大以来围绕转变发展方式，以习近平同志为核心的党中央做出了一系列重大决策，强调必须走科学发展道路。党的十九大报告明确指出：“我国经济已由高速增长阶段转向高质量发展阶段，正处在转变发展方式、优化经济结构、转换增长动力的攻坚期”，“必须坚持质量第一、效益优先，”“坚定不移贯彻创新、协调、绿色、开放、共享”的发展理念。可以预见，今后我国经济发展将更多依靠科学技术创新、产品创新、管理创新、商业模式创新，努力降低消耗，降低成本，减少污染，提高经济效益，努力实现可持续发展。

3. 中国未来发展需要更多的科技和技能型人才

中国经济发展模式的转变，必然导致人力资源需求的改变。从制造业、建筑业、采掘业等传统产业的发展趋势看，一方面要保证和提高产品质量，必须走智能化、自动化、信息化发展道路，减少人为操作因素对产品质量的影响。同时，现在和未来一段时间劳动力主体是第三代第四代农民工。他们没有吃不饱、穿不暖的困难生活经历，他们或出生在城市，或随父母生活在城市，对生活工作条件的期待与城市人没有什么区别，不愿意、不接受他们的父辈那样的工作条件。今后像传统建筑业、制造业那种脏、累、危险工种和工作岗位，将越来越难吸引第三代第四代农民工就业。这也要求传统产业操作实行智能化、自动化，尽量少用人，尽量减少单纯需要体力劳动的岗位。从产业结构调整的角度看，随着我国工业化水平不断提高，不久的将来将进入后工业化社会，服务业将取代工业成为对经济发展贡献最大的行业，将成为吸收劳动力最多的行业。服务业发展的趋势是现代服务业特别是生产性服务业的快速发展，如产品设计、技术研发、产品销售等环节逐渐从工业生产过程中分离出来，成为独立的产业，需要的也是接受过高等教育，具有科技研发和设计能力的高技术人才，不需要一般的体力劳动者。同时，新能源、新材料、生命生物等新兴高技术产业将获得更大发展，在产业结构中的比重和地位越来越重要，需要越来越多的高科技人才，而对一般教育水平和一般体力劳动者的需求也会逐步减少。综上所述，且不说今后一个时期中国劳动力数量并不像有的研究结果所说的那样大幅、快速减少，即使今后劳动力供给出现绝对下降，也不一定会成为影响中国经济发展的关键因素。因为今后中国经济发展需要的是越来越多的高素质劳动力，影响经济发展的关键不是劳动力的数量，而是劳动力的质量。只要我国加大对高素质劳动力的培养，保证优质人力资源的供给，今后劳动力总量的减少不会成为拖中国经济发展后腿的关键因素。抓紧培养高素质人力资源，意味着新中产阶级队伍的扩大。从这个意义上说，中国经济发展的未来前景如何，取决于中产阶级的发展状况，取决于国家和社会如何培育和保护新兴中产阶级。坚持所谓中国经济发展人口红利说，不仅不能正确认识前几十年中国经济发展的真正动因，也成为当前或今后经济发展不景气的借口，也模糊了促进我国经济继续发展的努力方向：既然现在中国经济发展慢，是因为人口减少，没有了经济发展的人口红利，于是人们就可以心安理得地任由经济发展速度下滑，而不去从提高劳动力素质方面进行努力，为新时代经济发展提供更多合格的劳动力。不纠正这种错误的理论认识，将会对今后中国经济发展造成严重不利影响。

四、中产精英大量移民国外可堪忧虑

近年来，在一些中产人士特别是知识精英的聚会中，“你移民了吗”，已成为常见的问候语。改革开放以来，我国已经出现了三次移民潮。从 2010 年开始的这次移民潮是第三次，现在仍在继续。与前几次大规模移民有所不同的是，这次移民国外的主要是两类人，即财富精英和知识精英，都是已经成家立业、功成名就的成功人士，其中高学历，具有一定专业技术、专业技能的中产阶级人士占了很大比重。一些机构的研究报告称，中国目前的国际移民已成为世界上最大的移民群体。社会科学文献出版社和西南财经大学发展研究院等单位联合发布的《中国国际移民报告（2018 年）》披露，2011 年到 2017 年，中国移民美国的人数每年都在 7 万人以上，有的年份超过

8 万人。还有的资料显示，从 2010 年到 2013 年，获得美国永久居留权的中国人口约为 90.3 万人。另外，随着欧美各国对中国居民的移民收紧，及欧美各国对中国公民签证的放松，不少中国人采取获得“10 年签证”的方式进入欧美各国。例如获得加拿大 10 年签证的中国人近年来数量大增。2010 年获得加拿大 10 年签证的中国公民仅为 2.8 万人，2012 年则猛增到 8.3 万人，2013 年、2014 年分别达到 11.3 万人、33.7 万人①。

离开父母之邦和熟悉的环境到国外工作、生活，并不是一个轻松的选择。偶尔和一些移民国外的朋友聚会时，他们这样概括在国内和国外的生活：在国外，好山好水好寂寞；在国内，好脏好乱好快活。其中有惋惜，有无奈，有自嘲，也有辛酸，说明如果不是不得已，有些中产人士并不愿意移民。访问已经移民的中产人士，主要原因是对国内教育状况不满意，国内医疗、养老压力太大，环境污染严重，缺乏安全感。最后一点更是许多民营企业家移民的主观原因。比如 2018 年一个号称“金融界资深人士”的徐小平散布私营经济离场论，一个叫邱小平的人社部副部长提出工人要参与民营企业管理和利润分配，有人说要往民营企业派出党委书记和工会主席，有人画蛇添足地说什么社会主义初级阶段不能消灭私有制，那就意味着现阶段发展民营经济不过是权宜之计，等等。正是由于教育、环境方面原因再加上许多方面的不确定性和缺乏安全感，使中国大量的财富精英和知识精英纷纷去国。还要值得注意的是，据调查，目前中产阶级家庭中有三分之一的比例表示要把子女送到国外接受教育，留学年龄从大学提前到高中、初中。大量财富精英、知识精英移民国外，带走的不仅是持有的资本

---

① 见凤凰国际智库，2016 年 8 月 4 日。

和财富，不仅是知识和技术，更重要的是将来出现的财富精英、知识精英空心化，带走了支撑未来中国经济发展的灵魂。这的确值得忧虑和重点研究解决。

第三节　中产阶级队伍扩大与经济转型、产业升级

党的十八大和十九大都把加快经济转型升级作为今后经济工作的主要任务。党的十九大报告指出："我国经济已由高速增长阶段转向高质量发展阶段，正处在转变发展方式、优化经济结构、转换增长动力的攻坚期，建设现代化经济体系是跨越关口的迫切要求和我国发展的战略目标。必须坚持质量第一、效益优先，以供给侧结构性改革为主线，推动经济发展质量变革、效率变革、动力变革，提高全要素生产率，着力加快建设实体经济、科技创新、现代金融、人力资源协同发展的产业体系，着力构建市场机制有效、微观主体有活力、宏观调控有度的经济体制，不断增强我国经济创新力和竞争力"①。由以上论述可以看出，实现"两个一百年"奋斗目标，实现经济持续健康发展是基础，必须加快转变发展方式，实行经济转型升级和结构优化，提高经济发展效率和发展质量。据有关方面统计，我国制造业在 GDP 和全社会固定资产投资中所占比例均在三分之一以上。实现经济持续健康发展，实体经济特别是工

① 见《党的十九大报告辅导读本》，人民出版社 2017 年版，第 27、29 – 30 页。

业、制造业能否实现转型升级、结构优化至关重要。推进我国经济转型升级，中产阶级群体尤其是专业技术人员即“新中产”应当而且可以发挥极其重要的作用。

一、大而不强：我国工业发展基本状况

改革开放以来，我国经济长期保持较快发展，其中工业、制造业发展尤其迅速。从1978年到2016年，我国年均经济增速达到9.6%，第二产业增加值年均增速更是高达10.9%。随着工业化快速推进，我国制造业规模不断扩大，许多产品产量跃居世界第一，已成为名副其实的世界工厂和世界制造业第一大国。

在充分肯定改革开放40年来我国制造业发展取得的巨大成就的同时也必须看到，尽管我国已经成为世界制造大国，但从我国制造业增加值率、劳动生产率、创新能力、拥有的核心技术、关键零部件生产、高端产业占比、产品质量和著名品牌等各方面衡量，总体上看我国制造业大而不强、发展质量不够高的问题十分突出。正如人们形象地指出的，我国制造业是一个“虚胖子”：虽然身躯庞大，但筋骨不强壮。因此，我国建设制造业强国和发展先进制造业还有很长一段路要走。

工业和信息化部部长苗圩前几年在全国政协会议上针对一个时期国内兴起的“去工业化”论调尖锐指出，当今世界制造业国家分为三个梯队：美国提供了主要的技术创新成果，是第一梯队；德国和日本等国家提供了先进的设备和产品，属于第二梯队；我国缺少核心技术，在许多行业的国际产业链中处于加工制造环节，顶多处于第三梯队的位置，我国工业化远远没有完成，还有很长的路要走。

一是我国制造业产业结构不平衡、高级化程度不够，低端

无效供给过剩与高端有效供给不足并存。从具体制造业产品看，大部分产品的功能性常规参数能够基本满足要求，但功能档次、可靠性、质量稳定性和使用效率等方面还有待提高，高品质、个性化、高复杂性、高附加值产品的供给能力不足，高端品牌培育不够。具体体现在以下几个方面：第一，产品质量、性能赶不上国外产品。拿钢铁行业来说，韩国浦项钢铁和日本新日铁的总裁都指出过，中国虽然能够冶炼出不少钢铁品种，但高档产品质量不如日韩企业，一些个性化、高复杂性、高附加值的钢铁产品还不能生产。第二，大多数产品处于产业链低端，增加值低于国外先进企业。近年来，我国制造业的增加值率约为20%，远低于工业发达国家35%的水平。这说明我国制造业经济效率与产品附加值偏低，在全球产业链中处于中下游的分工地位。以iphone手机为例，我国是iphone手机的组装生产基地，但每生产一部手机我国仅获取总利润的3.63%，美国企业获取近50%的利润，日本企业获取30%以上的利润，韩国企业获取10%以上的利润。我国制造业规模大与产值小的不均衡现象，也折射出我国制造业存在产出效率与附加值偏低的问题。据联合国工业相关组织资料显示，我国制造业人均附加值仅相当于爱尔兰的十分之一，在世界排名50位左右，甚至低于一些发展中国家。第三，一些关键设备、关键原材料、关键元器件仍依赖进口。多年来，中国工业界论及我国工业发展状况，总是说我国技术创新能力不强，关键设备、关键原材料和关键元器件很大一部分不能生产，而要依靠进口。我曾经与工业界的专家讨论，我国工业是否仍然是这种状况？不少专家认为，与以前相比，现在这种状况没有发生根本改变。例如，工信部资料显示，我国高端芯片与通用芯片的对外依存度高达95%，几乎95%的高档数控系统、高档液压件和发动机等都依靠进口。有的企业家指出，目前虽然我国制造业产值占世界的比重已经达到 20% 以上，但 80% 以上的高端技术依靠进口。

二是缺少自主品牌和世界知名品牌。从世界品牌实验室公布的 2017 年“世界品牌 500 强”名单来看，我国入选品牌仅有 37 个，约占 7%。在全球知名品牌咨询公司英图博略（Interbrand）发布的 2017 年度“全球最具价值 100 大品牌”排行榜中，我国制造业产品品牌只占 2 席。我国制造业发展存在的短板充分说明，加快建设制造强国，必须大力提升制造业供给质量，推动制造业实现高质量发展①。

三是我国工业企业大而不强，缺乏世界一流企业。改革开放以来，我国工业企业规模不断扩大，成长出一批大公司、大企业集团。财富“世界 500 强排行榜”一直被视为衡量全球大型公司的最权威榜单，每年发布一次。该榜单以营业收入为标准，规模越大，排名越靠前。1989 年，中国大陆只有一家公司上榜，1995 年增至 3 家，2000 年增至 11 家，2014 年突破 100 家，2017 年达到 115 家，2018 年进一步增加到 120 家，接近了美国的 126 家。其中，国家电网公司、中石化、中石油连续两年位居 2、3、4 位。从“财富全球 500 强”的排名情况看，中国企业成长之快，令人欣喜。但是，如果以赢利为标准，则是另一番景象。比如，2017 年，在财富“世界 500 强排行榜”排名第 3 的中国石化，利润仅仅是排名第 10 的埃克森美孚的六分之一；东风汽车的营业收入是起亚汽车的 2 倍，

---

① 本小节参见黄群慧：《我国已成为制造业第一大国，大而不强问题仍存在》，载《人民日报》2018 年 08 月 17 日；燕玉：《中国制造业为何“大而不强”，如何突围》，载《人民论坛》2017 年 4 月 12 日。

利润只有后者的二分之一；另有11家上榜的中国公司亏损。中国上榜企业的平均总资产收益率只有1.65%，即一块钱的资产只能产生1.65分税后利润，而美国企业的平均总资产收益率为4.79%，是中国企业的2.9倍。

二、实现制造业转型升级必须充分发挥中产阶级作用

以上情况说明，要解决我国工业大而不强问题，提高经济发展效率和质量，需要解决两个方面的问题：一是我国有能力生产的产品，包括传统产业产品和新兴产业产品，要提高质量可靠度和产品性能，由产业链、价值链的中低端向中高端迈进；二是要增强科技创新和产品创新能力，降低关键技术、关键设备、关键原材料、关键元器件对国外企业的依赖度，向科技创新、产品创新要效益，增强国家经济竞争力。而要做到这两点，都离不开发挥科技人员和工程技术人员、高技能人员的努力。在发达国家和我国，科技人员和高技能人员都是中产阶级的主要组成部分。要解决我国工业大而不强的问题，显然必须要更好发挥中产阶级的作用。

第一，改革工业技术创新体制，充分发挥科技人员作用，推动工业共性技术研究。我国传统产业产品正处于价值链和产业链中低端，一个重要的原因是我国工业共性技术研究开发不足。1999年，我国242家应用型科研院所实行企业化改革，2000年又有134家应用型科研院所实行转制改革，对我国工业共性技术研发产生了巨大影响。这次工业科研体制改革的初衷是解决工业技术研发与工业生产相互脱离的问题，即所谓科研与生产“两张皮”的问题，通过应用型科研院所企业化改革，使得科研成果直接转化成生产技术和产品，提高我国工业技术创新能力。改革的结果确实使得应用型科研院所的一些技

术创新成果转化成了生产技术，变成了技术先进的产品，科研院所的收入绝大部分有了很大增加，国家因此节省了一笔科研人员工资支出，科研人员的收入水平与转制前相比普遍得到了很大提高。但是，这种改革的最大问题是，科研院所转制后，作为企业关心的是自身经济效益，哪些技术研发能够直接、迅速带来经济效益，就投入资金和人力进行研发，而对那些属于行业发展需要的前瞻技术、前沿技术、基础性技术、共性技术研发则没有积极性，导致我国工业共性技术研发的严重滞后，一些行业急需的共性技术只能依赖国外进口。国外企业为了保持在竞争中的优势地位，在一些行业共性技术领域对我国实行封锁，拒绝转让给我国企业。由于工业共性技术的短缺，使得我国制造业企业只能进行产品加工、制造，在工业产业链和价值链中处于中低端位置。由于工业共性技术缺乏，还导致一些产品的质量不稳定、性能差。必须实事求是地评价应用型科研院所企业化改革，对我国工业共性技术研发体制机制进行调整和再改革。改革和调整工业共性技术研发体制，要区别情况分别采取不同做法。一是由于一些大型产业集团如中石油、中石化、航天科工、航天科技、中航工业、中核集团都有行业共性技术研发中心或科研院所，这些科研机构具有企业内部事业单位性质，应主要考核他们的科研创新状况，而不是以他们创造的经济效益来评价工作优劣，科研人员的收入也主要与科研成果挂钩，而不是与经济效益挂钩，使这些单位的科研人员可以专心致志地进行科研活动，而不必担心研发活动的经济效益如何。这些产业集团的行业共性技术研发活动一般比较活跃，科研成果层出不穷，并不比国外落后多少，或者与国外同行业的技术差距没有继续拉大。这些产业集团内部的科研机构，与过去工业部门管理的应用型科研院所性质差不多，保证了工业共性技术研发的正常进行，没有必要在工业共性技术研发体制机制方面进行所谓的改革或调整。二是在产业集中度比较低，企业组织结构不合理的行业，则应借鉴台湾工业技术研究院的做法，集中优秀工业科研人员建立行业研发机构，专注于工业共性技术研发，通过研发成果向生产企业转让获得收入和科研经费，国家在税收、贷款等方面给予政策支持。在工业共性技术研发机构开始运营阶段，可以先按事业单位管理，待积累了一定技术成果，具备了自我研发、自我发展能力后，再使这些共性技术研发机构自负盈亏、自我发展。或者像广东等地那样，由政府发起成立区域共性技术研发机构，或者由行业龙头企业牵头，成立行业共性技术研发机构。在前一种情况下，政府机构牵头组织若干企业成立共性技术研发机构，政府给予一定支持。在后一种情况下，业内企业共同出资建立研发机构，出资企业可优先获得研发成果转让，并以低于技术市场价格的费用得到研发成果。广东省前几年已成立家用电器、空调等专业研究院，专门研究这些行业的共性技术，取得了较好效果，受到了企业的欢迎。在理顺我国工业共性技术研发体制的前提下，要研究建立有利于激发科技人员创新积极性的收入分配机制，使他们的收入与科技贡献紧密挂钩。实行严格的专利保护制度，保护技术发明者的权益。同时，要认识到科技人员除了经济利益考虑，也有对学术成就、个人价值实现的追求以及研发自主权等追求，在企业和科研机构内形成尊重知识、尊重人才、尊重创新、宽松民主的环境，建立科学合理的技术研发管理机制，充分激发和调动科技人员的积极性、创造性。

第二，深化国有企业改革，调动企业科技人员创新积极性。我国大量科技人员在企业工作，国有企业更是集中了一大批最优秀的科技人员。如何调动国有企业科学技术人员的创新积极性，直接关系到我国经济转型升级能否成功实现。我国一些国有企业仍然处于垄断行业或受到国家特殊保护，其他企业不能自由进入或不能与他们平等竞争。这些企业靠垄断地位和国家保护就可以活得很好，就没有靠技术创新赢得竞争优势的必要性和积极性，导致这些行业技术创新的停滞或进展缓慢。但是，这些企业在国内市场上固然缺乏竞争对手，但却要面临国际市场上其他国家企业的竞争。特别是随着我国承认“竞争中性”原则，一些国有企业靠垄断地位和国家保护继续生存和发展的好日子快要过不下去了，也面临着技术创新的艰巨任务。更严重的问题在于我国大量国有企业处于竞争性领域，要凭高质量、高性能、高技术产品与其他市场主体竞争而生存和发展，但是也对技术创新重视不够，许多大型国有企业和企业集团至今还没有建立技术研发中心，技术研发经费严重不足，有价值的重大科技创新成果不多，产品的科技含量不大，质量和性能没有优势，因而在国际市场和国内市场上没有核心竞争力。国有企业对技术创新重视不够，不等于国有企业领导人不明白技术创新对于企业的重要性，而是因为国有企业的体制机制不利于企业技术创新。其中有几个因素产生了重要的影响：一是国有企业主要负责人都有一定任期，任期内都希望企业规模得到扩大，赢利增加，从而得到出资人机构的认可，或者被提拔任更高职务，或者到更大企业任职，而不会把技术创新摆在突出重要的位置。二是目前国有企业的考核和收入分配主要看短期营业收入和利润增长状况，如果企业投入大量资金和人力进行企业研发，虽然可以增强企业发展后劲，有利于企业可持续发展，但是一方面企业研发投入需要较长一个时期才能见效益，而考核企业的指标主要是短期营收指标和利润指标，这样就会影响企业评级，影响企业管理人员和职工的收入水平。同时科学技术研究开发活动不一定都会成功，企业研发投入很可能没有任何成果，使得企业投入落空。这一切都影响了企业技术研发的积极性。所以，要使国有企业真正对技术研发和创新重视起来，必须改变目前对国有企业的考核办法，从注重短期指标的考核，转到更加重视企业长期发展指标的考核，注重企业是否具有可持续发展能力。企业负责人在一个企业的任期也要尽可能长一点，使企业负责人有长期打算，考虑企业长期发展，重视企业的科技进步和技术创新，为企业发展积蓄后劲。在改革国有企业体制机制的前提下，要建立和完善对国有企业科技人员的考核和收入分配制度，使科技人员的收入和报酬与技术创新活动结合起来，取得了重大科技成果要给予重奖，还可考虑实行企业技术骨干持有一部分企业股份，使技术人员的前途与企业的命运紧密联系起来。

第三，改革现有科研体制，激发科学技术人员创新活力。我国拥有除了美国以外最庞大的科学技术人员队伍，但原创性重大科技创新成果并不多，到目前为止只有屠呦呦一人获得诺贝尔生物或医学奖。造成这种状况的原因很多，我认为重要的有两个方面。一方面是对科技人员评价机制存在严重问题。目前我们的大学、科研机构、企业评价科技人员的标准是发了多少论文，承担了多少重点课题，诱导科研人员不愿意进行原创性研究，而是急功近利，追随所谓热门课题，做一点修修补补的创新活动，就急急忙忙发表论文，有的甚至不惜违反职业操守，剽窃别人成果据为己有。钱学森在 21 世纪初曾提出我国为什么出不了大师级科学家和学者，是为“世纪之问”。主要问题就出在这里。另一方面是我们为了追赶国际科技发展先进水平，或为了解决国内经济、国防急需解决的重大科学技术问题，习惯于由政府设立重大科技专项，并由政府来组织实施。

这就出现了两个问题：一是政府选定的科技研发课题不一定科学准确。这本来应该是由科学家决定的事情，变成了政府行为，很难保证不落后于世界科学发展潮流；二是由政府确定的重大科技专项不能覆盖经济、国防和社会发展对科技创新成果的需求，许多关系经济发展和人民生活的重大科技问题得不到政府支持。为了改变我国科技创新落后状况，必须改变当前的科技体制机制。首先，要尊重科学技术发展规律，鼓励科学家和技术人员关注原创性科学技术问题研究，不以论文数量论英雄。只要科学家进行的研究活动具有重大科学价值，就要支持进行长期研究，不提出具体时间要求。事实上，许多重大科学活动需要长期研究探索，有的可能要经过无数次失败。比如牛津大学的爱德华·罗伯特教授，被称为“试管婴儿之父”，在实现试管婴儿突破之前，有 14 年他没有任何科技成果。但是，牛津大学没有因为罗伯特没有所谓科研成果而解聘他，或取消他的教授职务。我国晶体专家、山东大学的蒋民华院士用十几年时间反复试验，从碳化硅的 230 多种状态中找出最理想的数据，发明了人工生长碳化硅晶体的技术。只有尊重科学技术发展的自身规律进行科技创新活动，中国才能出大科学家，才能不断实现重大科技突破。其次，科学技术的重大发现和突破往往不是在政府有意识组织下实现的，而是科研机构自发研究的结果，或者是分散的科学技术工作者偶然发现的。因此，在美国等发达国家，风险投资十分活跃，对他们认为有希望实现重大科技突破并能够转化成生产技术的科研活动予以支持，如硅谷的许多科技发现就是在风险投资基金支持下实现的。所以，我们要改变政府包打天下的做法，政府要支持科研机构、科学家或企业甚至是民营企业的创新活动，并鼓励建立、发展风险投资基金，由市场或专业人士去发现有前景的科研项目，支持有前景的科研活动。要在全社会形成热爱科学、勇于创新的社会氛围，鼓励企业和科学家个人的创新活动，并对他们的科技研究开发活动给予支持，并使他们的研究成果可以给个人带来经济利益和社会荣誉。这样才能使我国科技跟上世界发展步伐，甚至在世界上居于领先地位，促进我国新兴高科技产业发展，提高我国经济发展质量和竞争力，建设经济科技强国。

第四，充分发挥高技能人才作用，提高我国工业制造能力和产品质量。目前一些高级技工、技师的收入比本科毕业生甚至硕士研究生、博士研究生的收入还要高，进入了中产阶级行列。高技能人才是新兴中产阶级的重要组成部分，也是提高我国工业制造水平的重要力量。我国工业、制造业存在的一个大问题是虽然掌握了产品制造技术，生产设备与国外企业也没有差别，但产品质量就是不如国外的产品。比如，我们把国外的生产线原封不动地引进来，零部件完全是国外生产的，就是在国内组装一下，但与在国外生产的同样产品相比，质量上仍然要差一截。问题主要出在操作环节和操作者身上。一个产品的质量和性能如何，既取决于技术研发和设计过程，也取决于生产过程；既取决于设计水平，也取决于制造水平。高水平的产品设计，还需要高素质的工人把它制造出来。我国制造业企业的员工普遍教育水平、技能水平不高，高级技工、高级技师在职工中所占比例较低。由于高技能职工的缺乏，导致产品质量和性能都要打折扣。我国高技能人才缺乏，主要因为：一是近些年我国经济“脱实向虚”趋势明显，搞实体经济特别是从事制造业利润微薄，年轻人不愿意到工业企业就业，已经在工业企业就业的也不安心，时刻准备跳槽，没有心思下功夫学习技术，提高技能。二是我国不重视技能人才培养，国家教育经费大部分投入了普通高等教育，集中过多财政性教育经费创建

“985”“211”等重点大学，近年又提出创办所谓“双一流”大学，即使培养出来的大学生很多根本不能就业，也不愿意拿出足够的教育经费办好职业技能教育。目前的职业技术学校教学条件很差，许多学校没有实训基地，缺乏会实际操作的老师，学生毕业后不能马上派上用场，企业还需要再培训。三是传统观念仍然影响着家长和学生对教育和职业的选择，一些家长和学生明知道大学里一些专业培养的学生早就过剩了，毕业后不会找到与专业对口的工作，仍然要上普通大学，而不愿意去学一点实实在在的工作技能，毕业后到企业工作。四是我国技能工人经济收入水平仍然偏低，也影响了年轻人学技术的积极性。要改变我国高技能人才匮乏的状况，把制造业搞上去，需要综合施策。应当下决心调整高等教育结构，把一些不具备建设研究型大学的高校改成职业技术学院，国家教育经费要向技能人才培养倾斜，改善职业技术院校办学条件，特别是抓紧补上实训基地和实训教师的短板。要采取导向明确的财政税收政策，鼓励和支持实体经济发展，使制造业获得平均利润，具有发展能力和发展动力，确保人们从事制造业收入有保证、事业有发展、社会有地位。这样年轻人才会乐于接受职业技术教育，愿意到工业企业工作，刻苦钻研和学习技术、技能。应当按照世界各国通行做法，提高技能人才的经济待遇，像德国那样技能人才成为受社会尊重的职业，高级技工成为人们向往的工作，吸引越来越多的年轻人报考职业技术院校，学习职业技能，到工业企业工作。这样做，也能够激发现有高技能员工的生产积极性，增强高技能员工的责任心，严格遵循生产规程和设计要求，精益求精、一丝不苟地操作，保证产品的质量高、性能好。

第四节　中产阶级壮大与中小企业发展

改革开放初期，最早成为中产阶级的是一批个体户和私营企业主。那时中国经济的典型特点是供给不足，产品和服务供给均不能满足人们的需求，即匈牙利经济学家亚诺什·科尔奈所说的短缺经济。当时一批回城知青或者没有工作靠家庭供养，或者即使有工作也是在街道企业、集体企业工作，收入微薄，于是抓住国家政策放开的机会，开始从事个体经营，逐步成为收入较高的群体，进入中产阶级行列。这部分中产阶级人士的产生可以说是阴差阳错，因祸得福。另一批中产人士的诞生，则是有意识的选择。二十世纪八九十年代，一批在机关、事业单位或国有企业工作的人，不满足于当时的收入水平和待遇，主动“下海”，利用当时产销渠道、物资流通、产品价格的双轨制，通过倒买倒卖的商业活动或生产活动，获得的收入大大高于社会平均水平，成为我们今天所说的中产阶级。总体来看，早期进入中产阶级行列的多数文化水平不高，有的甚至是文盲。1992 年，中国社会科学院社会学所的陆学艺教授和他的团队对 1440 位民营企业家进行的调查发现，在农村，54% 的企业家曾经是农民，登记者父亲是农民的则占 69%。20 世纪 90 年代对上海的民营企业家进行的另一类两项调查表明，企业家只受过中学教育的占比是 83%，父亲只受过中学教育的占比是44%[①]。从20世纪90年代后期以来，随着改革的不断深入，“双轨制”逐渐被取消，绝大多数产品不再实行计划生产，产品价格随行就市，要想通过经营获得成功，进入中产阶级行列，主要靠企业拥有一定的市场竞争力，或者拥有先进技术，生产的产品质量、技术水平较高，或者企业主懂得管理，产品成本低、利润高。这时的成功企业人士主要是受过高等教育、懂技术、会管理的专业人员。特别是21世纪以来成功创业的一批新生代企业家，更多的是精通信息技术、管理知识的技术和管理人员，他们中的一些人还迅速成长为闻名世界的大公司掌门人，进入中国富豪榜的前列，如马云、马化腾、李彦宏、刘强东等。因此，目前自主创业的科学技术人员或管理人员已成为中小企业主的主体。

中小企业已成为我国经济发展的重要力量。截止到2018年4月，我国市场主体达到1亿以上，其中90%以上是中小企业。近几年随着“大众创业，万众创新”的推进，我国新成立的中小企业数量快速增长，日均新设立的企业由2012年的5000多户增加到2017年的1.66万户。国务院副总理刘鹤在2018年8月20日主持召开的国务院促进中小企业发展工作领导小组第一次会议上指出，数据显示，我国中小企业贡献了50%以上的税收、60%以上的GDP、70%以上的技术创新、80%以上的城镇劳动就业和90%以上的企业数量，是实体经济转型的主力军，是国民经济和社会发展的生力军，是建设现代化经济体系、推动经济实现高质量发展的重要基础，是扩大就业、改善民生的重要支撑，是企业家精神的重要发源地。做

① 参见［美］李成编著：《〈中产〉中国——跨越经济转型的新兴中国中产阶级》，许效礼、王祥钢译，上海译文出版社，2013年版，第67页。

好中小企业工作，对稳就业、稳金融、稳投资、稳外资、稳外贸、稳预期，增强经济长期竞争力都具有重要意义①。由此看来，如何发挥专业技术人员作用，促进中小企业发展，已成为影响我国今后经济发展的一个重要问题，有必要进行一番深入的研究。

一、“玻璃门”“弹簧门”、负担重、融资难：影响中小企业发展的主要障碍

改革开放以来特别是20世纪90年代以来，党和国家高度重视发展中小企业在促进经济发展、增加财政收入、扩大就业、改善人民生活中的重要作用，陆续制定实施了一系列重要政策措施，先后出台了两个鼓励支持中小企业发展的文件。近年来，为了促进大众创业取得实效，国务院把简政放权作为推动大众创业的根本性措施，明确提出实行负面清单制度，法无禁止皆可为，凡公民、法人或其它组织能够自主决定、市场机制能够有效调节、行业组织或者中介机构能够自行管理的事项，政府都要退出；凡可以采用事后监管和间接管理方式的事项，一律不设置前置审批。经过长期改革，我国政府职能已经发生了重大变化，精简了不少行政权利，减少了不少行政审批事项，为中小企业发展创造了条件。但是，中央关于简政放权的决策还没有得到真正贯彻落实，在一些地方和部门出现了中梗阻，往往是把一些没有“油水”的审批事项转移出去，而把一些有“油水”的审批事项留下来；地方和部门简政放权进展很不平衡，有的国务院部门审批事项已经减少了70%，而有的部门还不到50%；大量的行政审批以资质事项认证和

① 见中国政府网，2018年8月20日。

非行政许可的形式出现，而这两种行政审批事项改革进展缓慢；一些政府公务人员对中央采取的整肃党风党纪、廉洁从政和反腐败措施不理解，由过去的虽然“吃拿卡要”，但是也给办事，变成今天的不吃不要，但不办事，导致了新的注册难、登记难、办事难。目前政府这只“闲不住的手”仍然管了太多不该管也管不好的事情，抑制了市场主体活力，抑制了创业积极性和创业潜力，制约了中小企业发展。因此，一些民营经济（我国中小企业基本是民营企业）人士反映，按照文件规定，现在民营企业发展不存在障碍，但是却存在“玻璃门、弹簧门”，“虽然准入但不准营”现象，明明可以做的事情，实际上不能做。

实行金融普惠，为中小企业提供强有力的金融支持，是发展中小企业不可或缺的前提条件。多年来，各级政府下发了不少文件，出台了不少政策，试图解决中小企业融资难、融资贵问题。比如要求各商业银行对中小企业贷款在贷款总额中要占一定比重，并且要不断提高这个比重；鼓励发展中小金融机构如村镇银行、小额担保公司等。但是，这些政策措施的实施效果不明显，融资难、融资贵，仍然是我国中小企业发展和大众创业的重要瓶颈。目前在全部银行贷款中，小微企业得到的部分所占比例很低。据有关方面统计计算，截至 2013 年末，商业银行发放贷款中，小微企业贷款只占 18.37%，出现了银行贷款等金融资源在大型企业和小微企业之间的严重错配。全国工商联 2013 年年初的调查结果显示，规模以下的小企业 90% 没有与金融机构发生任何借贷关系。中小企业融资难、融资贵的原因很复杂，根本的原因是我国金融体系不健全、不合理，和企业发展情况不匹配，缺乏为中小企业提供金融服务的小型金融机构。不同类型的金融机构适于为不同规模的企业服务，这是金融业发展的规律。大型金融机构本质上是为大中型企业服务的，而小型金融机构或地方性金融机构触角延伸到千千万万小型企业、微型企业，可以发挥熟悉一定区域内情况、大家相互了解的优势，适于为小型、微型企业服务。我国目前不缺少大银行，只缺少小银行。2014 年末，我国人口是美国人口的 4 倍半，但是美国有银行 8000 多家，资产规模 500 亿元以下的小银行美国有 6000 多家，而我国仅有 3669 家。2014 年年末，我国村镇银行加小贷公司的贷款余额只占全国银行机构贷款余额的 1.76%，而 2011 年美国社区银行的贷款余额则占美国银行贷款余额的 11.2%。[①] 3000 多家小型金融机构对我国几千万家小型、微型企业，显然不匹配，根本无法满足它们对金融服务的要求。我国商业银行现行的金融服务产品、审贷标准、审贷流程、风险防范技术、组织框架和员工队伍的配置，都是面向大企业、大项目的，完全不适应中小企业特别是小微企业的现状。小微企业大多数没有足够的抵押资产，许多小微企业没有规范可信的会计账目，缺少信用记录。在商业银行以资产抵押为主的风险防控机制下，广大小微企业很难获得银行贷款。

中国企业税费负担一直比较重，是影响企业发展特别是影响中小企业发展的重要因素。有的研究者指出，中国企业的税负与周边国家比和世界平均水平比不是最高的，大体上处于中等水平。但是，如果把企业必须付出的各种费用加进去，中国企业的宏观税负高达 60% 以上，远远高于世界平均水平。有的研究成果指出，目前企业为职工支付的“五险一金”等于

---

① 应宜逊：《发展普惠金融需要监管部门积极有为》，载《改革内参》2015 年第 34 期，第 33 页。

职工工资的40%，地方政府的财政收入中，非税收入一般约占20%，有的地方甚至高达40%[①]。为了稳定经济增长速度，促进大众创业和中小企业发展，中央从2008年开始，就陆续实行了减免小微企业税收和实行营业税向增值税转变的改革，特别是对小微企业减免税收的政策范围越来越宽，减税力度越来越大，同时在减少收费项目方面采取了一系列政策措施，打了一套政策“组合拳”，带来了“利好消息”。与此同时，近年来一些地方非税收入在财政收入中比重提高、居高不下，传来了“利差消息”。据财政科学研究所2015年下半年的一项调查显示，从各省公布的2015年财政收入账本来看，一些地区财政收入结构不合理问题依然突出，非税收入增长较快，明显超过税收增幅，出现了“税不够，费来凑[②]”，中央减轻企业负担的决策不能得到真正落实，企业没有得到应有的实惠。

另外一个值得忧虑的现象是，一个时期以来，社会上一些人特别是新“左”派屡屡指责新时期党的路线、方针、政策，质疑改革开放和十一届三中全会以来的现代化建设实践活动，为极“左”路线统治时期政治制度和传统经济体制机制翻案，甚至大肆赞美“文化大革命”。与此相适应，他们也对社会主义初级阶段的基本经济制度提出怀疑，否定非公有制经济发展的必要性和重要意义，重弹只有公有制经济才是共产党执政的经济基础的老调，把非公有制经济发展视为对社会主义制度和共产党执政的威胁，要求追溯私营企业家的“原罪”。应当说这种舆论已经带来严重的后果，是近年来投资增幅持续下降的重要原因。一些民营企业家不敢继续投资，企业家向境外转移

①② 李丽辉：《地方财政乱像：税不够费来凑，减税有用吗?》，载《人民日报》2016年2月1日。

资产或移民到国外的数量明显增加，等等。如不遏制这种势头，将对我国经济发展带来致命的负面影响，必须引起高度警惕。令人欣慰的是，中央已经觉察到这个问题，召开了民营企业发展座谈会，习近平总书记亲自发表讲话，对鼓励支持民营经济发展提出了具体要求，并特别强调要保障民营企业家的合法权益，稳住民营企业家的预期，产生了积极效果。

二、从根本上改善中小企业发展的市场环境、法律环境和政策环境

激发专业技术和管理人才创业活力和潜力，扩大中产阶级队伍，应继续深化商事制度改革，降低创业门槛，全面落实和不断完善大众创业的激励机制，进一步加大财税、金融、场地等各项扶持和优惠政策，营造鼓励创业、创业光荣的社会文化环境。要加快推进创业服务体系和中小企业服务体系建设，提供多样化的创业培训和有针对性的创业服务。同时，还要完善社会保障制度，为创业者解除后顾之忧。这里重点从以下几个方面论述。

第一，加快推进政府职能转变，创造公平的市场环境，为创业和中小企业发展提供制度支持和各种便利。从改革开放以来中小企业发展的实践可以看出，每一次中小企业的大发展，都是深化改革、制度创新的结果。要充分发挥年轻科技人员创业积极性，使千千万万劳动者通过创业改变自己的命运，进入中产阶级行列，需要进一步深化改革，通过制度创新破除束缚创业积极性的障碍，激发起广大群众创业热情和创业潜力。党中央、国务院明确了简政放权的方向和目标，就是要通过简政放权，加快转变政府职能，激发市场、社会活力和创造力，充分发挥市场在资源配置中的决定性作用，发挥社会组织和人民

群众的作用，发挥地方的积极性和就近管理、服务的优势，为保增长、调结构、防风险、惠民生提供体制机制保障，也为大众创业和中小企业发展提供体制机制支持。下一步政府自身改革中，要全面制定和实施负面清单、权力清单、责任清单，明确政府和市场的边界，把政府管什么、怎么管，哪些事情企业不能干，都给出“明白账”，扫除阻碍中小企业发展的各种制度障碍，砸碎“玻璃门”，拆除“弹簧门”，并置于社会监督之下。政府要在减少和纠正行政手段直接干预的同时，做好服务质量的“加法”和工作效率的“乘法”，把主要精力放在加强监管、营造环境上，管住吃拿卡要、办事拖沓、以权谋私以及不作为、乱作为之风，走好简政放权、放管结合、依法行政“三步棋”，推进政府自身权责调整和行政流程再造，加快形成科学合理的政府职能和权力运行机制，建设法治政府和服务型政府。

第二，切实减轻中小企业税费负担。要真正减轻企业负担，激发大众创业积极性，必须按照中央要求，进一步正税清费，清理各种不合理收费，营造公平的税负环境，特别是要下力气清理规范中介服务及收费。西汉刘向在《说苑》中告诫执政者：“王国，富民；霸国，富士；仅存之国，富大夫；将亡之国，富府库。”这是作者从漫长的中国历史中概括出的一条规律。汉代文景之治、唐代开元盛世的出现，都是因为实行了轻徭薄赋政策，使老百姓得以休养生息，力求“藏富于民”。而国家与民争利、把国民收入的大部分集中于政府或皇家金库，往往会导致王朝走向没落；横征暴敛、竭泽而渔，也往往是一个朝代日暮西山、穷途末路的典型行为特征。我们应当吸取历史的教训，下大力气转变政府职能，减少政府审批事项，精简政府工作人员和财政供养人数，压缩行政开支，切实下决心减轻企业的税收和收费负担，改变税费侵蚀利润的状况，使企业重新获得赢利能力和持续健康发展的能力，激发全社会创业、办企业的积极性，促进整体经济持续发展。从现代经济理论和经济实践来看，由于减轻企业税费负担，使企业具有了更强大的发展能力和发展动力，将使企业数量和企业收入不断增加，不仅不会减少财政收入，相反由于扩大了税源，还会带来税收的增加和财政收入的增加。早在里根任美国加利福尼亚州州长的时候，就接受了供给学派经济学家拉弗的政策主张，在加州实行减税政策，结果在短期内实现了加州财政收入的大幅度增长。里根当了美国总统后，坚决实施供给经济学政策主张，在全国实行大幅减税、加速折旧、稳定货币供给等政策，并同时实施减少对企业的行政干预等供给主义经济政策，使美国经济走出了 20 世纪 70 年代中期以来的“停滞膨胀”困境。事实证明，小河有水大河满，小河无水大河干，藏富于民和藏富于企业，有利于增加和涵养税源，不仅有利于企业发展和经济发展，也有利于增加税收；竭泽而渔，不惜以牺牲企业发展为代价增加国家财政收入，不仅不利于企业和经济的发展，也会导致税源日益枯竭，使国家财政收入成了无源之水、无本之木。

第三，发展普惠金融，为中小企业发展和中产阶级壮大提供强有力的金融支持。要使大众创业获得强有力的金融支持，需要发展普惠制金融，而促进普惠制金融发展，又必须从两个方面加大改革力度。一是要调整金融政策。这里的关键是，决策机关、金融部门和全社会要认识到，金融本质上是为实体经济服务的，这是金融业成为社会分工体系中一个独立部门的根据所在。同时，只有为实体经济服务，促进了实体经济发展，金融业自身才真正有发展前途和空间。脱离实体经济，金融业自我服务、自我循环，金融业将成为无源之水、无本之木。必须改变银行业利润率过高、牺牲实体经济发展而维持银行业高收益的现状。全世界银行业存贷差平均为 1—1.5 个百分点，一半以上的收益来自于存贷业务以外的各项服务，我国银行业存贷差却高达 2—3.5 个百分点，主要收益来自于存贷款业务，而现在实体经济利润率不过平均 5% 左右。目前这种高存贷差规定，造成了实体经济实际上是为银行打工，既损害了社会资本发展实体经济的积极性，也严重影响了实体经济积累和发展的能力。有人算了一笔账，我国现在有 200 万亿金融资产，按 5% 的利息率计算，实体经济企业一年要向金融业支付 10 万亿元利息。当前企业发展十分困难，许多企业不是没有订单，而是因为融资成本等方面费用太高导致利润率太低，有单也不愿意接。国家现在逐步认识到要实行供给管理，研究在生产方面采取政策措施，促进经济发展，改变经济发展速度下行趋势。我看供给方面首先应该采取的政策措施就是果断降低银行存贷差，比如降低 1—2 个百分点左右，大大降低企业融资成本，消除融资成本侵蚀利润的状况，使实体企业有利可图，重新进入健康正常发展轨道。二是要大力发展小型金融机构。为了支持小型微型企业发展和农村经济发展，国家早在“十一五”期间就提出要大力发展小型金融机构。但是事实上小型金融机构发展一直比较缓慢。以村镇银行发展为例，2006 年年末，银监会出台支持发展村镇银行的政策，到 2014 年年末，全国已开业的只有 1152 家。我国有 2853 个县级行政区，村镇银行的覆盖率还不到一半。从村镇银行贷款余额看，2014 年年末只有 4862 亿元，只占全国银行机构贷款余额的 0.60%。要切实解决银行监管机构不愿积极作为，一些政策规定不利于小型银行机构发展的问题。比如，成立村镇银行的条件是现有银行要作为主发起行，使村镇银行成为自己的子公司，或全资或控股，并且要签署一系列承诺，要为村镇银行经营风险承担无限责任。这样规定弊端有二：其一，现有银行没有必要为自己增加新的经营风险，同时，新成立一个银行就是增加了一个竞争对手，不一定有发展村镇银行的积极性；其二，民营资本出资参股成立银行，自己不能控股，对村镇银行和经营管理没有发言权，经济权益没有保障，也缺乏对建立村镇银行真正的积极性。如果真心实意地想发展小型银行，真心实意地想为小型微型企业服务，这些政策规定都应该废除。否则，小型银行机构的发展，就会被莫名其妙的政策规定扼杀掉。发展普惠制金融，就只能是“写在纸上，挂在墙上，说在嘴上”，不过是一句空话。

第四，加强创业教育，提高专业技术人员创业成功率。推动大众创业，使更多的人成为企业家和老板，进入中产阶级行列，需要拥有千千万万创业型人才，使青年专业技术人员具有创业意识、创业知识、创业技能，急需开展和改进创业教育。中国教育的重大误区是把教育的目标确定为把所有学生都培养成学术精英、政治精英。而事实上，能够成为具有科学研究能力的学术人才的学生只是极少数，毕业以后从政的学生也是少数。教育的功能除了价值观和道德养成教育，主要是使学生走上社会后能够有谋生能力、就业能力、创业能力。我最近读了美国作家大卫·鲍尔达奇新出版的小说《记忆超群》（David Baldachi，Memory man），了解到美国从中学就开设了商务实践课，并且有专门的模拟综合商店课堂。教室按照实际的综合商店布置，有食品、书籍、汽车零配件等各种商品，学生每周要拿出专门时间学习销售技能。另据有关资料表明，在美国，从小学到大学，普遍开设就业创业课程。在初中教育阶段，创业教育与职业教育紧密结合；高中阶段，在校学生必修 10 个学分的职业教育课程。据不完全统计，大学阶段，已有超过 500 所大学提供创业课程及学位，大学生创业已成为美国高科技行业创业者的重要群体。同时，美国学校重视在校学生创业实践与社会的对接，实行学校与创业企业的互动。相比而言，在创业教育方面，我国与美国比较无论是在重视程度，还是在制度化、规范化方面，都存在着较大差距。因此，服务大众创业，帮助学生形成创业意识、掌握创业技能，是我国教育面临的重要任务。教育必须围绕大众创业实行转型，对教育目标、教学内容、教学方法等构成的整个教育体系进行重大改造。

创业教育的共性目标是培养企业家精神，使受教育者具有创业意识、创业个性心理品质和创业能力，使中学生、大学生能像企业家一样思考和行为，具备将来从事职业所需要的知识、技能和特质。教育专家认为，不是人人都能成为企业家，但是人人都需要有企业家精神。如何培养企业家精神？关键是要使学生建立联系性的思维方式，试图在看似相关或不相关的事情中寻找交叉点，这个交叉点就是创意点和创新点。要使学生建立联系性思维，核心是让学生学会反问和反思，还需要不断观察、不断突破自己，经过不断的试错和实验过程。人类所有的进步都是问出来的。乔布斯设计出了苹果电脑，就是因为他提出了问题：电脑能不能实现没有噪音？结果发明出了第一台没有风扇的电脑。

创业教育的目标，决定了创业教育的内容。通常认为创业教育分为创业意识教育、创业通识教育、创业技能教育三种类型。创业意识教育是创业教育的初级阶段。这个阶段要求学生对企业的所有形式有所了解，关键是要使学生意识到市场经济为企业发展提供了良好的机遇，了解培养基本商业技能的重要性。这一阶段的创业教育属于普及性的大众教育，是“商业扫盲教育”，旨在培养创业文化，形成尊重创业的社会环境。创业通识教育是创业教育的中级阶段。这个阶段要求学生学会使用商业用语，学会以小企业家的视角来看待问题。在课外实践中，要求学生对商业创意进行独立思考，以及学习做商业策划。这一阶段教育旨在培养学生的“企业家思维习惯”，提高学生的创业精神、冒险精神、团队精神、敬业精神，具备企业家的个性特质。创业职业教育是创业教育的高级阶段。这个阶段的学习主要侧重于“开办企业”“完善企业”“壮大企业”等企业经营管理知识和技能的学习，实质上类似于工商管理教育，旨在成就有创业潜质的学生，帮助他们成为未来事实上的创业者和企业家。

第五节　中产阶级发展与经济制度创新

面对近年来我国经济增长速度下滑的现实，越来越多的经济界人士认识到，破解经济发展难题的关键在于坚定不移地深化改革，进一步降低制度成本，激发人们扩大投资、创新技术、改善管理、努力工作的积极性。中产阶级作为一个重要的社会经济群体，对国家经济制度创新和经济发展有着重要的影响。总体来说，中产阶级更加迫切要求继续进行市场导向的经济体制改革，改变阻碍经济创新发展、协调发展、绿色发展、和谐发展、共享发展的制度障碍。因此，中国中产阶级的兴起，有助于推动经济体制改革的深入进行，中产阶级的发展壮大将有效促进中国经济制度的创新。

一、基本判断：中国中产阶级是改革催生的产物

正如我们在研究中国中产阶级产生的那一章中所指出，改革开放前中国不存在中产阶级和中等收入阶层。中产阶级的产生和发展，是改革开放以来出现的新的社会经济现象。当然，如果要探讨中国中产阶级产生的原因，当然不能忽视经济发展的因素。只有在经济发展加速，社会财富总量不断增长的前提下，才可能在社会内部生长出一个中等收入阶层。如果进一步提问，为什么改革开放前后中国经济发展面貌发生了截然不同的巨大变化，那么不得不承认，主要是因为改革开放解放了生产力、发展了生产力，是因为经济制度特别是经济体制机制发生了根本性变化。正是这种经济体制机制的变化，带来了经济发展和财富快速涌流，为中产阶级产生奠定了经济基础。归根结底，改革开放是中国中产阶级产生和发展的根本动因。对中国中产阶级的产生和发展，从体制机制变革的角度，具体可以进行以下几个方面的分析。

第一，所有制领域改革成为中产阶级产生的重要前提条件。在传统经济体制下，实行单一的公有制，人们除了在公有制单位工作，不可能自己创业，而不存在非公制企业，就不可能产生构成今天中产阶级一部分的民营企业主。改革开放以来，改变了单一公有制的所有制结构，允许并鼓励、支持非公有制企业发展，从把非公有制经济视为公有制经济的有效补充，到提出“三个代表”的重要思想，确立公有制和非公有制经济共同发展的社会主义基本经济制度，写进了宪法，私有财产得到国家和法律的保护。党和国家承认从事私有经济活动的企业主也是社会主义的建设者，也应当受到尊重，受到保护。这样，一些农民、城镇居民、国家工作人员、国有企业事

业单位员工、科技工作者等才有可能自己创办企业，通过合法经营获得了高于社会一般水平的收入，成为我们社会中产阶级的一个重要组成部分。

第二，资源配置方式的变化是部分中产人士成长的必要条件。传统经济体制下，按照统一计划组织生产和其他经济活动，企业按国家下达的计划组织生产，生产出来的产品由国家统购统销。即使有人愿意到体制外另寻出路，创办非公有制企业，也不可能得到从事生产经营活动必须的生产资料和雇员，生产出来的产品也无法销售出去。这就堵死了人们在公有制以外创办企业经营致富的可能性。在邓小平同志领导下，我国逐步推行市场导向改革，资源配置方式发生了重大变化，市场在资源配置中发挥着越来越大的作用，许多生产资料不再由国家组织生产和销售，而是由企业根据市场需要及其变化决定是否生产、生产多少，自行销售。这样，一些民营企业家才有可能创办企业，根据市场需求组织生产，并通过采取先进技术、改善管理，创造良好的经济效益，获得较高收入，比其他社会成员提前进入中产阶级行列。

第三，收入分配方式改革催生了中产阶级的产生和扩大。传统经济体制下，名义上实行的是按劳分配，实际上实行的是平均主义“大锅饭”，干多干少一个样，干与不干一个样。这样的收入分配体制不可能激发人们的劳动积极性和创造性，必然造成生产水平的落后和物质财富的贫乏，大家不可能实现共同富裕，只能共同贫困，也不可能使一部分人率先进入中等收入阶层。改革开放以来，我国不断深化收入分配制度改革，在实行按劳分配的同时，资本和技术等要素也可以参与分配。这样，不仅人们通过努力工作，提高工作效率，可以取得高于一般水平的收入，而且拥有专业技术的科技人员和拥有管理能力的企业管理骨干，也可以凭借自身特有的人力资本获得较高的收入。正是由于收入分配制度改革，激发了人们的生产积极性和技术创新积极性、改善管理主动性，使社会财富加速增加，同时使得人们之间收入分配出现了差距，从而与国外一样出现了一批白领雇员，并且在中产阶级中所占比重越来越大，日益成为中产阶级的主力。

二、中产阶级及其发展对经济制度创新的促进作用

在西方研究中产阶级政治态度的文献中，对于中产阶级是保守力量还是变革力量，一直存在着不同看法。有的学者认为，由于中产阶级对自己的经济地位和政治地位比较满意，不希望出现社会经济制度的变革；有的学者则认为，由于中产阶级人士强烈希望进入更高的社会等级，而现行的社会经济制度对中产阶级实现这一愿望形成了障碍，因而要求社会制度变革，为他们社会地位的上升创造制度条件，打通上升通道。中国中产阶级的形成与西方国家不同。除了少部分人是借助在原有经济制度体系中的有利地位，同时抓住了体制机制双轨制提供的机会而成为中产阶级的，这部分人愿意维持现有准市场经济的体制机制，以维护既得利益。大部分人或者是因为改革打破了原有的经济体制，在公有制体系外另找出路，或者由于收入分配制度变革，才有可能摆脱原来的贫困处境，上升为中产阶级的。我国经济体制越接近真正的市场经济体制，越有利于公平竞争，对他们越有利。这部分人希望继续深化市场取向改革，打破当前经济利益格局。因而，从总体上看，中国的中产阶级是经济制度变革和体制机制创新的促进力量。这就需要从我国中产阶级产生的不同原因，来看中产阶级的不同组成部分对改革的态度。

1. “内源中产阶级”和“外生中产阶级”

社会学家在研究中国中产阶级的产生时，指出存在着两种路径：一种是依赖原有的经济体制特别是分配体制，而成为中产阶级的，称之为“内源中产阶级”，比如体制内的中高级干部、国有企业的中高级管理人员、科技工作者，等等。另一种主要是因为市场的兴起，在更加市场化的体制中产生、发展的中产阶级，称之为“外生中产阶级”。比如个体经营者、私营企业主、在民营企业工作的科技人员和管理人员，等等。“内源中产阶级”是因为收入分配制度改革和经济发展导致的社会可分配财富增加而进入中产阶级行列的。他们对自己现有的收入分配水平基本满意，对原有的经济体制具有依赖性，因而具有一种惯性，相对比较传统和保守，愿意维持制度现状和收入分配现状。“外生中产阶级”则是因为市场化改革而获益变成中产阶级的，希望经济体制更加市场化，为他们的发展和进入更高收入阶层扫除障碍，因而对市场化改革情有独钟，对经济体制改革的态度更积极。应当指出，随着我国经济体制改革的不断深入，越来越多的中产阶级人士是由于市场化改革而进入中产行列的，他们对改革持有更积极的态度。因而，越往后发展，继续推进改革，使我国经济市场化程度不断提高，将成为中产阶级的主流诉求。

2. 中产阶级在推动经济体制改革中的作用

据国家统计局公开的数据，现在中国中等收入群体达到了3亿人，而且其中大多是受教育水平较高、具有技术和管理能力的高素质人才。他们对深化经济体制改革的强烈诉求，将对我国下一步经济制度创新形成强大的推动力。具体来说，这种作用体现在几个方面。第一，在网络空间和自媒体高度发达的今天，中产阶级人士思想活跃，为了争取自己的利益和权益，会把自己对现行经济体制的不满表达出来，要求继续深化经济体制改革，向市场在资源配置中发挥根本性作用的体制进步，将会引起社会的共鸣。政策制定者和改革决策者通过中产阶级人士的发声，可以了解到民意指向，将会影响他们对改革的决策。第二，中产阶级的投资、消费决策和取向对经济发展产生着重要影响。如果不合理的经济体制机制继续存在，阻碍了企业正常的生产经营活动，影响了企业发展和中产阶级利益的增进，他们或者不愿意投资扩大生产，或者把资本转移到境外，会对整体经济发展带来负面影响。决策者为了维持经济正常发展，就不能忽视中产阶级人士的意见和建议，在制定深化经济体制改革中予以考虑，坚定深化改革和经济制度创新的决心。另外，当前的社会保障制度、教育制度、医疗卫生制度、住房价格高得离谱，使得中产阶级人士或不敢消费，或消费不起，以至有人说现在出现了“消费降级”的现象。这是我国当前经济发展乏力、经济增长速度连续几年下降的重要原因。对此，广大中产人士十分不满，在网络上议论纷纷，已经引起了决策机构的重视。第三，中产阶级可以通过“用脚投票”的方式影响决策。目前中产阶级拥有的资产和收入在社会总投资和社会总收入中都占有较大比重。资本的本性首先是要尽可能多赢利，其次是要确保资本安全。当经济体制改革沿着民意要求的指向积极推进，投资环境和消费环境不断改善，民营企业就会愿意扩大投资，成为促进经济持续发展的推动力量。前一段时期，国内新“左”派十分活跃，否定民营经济作用的舆论一度甚嚣尘上，有的甚至提出要对民营企业秋后算账，追溯所谓“第一桶金”的来历，引起一部分私营企业主的忧虑甚至恐慌，民营企业投资从 2012 年以来增速不断下降，2017 年曾一度下降到 1—2%。还有一部分民营企业主为了财产安全，纷纷把企业或资产转移到境外。虽然我国政府有针对性地实行了较为严格的外汇管理制度，遏制住了资本外逃的势头。但是这样做是治标不治本，并没有打消民营企业家的忧虑，外汇管制一旦有所松动，还会卷土重来。况且，百密一疏，只要民营资本下决心外逃，总是有办法绕开管制出去。关键还是要落实习近平总书记有关的讲话精神，必须坚持公有制和非公有制共同发展的基本经济制度，通过深化改革，打破“玻璃门”“弹簧门”，创造有利于非公有制经济发展的良好市场环境、法律环境、政策环境，使公有制经济与非公制经济平等竞争、共同发展，通过改革留住企业和资本，通过改善制度环境留住企业和资本。

第四章

中产阶级兴起与中国经济发展（下）：从需求方面进行考察

党的十八大以来，中央对我国经济发展形势做出了一个基本判断，即我国经济发展进入了“新常态”——由经济高速增长转入中速增长阶段。为了实现十九大报告提出的“两个一百年”的奋斗目标，我们当然希望在保证发展质量的前提下经济发展得快一点。但是客观经济条件已经发生了重大变化，这就是，我国目前正处在经济发展新旧动能转换时期，靠投资增长和外部需求增长拉动经济快速增长的时代已经一去不复返了，必须把经济发展的立足点放在扩大国内消费特别是居民消费上来。而能否使消费成为经济发展的主要拉动力，关键就在于中产阶级的成长壮大及其消费能力的增长。

第一节　经济发展动能转换：从外需、投资拉动为主向国内消费需求为主拉动转变

一、40 年来我国经济增长动能：投资和外需为主

改革开放几十年来我国经济的高速持续增长，从需求方面来考察，主要是由于投资和外需的拉动。从 20 世纪 80 年代到 2016 年，我国一直保持了很高的投资增长率。据统计，从 1981 年到 2017 年，我国年平均投资增长速度超过 20%，其中 2007 年高达 27%，大大超过经济增长速度①。随着我国对外开放的不断扩大，我国经济增长的对外依存度（又称外贸系数）不断上升，特别是我国加入世界贸易组织以后，出口贸易额快速增加，经济对外依存度加快上升。20 世纪的 1990 年，我国经济增长对外依存度为 30%，到 2002 年则达到 50%，2007 年最高时达到 67%（见百度百科）。2007 年，我国 GDP 为 27 万亿元，出口为 9 万亿元，进口 5 万亿元，出口占 GDP 的 30% 以上，顺差占 GDP 的 11.3%，具有出口导向型经济的典型特征②。

与投资不断快速增长和外贸出口不断扩大，投资需求与国际市场需求对经济发展发挥着强劲的拉动作用相对应，我国全社会消费特别是居民消费对经济发展的拉动作用较弱。衡量消

---

① 见新华网，2018 年 9 月 6 日。

② 参见魏杰在湖畔大学的演讲，载陆家嘴金融网 · 头条号 2018 年 11 月 12 日。

费对经济发展的拉动作用，可以从资本形成率和消费率两个指标来观察，即国内生产总值中生产资本和消费基金各自所占比重。从 20 世纪 80 年代以来，资本形成率增加一直快于消费率增加，90 年代以来开始大幅上升，特别是 2000 年以来更是呈现出资本形成率快速上升，而消费率快速下降的趋势。2000 年至 2010 年的 10 年间，按支出法计算，资本形成率上升了 13 个百分点，由 34.3% 上升到 47.9%，消费率下降了 15 个百分点，由 63.3% 下降到 48.5%。在全社会消费中，居民消费状况对经济发展的影响更大。改革开放以来一个时期内，后者下降的趋势更明显。在 20 世纪 80 年代，我国居民消费率为 50% 左右，90 年代下降到 40% 左右，进入 21 世纪则跌破 40%，到 2010 年时只有 35.6%①。而同期的日本、韩国、美国和英国的居民消费率分别为 55%、48%、71% 和 67%②。

二、“新常态下”经济增长动能：国内消费需求为主

各国经济发展面临的国际国内环境不同，经济发展战略和政策没有一定之规。一味遵循发达国家走过的道路，不能有任何创新和改变，从经济学的角度看是典型的“路径依赖”；从马克思主义观点看是典型的教条主义，不符合“具体情况具体分析”的原则；从现实生活智慧的角度看，是典型的食古不化，是书呆子做法。我国在一定时期内充分利用国际产业结构调整和经济全球化进程加快进行的机会，扩大我国出口规模，拉动经济发展，完全是必要的。在一定时期内，在积累和

---

① 王小鲁：《改革 40 年的回顾与思考》，载《比较》2018 年第 5 辑。

② 麦肯锡全球研究院：《积极消费：释放中国消费的潜能》，见该研究院网站。

消费比例方面，适当提高积累率即资本形成率，也有利于经济落后国家赶超发达国家经济发展水平。所以，40 年来我国经济发展的路径也是时势使然。当然，我们也要承认，经济发展过度依赖出口和投资增长也会带来一些负面影响。现在的问题在于，国际国内环境已经发生了深刻变化，靠投资和外需拉动实现经济快速增长已经不可能了。一方面，我国原有的劳动力成本、土地成本、原材料成本低的优势逐渐减弱，我国产品的价格优势已经不明显，在国际市场上的竞争力逐渐减弱，一部分国际市场已经被越南、印度、泰国、印度尼西亚、孟加拉国以及一些非洲国家等产品成本更低的国家所占领，不可能维持原来的外贸出口增速。同时，我国对外贸易长期存在巨额顺差，必然引起进口国政府和民间的不满，采取越来越多的诸如反倾销、提高关税等反制措施试图挡住中国产品的进口。美国新任总统特朗普上任以来，针对中国出口到美国的产品，计划分两次先后对我国出口美国的 500 亿美元、2000 亿美元的产品采取提高进口关税的措施，就给中国对美出口带来了严重影响。事实上，近年来我国出口对经济发展的贡献率已经大幅下降，有的年份出口贡献甚至是负值。前面提到的魏杰教授的演讲中指出，2007 年我国出口占 GDP 的比例为 30% 以上，到 2018 年，我国 GDP 为 82 万亿元，出口 15 万亿元，占 GDP 比重只有 15%，贸易顺差占 GDP 的比重也从 2007 年的 11.3% 降低到 2018 年的 1.3%[①]。另一方面，随着对外出口在社会生产中所占比重的下降、国际市场份额的缩小，以及我国经济早已摆脱短缺经济状况，经过几番消费热潮，新的消费热潮尚未形成，国内传统产品市场很难继续扩大，国内企业通过扩大投

---

① 见前注引魏杰湖畔大学演讲。

资，把国外技术、设备引进来，生产出来产品就可以卖到国际、国内市场的生产经营模式已经行不通了。同时，我国传统产品生产能力已经过剩，又没有技术和能力发展新兴高科技产业和传统产业中的高端产品，在技术水平没有明显提高的条件下，靠扩大人力、物力投入促进经济高速发展，边际效应一定会下降，靠投资增加和扩大来拉动经济增长的路子也走不通了。事实上，这些年来，由于政府越来越重视消费对经济增长的拉动作用，也由于客观上没有项目可投或投资效益下降，GDP 中投资与消费的比例已经发生了重要变化，投资的比例开始下降，消费的比重开始上升。虽然与 2000 年前的正常状态相比，2017 年的资本形成率仍然高 10 个百分点左右，但与投资形成率最高年份的超过 50%，现在已经降低到了 44% 左右。更应该引起注意的是，我国原来那种投资年均增长 20% 多甚至 30% 的状况一去不复返了，2015 年全社会投资增长率只有 10% 左右，而从 2016 年投资增长率变成个位数以来，投资增长率出现了逐年下降。显然，中国经济发展环境和条件的变化，过分依赖投资拉动和外需拉动的经济发展道路已经走不通了。鉴于这种情况，中央早就提出要实现经济发展动能转换，由投资和出口需求拉动向国内消费需求拉动特别是居民消费需求拉动转变。

三、扩大中产阶级消费：经济增长动能转换的关键

从国际经验看，中产阶级的兴起和发展壮大，是实现经济增长主要靠消费需求拉动的重要前提条件。一方面，中产阶级收入比低收入群体高了一个层次，中产阶级整体消费是一个巨大的数字；另一方面，中产阶级收入水平比高收入群体低一个层次，消费倾向较高，即总收入中用于消费的比重较高。这意

味着中产阶级的产生和成长带来了消费需求的扩大，创造了巨大的市场需求，为经济增长和发展提供了巨大空间。事实上，20 世纪中期以后，西方发达国家的经济增长与中产阶级的发展壮大有着紧密的联系。20 世纪 90 年代中期以来中产阶级的逐步兴起，是中国经济发展过程中的一个重要现象和重要转折，中产阶级兴起所带来的消费需求增长，是过去十几年国内需求增长、经济快速增长的一个重要推动因素。中产阶级的发展壮大和消费扩大、消费升级，将对今后一个时期中国经济发展产生更重要的影响。从对消费需求的影响看，中产阶级兴起将继续带来国内消费需求增加，为经济发展提供市场空间；从对生产的影响看，中产阶级的消费需求正经历着消费升级和消费结构变化的过程，也必然促进产业结构及社会供给结构的变化和升级，带来中国经济新一轮更高水平的发展。因此，如何扩大和满足中产阶级的消费需求，保持经济持续发展，是一篇大文章，必须认真做好。

国外一些研究中国经济的学者指出，中国能否跨过中等收入阶段，向发达国家迈进，取决于能否顺利实现由外需和投资拉动为主向国内消费需求拉动为主的经济转型。而能否实现这种转型的关键，是能否继续保持经济的较快发展，形成一种中产阶级占主体的社会结构。美国布鲁金斯学会的研究人员霍米·哈拉斯、杰弗里·格茨在一篇文章中指出，“对中国来说最不确定的就是，现今的增长是否足够强劲，能延续到中产阶级的消费引擎发动起来为止，或者说，是否等不到中产阶级成熟起来，经济增长就会停滞”①。国外专家提出的这个警示，倒是

---

① ［美］李成编著：《〈中产〉中国——超越经济转型的新兴中国中产阶级》，许效礼、王祥钢译，上海译文出版社 2013 年版，第 44 页。

值得我们高度关注。

第二节 目的与手段：关于消费问题的经济学讨论

本章要研究的问题虽然是中产阶级消费需求对经济增长的影响，但是对一个基本理论问题还是需要加以分析和澄清。这就是，扩大消费本身就是经济活动的目的，还是仅仅是保证经济增长的一种手段或措施？下面的分析表明，正确认识扩大消费这一基本经济理论问题，不仅将使我们回归到经济学的正确出发点，有助于国民福利的增进，使经济增长服务于人民福祉增进，也有助于正确处理积累与消费的关系，对经济增长本身也是有利的，毕竟居民消费即最终消费才是拉动经济增长的最终动力。与此同时，对这个重要的经济问题的正确认识，也与我们将要讨论的中产阶级成长对消费需求增长的影响密切相关。

国内经济学界和实际经济工作部门分析消费问题，基本上是在当代西方主流经济学框架内进行的。

上一章开头我们曾指出过，现代经济增长和经济发展理论是不考虑消费的，也就是说是不考虑社会总产品实现问题的，是没有市场概念的，只是考虑要素供给问题，即生产过程中影响经济增长和发展的各种因素。早期经济增长理论关注的是各种要素如资本、劳动力供给数量对增长速度的影响，所谓新经济增长理论则更重视技术进步、人力资本提升等对经济增长的影响。西方经济增长理论或经济发展理论把市场问题排除在分析视野之外，我以为是由于萨伊生产理论的深远影响，即供给或生产会自动创造需求。在现实经济运动中，生产不与市场衔接，包括供给总量与需求总量之间不平衡，生产结构与需求结构不协调，社会总产品就不能实现，经济增长和发展过程就会遇到困难，既影响经济增长速度，也会带来经济资源的浪费。马克思的再生产理论和经济危机理论就充分考虑了产品实现问题，是从生产和需求两个方面研究经济增长过程的。在这个方面，马克思的经济理论显然超过了西方经济理论。

在凯恩斯之前，占主导地位的西方经济学体系中是不存在宏观经济学的，而是以马歇尔经济学说为代表的微观经济学。20 世纪 30 年代大危机，促使经济学家探寻经济危机产生的原因，采取反危机措施，努力避免经济危机的发生，解决经济危机带来的一系列问题，催生了凯恩斯宏观经济学。凯恩斯的宏观经济学把消费纳入了研究范围，但是仅仅把消费作为总需求的一部分来看待。从需求的角度看，社会总需求等于投资需求 + 消费需求 + 政府消费 + 外贸出口。如果总需求不足（这种总需求不足可能是由于投资需求不足或消费需求不足任何一种因素造成的，也可能是多个方面需求不足造成的），就会造成生产相对过剩，就会发生失业、经济衰退的经济危机。凯恩斯发现了经济危机发生的原因在于总需求不足，因而要避免经济危机的破坏，就要采取财政政策和货币政策，刺激需求扩大，特别是扩大政府投资，利用投资产生的乘数效应，带动总需求的扩大，解决生产过剩问题。美国罗斯福政府首先在 20 世纪 30 年代接受了凯恩斯的经济学说，实行了“罗斯福新政”，在一定程度上解决了失业和经济衰退等问题。第二次世界大战后，西方发达国家也都先后制定和实行了凯恩斯主义的宏观经济政策，这是“二战”后资本主义世界保持了 20 几年经济繁荣的重要原因。

改革开放以来，我国启动了市场取向的经济体制改革，经济快速发展的同时，也开始出现了供给与需求的不平衡，影响了社会生产过程的正常进行，对经济活动的宏观调控成为必要。经过多年的探索，我们对经济体制改革的认识逐步深化，明确了中国经济体制改革的目标模式是建立国家宏观调控下的市场经济体制。我国实行宏观调控的基调也是以凯恩斯主义为理论基础的，在调控方法、政策措施等方面遵从了凯恩斯经济学说，主要实行需求管理，在需求不足时刺激需求增加，使社会总需求与社会总供给大体平衡，保持经济平稳运行。我们在分析总需求时，通常说拉动经济增长的是“三驾马车”，即投资需求、消费需求和国际市场需求。经济学家和政府部门在研究消费需求时，主要是从经济增长的需要出发，扩大消费需求的目的是为了保证总需求与总供给之间的平衡，保证经济增长所需要的市场规模和容量。

以保持经济增长速度为出发点来认识消费需求，这种经济观点存在两个方面的问题。第一，扭曲了经济增长和需求的关系。尽管今天主流经济学界已经不谈包括前苏联在内的社会主义国家形成的经济理论观点，但是，这不等于原来所进行的探索都错了，都毫无价值。比如社会主义经济理论关于社会主义生产目的的观点，即社会生产的目的是为了满足人民日益增长的物质文化需求，依我看就没有错。把社会制度性质抽象掉，从表层看，一个社会为生产而生产，是本末倒置的，是社会经济活动的异化，是社会的迷失。如果把为生产而生产引申开去，实际上这里还暗含着只讲生产，不讲分配，只顾及少数人财富积累，不讲大众福利改进。因为，在资本主义社会，资本所有者主导了生产过程，利益分配必然有利于资本所有者，这是造成资本主义社会贫富差距悬殊、社会矛盾激化以及需求不足引发经济危机的根本原因。这种为生产而生产，少数人富裕、多数人贫困的制度安排，是古典资本主义的典型特征，当代资本主义已经不是这种情形了。现代资本主义国家的经济制度安排，或多或少地带有社会主义的影子。比如，采取高税收政策，把富人的相当部分收入变成国家财政收入，用来建立社会保障体系，发展社会公共事业，补贴低收入或失业者的生活，等等，使得社会贫富差距与马克思、恩格斯年代相比明显缩小，阶级矛盾和对立大大缓和。资主义国家尚且如此，以为绝大多数人谋利益为宗旨的共产党领导的国家，更应当以人为本，生产的目的是为了满足大多数人民群众的物质文化需求，增加人民消费，而不是把扩大需求仅仅视为经济增长的手段。第二，可能导致积累与消费比例失调。从经济增长的需要来认识消费需求，扩大消费的目的是为了保证经济增长速度，很容易在国民收入初次分配中过于重视积累率提高，而导致消费不能占有合理的比例。因为，根据凯恩斯的宏观经济理论，从经济增长的角度看，扩大投资能够更快地形成需求，并且由于投资的乘数效应，可以更多地拉动经济增长。我们在前面分析了20 世纪 90 年代以来积累率快速提高、消费率大幅下降的情况，从经济理论找根源，就是来自于对消费的认识偏差。但是，长期实行高积累率，抑制消费需求，造成积累与消费的失调，最终会弱化经济增长的动力，还是要回归到合理的投资消费比例，促进消费需求增长，增强经济增长动力。

所以，经济理论和经济政策还是应该回归本源，生产与消费，消费是目的，生产是手段。增加生产是为了增加消费，加快经济发展速度是为了人民群众生活加快改善，而不是使消费服务于生产，服务于经济增长。

第三节　中产阶级消费对经济增长的贡献

这一节首先对过去一个时期中产阶级消费与经济快速增长之间的关系进行概括分析。分析表明，过去20几年来，我国经济的高速增长，与中产阶级崛起带来的国内消费需求扩大不无关系。

一、中国中产阶级消费面面观

中国中产阶级的兴起成为一种受社会和学术界关注的新的经济现象，首先是作为一种消费现象引起注意的。国外有的学者这样描述中国中产阶级人士的生活方式：他们开着汽车，购买海边的房子，携妻儿到国外旅游，动员孩子申请到哈佛读书。国内外商家眼睛盯着中产阶级人士的钱袋，各种广告明显是针对他们的。房地产广告称他们打造的是“中产阶级社区”，一些酒店、茶馆、俱乐部声称是“中产人士的休闲场所”，汽车厂家、旅行社也推出为中产阶级人士量身定做的产品和服务，如此，等等。人们正是通过中产人士的消费偏好和特点，意识到我们的社会结构发生了新的重要变化，除了一部分先富起来的高收入阶层，以及还存在一部分贫困人口，介于二者之间的一个新兴的收入阶层在中国出现了。

率先对中产阶级消费特点开展研究的是社会学家，少数经济学家也对中产阶级消费现象予以了关注。中国中产阶级消费除了具有和西方国家中产人士共同的特点，也明显具有“中国特色”。概括起来看，中国中产阶级消费主要呈现出以下特点。

1. 追求时尚和品味

中国中产阶级人士与国外中产人士一样，通过追求时尚和品味，显示与众不同。一些消费行为则不无炫耀成分。他们一般拥有一辆小汽车，订阅时尚杂志、购买和阅读英文书刊，追求名牌服饰和化妆品，定期和家人到餐馆特别是西餐馆吃饭，一年之中安排一次家人到境外旅游，喜欢和朋友去喝一杯咖啡，选择购买属于所谓高档社区、物业管理水平较高的小区的房子。当然，由于他们中的不少人教育水平较高，有的还是“海归”，谈话中时不时会崩出几个英文单词（这也算是中国中产人士的一个特点吧）。“有一篇文章对年轻人（多数是新中产人士）的消费方式进行了生动的描述，说他们穿潮装，用最新款苹果手机，爱打车，哪里贵去哪里。文中还指出，64%的青年选择小众精美、有自己风格的餐馆，年轻人还承包了91%的下午茶，衣服美妆人均支出10380元，其中美妆6176元，给宠物理一次发69元，月均宠物支出631.7元。

2. 群体认同

中产人士偏向于与同一收入水平的人士交往，把子女送到中产人士子女集中的学校、幼儿园，一般到多是中产阶级人士光顾的健身房锻炼，去中产阶级人士食客居多的餐馆吃饭，更多地与和自己收入水平差不多的人士聚餐、娱乐、搭伴旅游，与一些购买同样品牌汽车的司机组成“兄弟连”，定期开展活动，如此，等等。

3. 重视子女教育

这是中国中产阶级消费区别于西方国家中产阶层的一个重要特征。中国中产阶级消费具有这个特点，除了中国具有重视子女教育的文化传统，还由于大多数中产人士是通过接受高等教育而成为专业人士，获得了较高的收入，改变了自己的命运，因而一般比较重视子女的教育，不心疼钱财，一定要把子女送到最好的幼儿园、小学和中学，送孩子上各种课外辅导班、兴趣班，有的把孩子送到国际学校上学，并鼓励孩子到国外名校留学。据汇丰银行2017年的一份报告称，15个国家和地区接受调查的8481名家长中，在送孩子上课外辅导班的家庭中，中国大陆的比例最高，达到93%，其他排在前列的国家和地区是印尼占91%，香港占88%，埃及占88%。2017年11月对中国5.2万名家长的调查显示，教育支出平均占家庭收入的20%①。

4. 超前消费

由于中国中产阶级消费追求时尚和品味的特点，并且受国外消费潮流的影响很大，因而中国中产阶级消费还具有适当超前的特征，即他们当前的消费水平超过了他们的收入水平，或者他们购买的一些消费品和服务也超过了他们当前的收入水平。如中产阶级阶层人士住房面积普遍超过了当前购买能力，有的家庭购买的小汽车超过了当前收入水平，等等。使中产阶级消费超过当前收入水平成为可能的，是因为他们接受了国外提前消费的理念，也因为消费信贷的发展。消费经济学认为，决定人们当前消费水平的除了当前收入，还取决于一生的收入，人们会根据一生收入总量和水平做出消费决策。只要未来收入保持提高趋势并保持收入稳定，人们会通过消费信贷这个手段，提前购买未来才有能力支付的产品和服务。当然，这样做，是在透支未来收入，一旦收入来源发生问题，比如家庭主

---

① 《子女教育令中产阶层减少其他花费》，载《南华早报》2018年10月16日。

要收入是就业收入，如果发生失业问题，就会导致家庭财务危机。在美国等发达国家的所谓“铁锈带”，由于许多家庭是靠银行抵押贷款购买住宅的，随着传统制造业的衰落，许多家庭出现失业现象，断了收入来源，无法偿还银行贷款和利息，原来住房被银行收回，这些家庭或者迁到有就业机会的地方，或者沦落到居无定所的境地。这也是最近这次美国总统大选中，“铁锈带”地区蓝领选民因为特朗普让制造业回归美国的政策许诺，投了特朗普的票，从而使特朗普胜出的重要原因。

二、中产阶级消费增长的原因

国内外专家一致认为，中产阶级消费规模的扩大，是中国经济快速增长的一个重要因素。导致中产阶级消费扩大的原因主要有如下几个方面。

1. 收入增长

经济学研究的需求不是人们的主观欲望，而是有支付能力的需求。因此经济学所说的需求，不是还有多少欲望或主观需求没有得到满足，而是人们的支付能力可以购买的产品和服务。毫无疑问，社会总消费规模与社会总收入规模之间存在着必然的联系，家庭消费支出总额与家庭收入总额之间存在着必然联系。所以，在影响中产阶层消费增长的诸要素中，收入增长的影响是最重要的。在人均月工资收入只有几十元或几百元的时候，人们的消费对象除了日常吃穿用，有能力购买的耐用消费品只能是百元级的产品，如手表、自行车、收音机，即所谓“三转一响”。与此相适应，1979 年的全社会最终消费支出为 2239.1 亿元。当人们的月平均工资收入达到千元级的时候，耐用消费品购买对象就升级到千元级产品，如电视机、洗衣机、音响，即“新三件”。与此相适应，2000 年的全社会最终消费支出为 61516 亿元。当人们的月平均工资收入达到万元时，耐用消费品必然升级到万元、十万元级以上的消费品，如小汽车、住宅以及通讯、旅游、教育等享受型、发展型需求。与收入水平相适应，2012 年全社会最终消费支出为 259599.6 亿元。2017 年最终消费支出进一步达到 45 万亿元。伴随全国平均工资收入水平不断提高，收入中位水平（一般认为总收入为中位水平的人士属于中产阶级）也在不断提高。2014 年，我国第一次公布收入中位数指标。当年城镇居民人均可支配收入中位数为 26635 元，到 2017 年，全国居民人均可支配收入中位数为 22408 元，其中城镇居民可支配收入中位数为 33834 元①。总之，中产阶级消费扩大与收入水平提高之间是一种水涨船高的关系。正是改革开放以来人们特别是中产阶级收入的增长，带来了中产阶级消费的扩大，从而也为经济增长提供了市场空间。

2. 示范效应与消费攀比

人是社会动物，人们的消费行为除了受个人需要和收入水平等因素的影响，还与周围人群的消费行为和消费模式形成互动，受到周围人群甚至国外流行的消费时尚的影响。一个消费者可能原本没有某种消费需求，但如果周围的朋友或熟人纷纷购买某种产品或服务，他可能会调整消费计划，把这种需求列入必需购买的产品或服务。这在经济学上称作示范效应和消费攀比。改革开放以来人们之间社会交往空前扩大，形成了各种稳定的社会交际圈。这个群体内的某种消费时尚会变成大家共同的消费需求，如果某个家庭不去消费这种产品和服务，就显得不合群、不时尚。特别是我国不断扩大对外开放，人们通过

---

① 以上资料来源：经处理的历年《中国统计年鉴》数据。

出国旅游，观看国外电影、电视，阅读国外出版的报纸、杂志，国外消费潮流和时尚如同就在身边，对国内的消费潮流产生了重要影响。中产阶级以喜欢追求时尚和品味为重要消费特征，国外流行的消费方式和热卖的产品，会成为他们追逐的对象。即使某些中产人士的收入水平尚没有达到国外的收入水平，他们仍然可能通过消费信贷享受国外流行的消费品和服务。这方面的作用不可低估，是近年来我国中产阶级消费增长的重要动因。比如国外大品牌化妆品在中国的热销，就与国际著名影星、超级模特大做广告有关，也与中产女性追逐著名品牌的时尚有关。如果现在有哪个年轻女性还在用“百雀灵”甚至 NEW SKIN，在别的女性看来她已经严重”OUT”了。据咨询公司贝恩和意大利奢侈品行业协会 ALTAGAMMMA 于 2018 年 11 月 15 日联合发布的报告称，奢侈品品牌将不得不在中国市场更加努力地吸引当地消费者，因为预计到 2025 年时，中国市场将占近半数的奢侈品销售。报告说，从法国的路易·威登、迪奥到意大利的 MONCLER，中国奢侈品买家已推动众多奢侈品品牌的销售反弹。年龄介于 22 岁到 37 岁的千禧世代和他们之后的 Z 世代年轻人，是推动这一增长的独一无二的力量①。

3. 消费信贷的发展

前面曾提到，消费信贷的发展，是中产阶级消费增长的重要推动因素。由于中国中产阶级人士多是年轻一代，他们一般具有高学历、有职业技术专长、收入稳定、发展前景良好，是金融机构的优质客户群体，乐于向他们贷款，鼓励他们多用银行贷款，以获得良好的回报。同时，中产阶级的消费观念比较

① 《半数奢侈品买家七年后在中国》，载《环球时报》2018 年 11 月 16 日。

超前，他们一改老一代量入为出的消费习惯，通过消费信贷提前享受高档消费产品和服务已成为他们的消费行为特征。这样，中产阶级人士和金融机构一拍即合，促进了消费信贷在中国的快速增长。据国家统计局的数字，2018 年 1—7 月中国商品房销售额为 78300 亿元。当前房地产销售的贷款比重为 40%，可以推算出商品房贷款额 31520 亿元①。“我爱 PPT”官网 2018 年 11 月 8 日发表的报告称，目前 90 后平均负债已达 12.79 万元。在“双 11”来临前，一些金融机构会大幅提高对用户授信额度。如蚂蚁花呗，2017 年给每一个花呗用户平均提额 2200 元，也就是说，在“双 11”当天，蚂蚁花呗至少给 8000 万用户追加了 1760 亿元的信用额度。由于消费信贷的发展，中产阶级消费规模远远大于他们的当期收入，在一定程度上促进了中国经济的增长。不过，前书所述 90 后消费信贷额似乎与他们的收入相去甚远，需要注意防止出现违约风险。

4. 供给创造需求

供给与需求是相互依存、相互促进的关系。供给固然依赖需求提供市场，产品和服务才能实现。但是，供给也不是完全被动的。虽然萨伊供给自动创造需求、供给与需求总是均衡的观点不是客观现实，但在一些情况下，新的供给的确会创造出新的需求。回顾社会经济生活的发展历程，总是因为科技创新或商业模式创新，不断生产出了新的产品，出现了新的服务，因而产生了新的需求，打破了原来的供求关系，形成了新的供求平衡，从而推动社会生产力不断向前发展，社会财富变得越来越丰富。比如，正是因为汽车的发明和批量生产，才出现了

---

① 见中商情报网，2018 年 9 月 1 日。

对汽车的大规模需求，出现了“车轮上的美国”这样的消费模式和社会生活方式，使社会生活发生了革命性变革，社会生产力水平上了一个大台阶。我国中产阶级兴起的年代，是第三次科技革命风起云涌的时代，各种新技术层出不穷，创造了许多新的产品和服务，推动了中产阶级消费需求的扩大。特别需要指出的是，在这期间，生产领域或者说供给领域发生了一个大事件，就是信息技术和通讯技术的重大突破和不断创新发展，改变了人们的生产方式和生活方式，改变了社会面貌，也创造了巨大的新的市场需求。现在城镇人口几乎每人至少有一部手机，多数白领阶层拥有一台笔记本电脑。苹果手机生产商每两年就出品一款新手机，成为中产白领和中产阶级家庭子女追逐的对象，创造了巨大的市场需求，生产商也因此赚得极其丰厚的利润。在信息传播方式上，过去是电视台、电台、报纸向人们单向传播信息，现在双向、互动传播方式已经变得十分普遍，进入了所谓“自媒体时代”，人人都可以是一个信息发布中心，人人都可以是一个电视台，既接收信息，也发布信息；既是信息的生产者，也是信息的消费者。“抖音”“头条”、各种“网红”播出的内容成为普通的消费品，“王者荣耀”等网络游戏成为年轻人业余时间不可或缺的伴侣。当然，新的科学技术革命和新产品的开发、生产，新服务的创造，极大地促进了社会生产力发展，也大大提高了人们的收入水平，使得中产阶级的消费能力得到提升，形成了新的有支付能力的需求，可以把供给创新变成新的现实需求。

三、中产阶级消费对经济增长贡献的具体案例分析

可以肯定的是，中产阶级作为一个巨大的消费群体所带来的消费需求，对拉动中国经济发展发挥了重要作用。但是，由

于我国目前尚缺乏对中产阶级经济活动的统计数据，很难从总体上就中产阶级消费需求对经济发展的贡献率做出一个比较科学的判断和估计。这里，试图用中产阶级消费需求对拉动汽车、房地产这两个重要行业发展的具体例子，使人们对中产阶级消费需求对经济增长的贡献有一个大体的印象。房地产历来是国民经济的支柱产业，具有较长的产业链条。房地产发展不仅本身产生数量巨大的国民收入，还可以带动钢材、水泥、家用电器、家具、厨具、纺织、建筑工程、金融等一系列产业的发展。汽车是许多工业行业产品的集成，是一个国家制造业水平的综合体现，由上万个零部件组成。除了汽车生产本身对国民经济总量的贡献，汽车制造业的发展，对材料、能源、电子、发动机、化工、机械等许多行业具有带动作用。一般来说，中产阶级是房地产、汽车消费的主力军。通过近年来房地产、汽车的发展，我们大体可以看出中产阶级消费需求对拉动经济增长的重要性。

下表是 2004 年到 2017 年我国汽车和房地产销售量变化情况。

日期	商品住宅销售（平方米）	增长率	乘用车销量（万辆）	增长率
2004 年	33,819.89		327.13	
2005 年	49,587.83	46.62%	397.13	21.40%
2006 年	55,422.95	11.77%	496.50	25.02%
2007 年	70,135.88	26.55%	629.75	26.84%
2008 年	59,280.35	-15.48%	675.56	7.27%
2009 年	86,184.89	45.39%	1,033.13	52.93%
2010 年	93,376.60	8.34%	1,375.78	33.17%

续表

日期	商品住宅销售（平方米）	增长率	乘用车销量（万辆）	增长率
2011 年	96, 528. 41	3. 38%	1, 447. 24	5. 19%
2012 年	98, 467. 51	2. 01%	1, 579. 52	9. 14%
2013 年	115, 722. 69	17. 52%	1, 792. 89	13. 51%
2014 年	105, 187. 79	-9. 10%	1, 970. 00	9. 88%
2015 年	112, 412. 29	6. 87%	2, 058. 00	4. 47%
2016 年	137, 539. 93	22. 35%	2, 802. 80	36. 19%
2017 年	144, 829. 55	5. 30%	2, 496. 20	-10. 94%

图表来源：刘桓中的新浪博客，2018 年 11 月 8 日

对上表加以分析，可以得出三个结论：第一，2004 年以来，中国汽车、房地产销售量快速增加。不少年份增速达到两位数，有的年份甚至达到或接近 50%。据估计，2017 年中国房地产的市值可能接近 400 万亿元，大大超过 60 万亿元的股市市值和 82 万亿元的 GDP。到 2017 年，中国汽车销售量已经连续 9 年超过美国，居世界第一。据称，到 2019 年中国汽车保有量也将超过美国。这一期间中国经济的快速发展，与这两个行业的强劲带动不无关系。当然，我国房地产价格过快上涨也带来了一系列经济问题，必须解决。但是，问题要认真解决，房地产是国民经济的支柱产业，今后仍然要继续发展。房地产发展对国民经济发展的推动作用，中产阶级房地产消费需求对经济发展的贡献，仍然是不可否认的。第二，中国汽车、房地产销售量快速增长时期，同时也是中国中产阶级快速成长时期，说明中产阶级发展壮大和中国经济快速增长之间存在着内在联系。回顾历史，2002 年邓小平同志“南方谈话”发表后，中国经济体制改革进程明显加快。江泽民同志提出“三

个代表”重要思想，明确非公有制人士也是社会主义的建设者，明确保护私有产权并写进宪法，明确按劳分配为主、资本技术等要素参与分配的政策，非公有制经济发展的政治环境、法治环境、市场环境大为改善，大大解放了生产力，发展了生产力，提高了人们的收入水平。从根本上说，中国中产阶级是改革开放的产物，改革开放的深化和扩大，生产力的加快发展，使中产阶级快速成长，同时中产阶级消费需求也带动了经济增长，突出表现为推动了汽车、房地产业的快速发展。第三，房地产销售和汽车销售之间存在着共进退的关系。表中可以看出，房地产销售增幅较高的年份，也是汽车销售增幅较高的年份；房地产销售增长趋缓的时期，也是汽车销售增长趋缓的时期。学者刘桓中在博客中分析了房地产和汽车销售之间存在共进退的经济原因。（1）百姓因购房产生了购车需求。楼市兴旺表明有许多人从乡村和中小城市移居到大城市。大城市生活常常需要远距离奔波，推动了汽车需求。再者，新楼盘往往是向城市周边扩展，很多人从城市中心区向城市外围迁移，也会导致远距离奔波，从而推动了汽车需求。（2）因住房改善具备了购车条件。老城区一般道路狭窄且难以停车，很多人不得不搁置购车计划。买了城市外围的新房后，有了停车场，道路也变宽敞了，从而有了购车需求。另外，城市外围新房一般比中心区便宜，很多人从中心区外迁不仅改善了住房条件，还能省出钱来买车。（3）楼市兴旺，社会总财富增加。一部分人买房后，这笔钱并没有消失，而是成了另一部分人的收入，很多行业和从业人员因此受益，增加了收入。房地产交易增加的结果，带来了社会财富总量的增加，从而增加了社会对汽车的购买能力。有了对房地产和汽车行业之间联系的认识，有利于决策者在制定政策时更加审慎，不能通过简单打压房地产发展，达到加快其他制造业或产业发展的目的。更不能为了发展其他产业，同时打压房地产和汽车产业发展。这样做，结果可能适得其反：既不能达到推动其他产业和国民经济整体发展的目的，又导致房地产和汽车制造业的萧条。

第四节　扩大中产阶级消费，促进经济持续增长

研究扩大中产阶级消费、促进经济发展问题，需要从两个角度着手：一是如何增强中产阶级的消费能力，二是如何从供给方面充分满足中产阶级消费需求。

一、当前中产阶级消费状况分析

对于中国中产阶级消费状况，国内近期尚未有系统研究。将近 10 年前，中国社会科学院社会学所的李春玲等对北京市中产阶级家庭的消费状况进行了抽样调查，指出了中产阶层的一些消费特点。今天来看，当时的分析有的情况没有发生变化，有的则已经今非昔比，需要做新的分析。

中产阶级给人们的印象是能挣会花，消费前卫，追求时髦。但是，实际情况并不是这样。如果对中产阶级消费进行深入研究，就会发现，中国中产阶级内部出现了分化的情况。既存在消费超前的现象，也存在消费不足的情况。总的看，20 世纪 80 年代前后出生的中产阶层人士消费比较慎重，表现为不敢消费。李春玲等人 10 年前的研究得出的数据是，当时北京市中产阶级家庭收入中消费支出占比为 50% 左右，而当时北京市居民平均消费支出占收入比例为 70%，明显低于居民

平均水平①。目前，20世纪80年代前后出生的中产阶级人士消费仍然具有这样的特点。90年代后出生的中产阶级人士则完全不同，他们在消费方面比较大胆，不但多是“月光族”，而且普遍通过贷款提前消费，背上数量不小的债务，成为所谓的“负产阶级”。如前文所述中商情报网提供的数字，目前“90后”人均负债已达到12.79万元。如果一定要对中产阶级消费主流状况做一个总的判断，到底是消费不足，还是消费超前，那么我认为，由于80年代前后出生的在人数上仍然是中产阶级的多数，而且他们的收入水平也要大大高于90年代后出生的这一批新中产，因此他们是中产阶级消费主体。这一批中产人士的消费特点可以看作是中国中产阶级消费的基本特点：即消费慎重，消费不足，从而影响了消费扩大和经济发展。

二、影响中产阶级消费扩大的因素

概括分析，影响中国中产阶级消费扩大的主要因素有三个方面。

一是经济增长速度减缓导致了收入增长减缓。这不仅直接导致中产阶级消费更趋慎重，而且加上预期收入会持续减缓，使得中产阶级消费更加保守，进一步影响了消费扩大。我国经济经历了30几年接近两位数的高速增长后，从2011年开始出现增长速度持续下滑。根据国家统计局修订后的数据，GDP增长速度已从2011年的95%下降到2018年的6.6%。中国经

① 胡建国、李春玲：《北京中产阶级的现状及特征》，见《比较视野下的中国中产阶级形成：过程、影响以及社会经济后果》，社会科学文献出版社2009年版，第252-288页。

济减速首先是由于国民经济的基数逐渐增大。2018 年中国 GDP 已经达到 90 多万亿元，这样巨大的经济规模，年增长率继续保持两位数确实太困难了；其次，过去一直靠投资和出口拉动为主促进经济增长，在新的国内外环境下难以为继。经过多年高强度、大规模投资建设，我国现在基础设施落后的状况已经发生了根本性改变，有些方面基础设施已经出现了过度超前发展，比如高铁、港口等实际上超过了现阶段要求，导致投资效益下降。过去我国企业靠劳动力、原材料、土地等低成本优势，在国际市场所向披靡，出口不断扩大，强有力地拉动了经济增长。现在这方面的优势已不复存在，劳动密集型产业已经和正在转移到成本更低的东南亚国家、非洲国家，如越南、泰国、印度尼西亚、孟加拉国等。再加上国际环境发生了重大变化，美国等对我国巨额贸易顺差及其不满，开始对我国产品出口加以种种限制，如特朗普政府声称要对中国 2000 多亿美元的产品加征关税，也严重阻碍了我国出口产品市场的扩大，近些年外贸出口对经济增长的贡献有时是负值。第三，由于我国企业多是走追随式发展路径，缺乏核心技术。过去我国产业和产品水平与国外相比差了不止一个档次，对国外企业构不成竞争威胁，国外企业愿意把技术转让给中国企业。现在我国企业生产产品、产业发展与国外企业处在一个层次上，境外企业对我国企业开始实行技术封锁，以免形成新的竞争对手，使我国企业失去了技术来源，既难以开发生产新产品，传统产品水平也难以得到提高，不仅出口竞争能力下降，也难以满足某些国内市场需求，造成了数量巨大的国内需求外溢。这说明，我国经济发展的国际国内环境都发生了重大变化，需求和供给两端都出现了问题，经济增长速度减缓是必然的。而且这种状况短期内难以发生根本性改变，特别是供给方面的变化更需要时间。因此，中国经济中低速增长将持续较长时期，人们收入提高缓慢的情况也会持续较长时间，对中产阶级消费需求增长将带来重大影响。

二是居民消费在国民收入中占比过低。在国民收入既定的前提下，国民收入初次分配决定着国民消费能力。本章第一节引用王小鲁文章数据显示，20 世纪 80 年代我国居民消费率在 50% 左右，还是正常的，90 年代开始持续下降，进入 21 世纪则跌破 40%，到 2010 年时只有 35.6%，大大低于发达国家 50%—70% 的水平。最近，胡润研究院与金原投资集团联合发布《2018 年中国新中产圈层白皮书》，指出当前中国中产家庭基本消费占年可支配收入的 50%。国民收入中居民消费占比的降低，必然导致中产阶级消费能力的提升。这些年虽然我国居民消费率有所提高，但仍然低于 50%，不利于中产阶级消费扩大。

三是教育、住房、医疗等消费需求挤出了其他需求。前述胡建国、李春玲对北京市中产阶层消费的研究指出，中产阶级消费支出占收入的比重低于居民平均水平，其原因是出于对未来的忧虑和不安全感，更多地把收入用于储蓄，以应对未来的不确定性。从目前有关研究机构发表的各种报告揭示的情况看，主要是住房、教育、医疗几个方面的消费压力太大，挤压了中产阶级的消费空间和消费能力，不得不牺牲其他方面的消费，甚至挤压了中产阶级再学习和成长空间。中国教育 30 人论坛最近发布的报告指出，如今有 60% 以上的中国小学生都在上语文、数学、英语等重点课程的辅导班，北京、上海有七成以上学生参加辅导班，学生年级越高，参加辅导班的比例越高。到 2020 年，将有 1.91 亿中国学生上辅导班。中国青少年研究中心 2015 年的调查发现，学生们平时每天上课外班时间是0.8个小时，周末为2.1小时，是2005年的3倍。中国一教育学会称，内地家庭子女上辅导班每年平均花费1.2万元，有的家长一年甚至支出30万元。瑞银集团报告显示，课外辅导行业规模正在中国迅猛增长，2021年有望在2016年4.97万亿元的基础上翻番，达到10万亿元①。在中国父母中，中产阶级家庭花在子女教育上的费用更高。另有资料显示，80%的中国中产家庭子女教育支出占总收入的20%，远高于韩国的14%。新中等收入家庭消费支出中，子女教育支出排到了第一位，占38.76%②。前引胡润研究院报告称，目前中产家庭用于子女教育的支出年均达到9万元。快速上涨的住房价格和住房贷款利息负担也是中产家庭“压力山大”的重要原因。从2008年金融危机到2017年，中国城市住房价格翻倍上涨。特别是2015年到2016年9月份这一轮房地产价格上涨，进一步掏空了中产阶级的腰包，加重了中产阶级利息负担，降低了这个阶层的消费能力。2015年，为了所谓房地产去库存，有关部门出台了多轮降准、降息和降首付等降低购房成本的政策措施，推动了城市特别是一二线城市房价的又一轮猛涨。比如，北京和上海2016年9月份平均房价比2015年初上涨了50%和57%。与此同时，有关部门又出台了城市棚户区改造措施，开发银行投入2万亿元，并且由原来的住房补偿变成货币补偿，形成了地市级城市和县城的房地产开发热潮，吸引农民工和农村居民到地市级城市和县城购买住房，一大批中产阶级人士加入了炒房行列，使炒房由原来的富裕阶层游戏变成了

---

① 《中国一些父母每年为子女上课外辅导班花费43500美元》，载《南华早报》2018年12月5日。

② 见搜狐首页，2017年10月21日。

中产阶级也加入的游戏，一年多时间内三四线城市、县城房价大幅上涨，有的上涨幅度也达到50%左右。2016 年 10 月国家出台了新一轮史上最严格房地产调控政策，把一大批中产阶级投入的资金套在了房市，消费基金更加拮据。据统计，中国家庭资产中房地产占比已经达到 68%，上海、北京更是高达 85%。房子是固定资产，能住不能当钱花，即使要变现也不是那样容易。住房占家庭资产 70%—80% 多，说明中国家庭没有多少存量资产（活钱）可以用于其他消费。另外，中国家庭购买住房，多数需要向银行借款。2012 年末，中国家庭房贷杠杆率只有 19.75%，到 2017 年末上升到了 33.59%。一般中产家庭一个月住宅月供为 1—2 万元，而中产阶级家庭收入一般为 2—5 万元。因此，住房月供一般要占每月收入的三分之一或一半，没有留下多大的消费空间。以上海为例，一套 100 平米的公寓平均价格 640 万元。以标准的 35% 首付和 4.6% 的 30 年期贷款利率计算，一个家庭每月将支付超过 2.1 万元的贷款①。医疗负担也使得中产阶级家庭不敢消费。前不久，一篇《流感下的北京中年》的自媒体文章讲述的情况让人心情沉重。文章讲的是一个中年女婿逐日记录了岳父从流感到肺炎、从门诊到重症监护室的 29 天，平均每天花费 2 万元，为治病花了至少百万元，不得不靠卖股票、卖房支付医疗费用。“一场大病，足以消灭一个中产家庭”，这就是今天中产阶级面临的现状②。

---

① 《蓝领阶层成中国重要发展力量》，载《华盛顿邮报》2018 年 11 月 27 日。

② 《流感下的北京中年》，载图文天下 2018 年 7 月 1 日。

三、扩大中产阶级消费应当采取的政策措施

针对影响中产阶级消费扩大的不利因素，我认为应采取以下政策措施，重点解决三个方面的问题：近期中产阶级收入增加速度减缓问题；由于国民收入分配比例失调，居民消费支出不足问题；由于住房、教育、医疗等方面支出过多产生的消费挤出效应，导致中产阶级在收入既定的情况下增加储蓄、不敢消费的问题。

一是努力保持经济稳定增长，保证收入不断增加。收入增加是消费增加的前提，较快的经济增长是收入持续增长的基础。着眼当前，要保持经济较快增长，需要注重提高产品质量和水平，增强出口产品竞争力，尽可能克服中美贸易摩擦带来的不利影响，扩大我国产品出口，为经济增长拓展空间。要通过积极实施“一带一路”战略，用基础设施建设带动我国产品和生产能力出口，扩大我国经济发展空间。另外，应根据我国供给方面的实际情况，抓紧基础设施短板建设和供不应求产业投资，发挥投资对经济增长的拉动作用。从长远看，必须抓紧实现主要靠投资和外需拉动向国内消费需求拉动的经济发展动力转换，更加重视科技创新、产品创新、管理创新、商业模式创新，靠创新拉动经济实现新的增长，增强经济竞争力和经济活动效率与效益。关于如何促进经济持续较快增长，在研究中国中产阶级发展壮大问题时，还要进行较为深入、全面的分析，这里只从提高中产阶级收入的角度点点题，不再详细论述。

二是调整国民收入初次分配关系，增加居民消费所占比重。毫无疑问，提高消费在国民收入中的比重，必然会导致中产阶级收入增长，扩大中产阶级消费。客观地说，中华人民共

和国成立七十年来关于消费和投资的比例问题的讨论一直没有停止过，但是实际上投资在国民收入中所占比重一直偏高，而消费所占比例偏低，尤其是改革开放后的1990年代到2010年，投资所占比重越来越大。当年薄一波曾提出过，投资占国民收入的比例一般应高于20%，这意味着投资占国民收入的比例即使高于20%，也不应超过太多，起码不应达到30%。陈云同志当年同意薄一波投资比例不应过高的观点，但认为具体比例还可以研究。我国积累率或者说投资率一直居高不下，正如作者在本章第二节分析的那样，关键是我们在处理投资和消费关系时，是着眼于经济增长的角度，而不是把提高人民群众的消费水平作为出发点。提高消费比例，是为了扩大需求，为经济增长创造条件，而不是着眼于提高人民群众的福祉。增加消费本来是经济活动的目的，在我们这里却变成了手段。从这样的理论出发点研究和处理投资和消费的关系，往往是为了保证经济增长速度，自觉不自觉地先保证投资，后考虑消费，总是投资占国民收入比重偏高，而消费占比偏低。现在要回归经济活动的本来目的，把提高人民消费水平作为目的，而不是本末倒置，把经济增长看作经济活动的目的。鉴于当前国民收入分配中，虽然经过这几年调整，但投资所占比例仍然偏高，应该适当提高消费所占比重，增加中产阶级收入，以扩大消费需求，促进经济持续适度增长。另外，投资与消费在国民收入中所占比重，经济发展的不同时期和阶段应该有所不同。在经济起飞阶段，投资所占比例应该高一点，以保证基础设施建设、产业体系建设有较为充足的投资。当经济发展到一定阶段，达到一定水平，基础设施比较完备，产业体系基本建立后，投资形成的资产存量可以保证经济增长保持一定速度，应该把着重点放在提高资源的利用效率上，投资所占比重应该降下来，消费所占比重应该适当提高。我国现在已经建立起比较完整的工业和产业体系，基础设施大体可以满足生产和人民生活需要，应当及时调整投资和消费的比例关系，提高消费所占比重，稳定增加居民包括中产阶级收入，以推动消费需求扩大。考虑到我国当前稳增长的需要以及保持必要的基础设施投资强度，可以把当前投资与消费的比例调整到45%：55%。

三是增加和改善公共服务，使中产阶级敢消费、能消费。如前所述，住房、教育、医疗已成为压在中产阶级身上的“新三座大山”，挤压了中产阶级的其他消费。要解决这个问题，关键是要正确认识教育、医疗的公共产品性质和房地产行业的特殊性，纠正教育、医疗过度产业化的错误倾向，适当增加对低收入和工薪收入阶层保障性住房供应，使中产阶级教育、住房、医疗负担与其收入水平相适应。经过40年波澜壮阔的改革开放，我国许多领域体制机制都发生了深刻变革，只有教育领域江山依旧，体制机制没有什么根本性的变化。与此同时，在教育需求竞争化、市场化和教育体制机制计划化、垄断化的情况下，我国启动了所谓教育产业化“改革”，造成了教育供给方的“卖方市场”。教育机构的公共服务性质发生了根本性变化，利用社会市场化和教育垄断化的特殊条件，成为社会上最大的赢利机构。各种教育机构背离了教育的本原，教育质量出现严重下滑的同时，在金钱和利益诱导下，巧立名目、想方设法向受教育者收取高额费用，使居民不堪重负。现在北京、上海等大城市，有的幼儿园收费标准一个月达到7000－8000元，一天只管两顿饭，还要交5万元至10万元的赞助费；有的中学教师在课堂上不讲重要内容，学生必须支付一堂课500元的费用上各种各样的辅导班。患者到医院看病，不论什么病情，先要进行一系列包括CT等在内的检查，看一次感冒包括检查、开药也要花500—1000元甚至更多的钱。教育和医疗是民生重要领域，当前群众意见最大，到了非改不可的时候了。应当恢复教育与医疗基本公共服务的性质，大部分教育费用和医疗费用应当由国家财政负担，居民只负担一小部分。国家财政收入集中了国民收入的很大部分，应当大幅度减少行政开支和各种面子工程建设，集中财力解决包括教育、医疗等重要民生问题。由于对中国教育失去了信心和信任，现在不少中产阶级家庭已经开始用脚投票，小学和中学阶段，宁愿多花钱把子女送到国际学校上学（有人算过账，体制内学校加上各种辅导班的费用，不比国际学校费用低），大学则送到国外高校受教育。依我看，鉴于体制内教育机构和体制机制改革难以推进，不如开放教育市场，放开办学条件，在严格规定收费标准和其他必要的制度规范的前提下，鼓励民营资本和国外教育机构到国内办学，打破现有教育机构的垄断，用体制外教育事业的发展，对现有教育体制和办学理念、方法造成有效冲击，促使体制内教育机构的改革和创新。

至于住宅方面，国外关于解决居民住房问题有着成功的经验和做法，我们应该破除动辄以所谓“中国国情”为借口的习惯思维和不负责任的做法，积极借鉴和采用。关键是要改变房地产“第二财政”，即地方政府财政收入过于依赖房地产开发的状况，与开发商一道不断推高房地产价格。应当借鉴香港、新加坡等地做法，建设一定数量的公租房和廉租房，并规范房屋租用制度，保护租房户的合法权益，使相当一部分城镇居民通过租住解决住房问题。对收入水平较低的居民和工资收入者提供保障性住房。需要指出的是，目前一些地方采取的抑制房地产价格过快上升的做法是值得商榷的。比如，一些地方政府对房地产价格实行限价，使得房地产开发不仅不赚钱，而且还要亏损。同时，这种做法，还造成一些地方买房子要靠走后门。找关系才能买到的奇怪现象。一夜之间，人们感觉似乎倒退了几十年。这种做法还会导致房地产供给来源枯竭，不仅影响住房刚性需求的满足，也会积蓄更大的房地产价格上涨压力。一旦将来不得不放开房地产价格，会造成新的价格上涨浪潮，带来新的、更严重的混乱状态。

第五节 中产阶级消费升级与经济结构优化

从理论逻辑和真实世界的情况来看，仅限于对需求端的消费行为的研究与探讨可能是一个思维陷阱。分析消费增长问题不仅需要包含消费者行为研究本身，还应关注“供给性抑制因素”。从前文的研究可以看出，中国中产阶级由于种种原因存在消费不足的问题。除此之外，现实经济生活中还存在由于有效供给不足，或者说“供给性抑制”，从而有效需求得不到满足的问题，大量需求没有形成真正的国内需求。本节专门从供给方面对扩大中产阶级消费问题进行研究。

一、消费升级：类内品质升级与类间结构升级

居民消费随着经济发展和居民收入水平的提高而升级。改革开放以来，我国经济在 30 多年间保持了两位数左右的增长速度，人民收入水平也随之不断提高。1978 年，我国 GDP 只有 2683 亿美元，排名世界第 15 位。2010 年超过了日本，居世界第二位，2017 年达到 82 万亿美元。与此相适应，我国居

民人均可支配收入也由 1978 年的 381 元，提高到 2017 年的 25974 元。其中，2016 年人均可支配收入中位数水平为 20883 元。城乡居民收入不断增加，导致居民消费不断升级。居民消费升级，可以分为两个维度。一是同一类产品和服务需求的品质、技术水平、档次有更高的要求，可以称为“类内品质升级”，消费升级表现为消费的纵向深化。比如，对电视机的需求，由黑白电视到彩色电视，从玻壳到 LED，从有屏电视到投影电视。对奶粉的需求由一般奶粉到更接近母乳成分的奶粉。二是各个消费项目之间转换产生的结构性升级，可以称为“类间结构升级”，表现为对更多消费项目的需求，是消费的横向拓展。在现实生活中，类间结构升级既表现为新的需求产生，如 20 多年前汽车、出国旅游等需求对普通居民而言还是很遥远的事情，而今变成中产阶级消费需求的重要组成部分，也表现为各类消费需求之间结构的变动，如食物支出在家庭支出中所占比重大幅度下降，电器、汽车等耐用消费品以及通讯、休闲、娱乐、教育、健身、旅游等需求所占比重的上升。总的看，我国消费升级表现为由原来的生存型需求向享受型、发展型需求转变。有资料显示，改革开放以来，我国城乡居民家庭恩格尔系数发生了大幅度下降，表明食物支出在城乡居民消费支出中所占比重越来越小。2005 年，我国城镇居民恩格尔系数为 36%，农村居民恩格尔系数为 45.5%。到 2015 年，城镇居民恩格尔系数降低到 29%，农村居民恩格尔系数降低到 33%。2017 年全国城乡居民恩格尔系数进一步降低到 29.39%①。改革开放以来我国城乡居民食物结构也发生了重大变化。过去一年难得吃上一顿肉，而今肉类已成为大多数中

① 数据来源：历年《中国统计年鉴》。

国城镇居民的每餐必备品。即便是与1990年相比，2017年中国国民人均消耗的牛肉、鸡肉和猪肉大约分别增长5倍以上、接近3倍和1倍，分别达到5.9千克、8.6千克、39.4千克，而大米的人均消耗量呈下降趋势①。在社会各阶层中，中产阶级收入也随着经济发展不断增加，而且由于中产阶级消费具有前卫性，追求时尚和品味的共同特点，再加上受国外消费潮流的影响，中国中产阶级成为消费升级的主力军，在类内消费品质升级和类间消费结构升级方面都有强烈的要求。满足中产阶级对消费升级的要求，可以为经济增长创造巨大的市场需求空间。

二、有效供给不足与消费需求外溢

随着人民收入水平提高，消费需求总量不断扩大。但在消费升级的情况下，消费者对同样产品的品质要求提高了。如果我国生产的产品质量和性能不能随之提高，居民就会选择购买国外产品，这些需求就不能变成国内消费需求。比如，现在的年轻父母越来越重视婴儿的营养，在不能用母乳喂养的情况下，要求婴幼儿奶粉尽可能与母乳的营养成分接近。我国生产的婴幼儿奶粉在营养价值方面落后于国外产品，再加上前些年发生了石家庄婴幼儿奶粉加入三聚氰胺的恶性事件，使国内消费者失去了对国产奶粉的信任，纷纷购买进口奶粉。有的内地游客到香港、澳大利亚、新西兰旅游时，大量购买当地市场上的奶粉，以至香港、新西兰一度做出限制中国大陆游客购买婴幼儿奶粉的举措。有资料显示，尽管进口奶粉价格比国产奶粉高40%—50%，但2015年我国进口奶粉占全部市场需求的三

---

① 《中国经济改革：40年变迁》，载《金融时报》2018年12月5日。

分之一，达到 24.7 亿美元。再比如，我国虽然具有了汽车生产能力，但由于用市场换技术的目的基本没有达到，通过合资、引进外资没有掌握汽车研发能力和核心技术，中高端小汽车被日本、德国和美国等国家产品占领，大型运输车辆、矿山载重货车基本是由美国的卡特彼勒、德国的利勃海尔和瑞典的沃尔沃供应。据海关统计，2017 年我国进口整车及零部件金额接近 310 亿美元。

消费升级的一个重要方面是新的消费需求产生，使原来的消费结构发生变化，是为类间结构升级。随着我国居民消费由生存型向享受型、发展型转变，教育、健康、旅游、通信、娱乐、休闲等方面需求大幅上升，成为新的消费热点。但是，由于我国供给方面未能随着消费结构变化而调整，国内有效供给不足，许多消费需求无法靠国内产品和提供的服务得到满足，也出现了数量巨大的需求外溢。以教育为例，由于中国教育质量不能使学生和家长满意，如同资本市场上投资者可以用脚投票一样，教育市场上人们也在用脚投票，开始出现高考考生弃考、数量可观的中学生到国外上学的现象。大致从 2008 年开始，内地参加高考的人数出现了下降，以后参考人数连续下降，2010 年中国高考考生弃考人数首次突破 100 万人。值得注意的是，过去中国学生放弃高考到国外留学，大多是这些孩子学习成绩不佳，因而只好多花钱到境外求学，而目前许多高中毕业生，特别是名校的尖子生放弃高考准备留学的人数迅速增加，主要理由是希望接受更好的教育。越来越多的优秀高中毕业生选择到北美、欧洲、香港等地大学读本科，不惜放弃北大、清华等内地一流大学。过去北大、清华这样的名校从来不缺生源，不担心本科生源质量，但现在要面临境外大学的激烈竞争，国内各名校之间也开始不择手段争抢优质生源，被舆论炒得满城风雨。2013 年内地申请香港大学的人数达到 1.2 万人，创下历史新高。香港大学录取的 303 人中，有 16 名是大陆一些省、区的高考状元。不仅是高等教育，近年来留学生年龄低龄化趋势越来越显著，越来越多的家长在高中甚至初中阶段就把孩子送到国外去读书。《2014 年出国留学趋势报告》显示，近年来中国在美就读私立高中的人数出现了井喷式增长。2005 年至 2006 年，中国在美私立高中读书的人数只有 75 名，到了 2012 年至 2013 年，美国私立高中已有 23795 名中国学生，7 年时间这一数字增长了 365 倍①。中产阶级是消费升级的主力军。在基本消费品支出占比大幅下降的情况下，中产阶层享受型、发展型支出占比迅速上升。由于中国中产阶级特别是新中产阶层的兴起，主要是因为接受良好教育的结果，他们对高质量教育的需求尤其迫切。如果我国有效供给状况没有根本性改善，近期和今后中产阶级需求外溢问题难以得到根本纾解，这必将严重影响我国经济的持续增长。

三、增加有效供给是促进中产阶级消费升级和需求扩大的重要途径

针对我国供给不能适应需求特别是消费需求升级的要求这一状况，扩大消费的着眼点不能仅限于消费政策，还必须从改善供给上下功夫。首先，要适应消费的类内品质提升的需要，加快提高传统产业的产品水平和品质。基本消费品需求数量大、弹性小，始终是消费需求的重要组成部分。因此，传统产业产品不是没有需要，而是我们的企业没有做好。出现基本消

---

① 参见马传景：《穷人经济学导论》第七章相关内容，商务印书馆 2018 年版。

费品需求的外溢，对经济发展的负面影响不可低估。要通过技术和产品研发，加强管理特别是质量管理，改善设备、工艺，切实提高我国传统产业产品的水平和品质，满足消费者特别是中产阶级对产品质量提升的新要求，减少传统需求的市场外溢。其次，要适应消费需求类间结构转换的新情况，大力发展服务业，明显提高和改善服务质量。比如，要改变中国文化产业产品千篇一律、多数文艺作品品质低下的状况，为人们提供高质量的文化产品和服务，减少文化产品需求外溢。现在文艺界创造力贫乏，一个节目走红，大家纷纷效仿，直到把人们的胃口彻底倒掉。抗战“神剧”层出不穷，抗战英雄无所不能，日本军队不堪一击，严重歪曲历史，很不严肃，成为观众的笑料。一些文艺作品严重违反了政治与艺术相统一的规律，一味声嘶力竭地喊政治口号，缺乏艺术感染力，观众根本不买账，成了艺术家的自说自话，演出一次，从此永远消失。所以，现在的年轻人基本上是从网上下载观看美剧或打游戏打发闲暇时间。这种状况必须尽快改变。再如为人们提供便捷、内容更加丰富的旅游服务，改变中国旅游白天看庙、晚上睡觉，缺乏多样化的旅游产品包括游客喜欢的纪念品的状况。应该大力发展养老健康服务，适应我国人口加快步入老龄化的趋势，既为在职工作人员解决老人看护、看病等后顾之忧，也为老年人安度晚年提供优质服务。还应当下决心改革中国教育体制机制，彻底改变行政机关对学校办学的过度干预，让教育家办学，让校长决定如何办学，改革考试制度和大学录取制度，让教育回归本原，以提高学生道德素质、创新素质为根本目标，真正提高教育质量，解决教育需求外溢问题。

第五章

中国中产阶级发展趋势的实证分析

以上两章，我们分别从供给与需求两个角度分析了中产阶级壮大对经济发展的影响。这方面的研究当然是很重要的。但是，经济学关注的核心应该是人，是人的利益的增进和人的发展。经济学研究的这个出发点告诉我们，为发展而发展是人类社会的误入歧途。回到本书的研究课题，必须强调，中国经济发展的目的不是经济发展自身，而是使中国人民真正富裕起来，其中一个重要的标志就是使中国大多数人跻身中产阶级行列，使中国进入中产阶级社会。因此，在上述各章研究的基础上，还必须就未来中国中产阶级发展趋势以及如何促进中国中产阶级加快成长，进行深入地探讨，提出有关思路性和政策性建议。本章主要研究以下几个问题：党中央提出了未来几十年现代化建设的目标，中产阶级的发展壮大以及促进中国进入中产阶级社会与党中央提出的现代化建设目标之间是什么关系？国际国内经济发展环境和条件发生了哪些重要变化，将对未来中国中产阶级发展产生什么样的影响，具体来说将有哪些因素阻碍中国中产阶级队伍的进一步扩大？最后，综合分析各种因素的影响，对未来几十年中国中产阶级发展趋势做出初步预测。

第一节　“橄榄型”社会结构与现代化建设目标

使中国强起来、人民富起来，是一代又一代仁人志士的伟大理想。孙中山是中国提出现代化思想第一人。他高举“振兴中华”的旗帜，主张大规模发展工商业，并在《建国大纲》中做出了具体计划和规划。建设社会主义现代化强国，更是中国共产党人为之奋斗的光辉目标。毛泽东同志创立了新民主主义理论，包含了现代化建设思想，指出中国现代化的根本途径是工业化，变农业国为工业国。并指出，一个农业国要变为工业国，还必须解决农业的现代化问题。进入改革开放新时期，邓小平同志为我国设计了分“三步走”、基本实现现代化的宏伟蓝图：第一步，从1981年到1990年，国民生产总值翻一番，实现温饱；第二步，从1991年到20世纪末再翻一番，达到小康；第三步，到21世纪中叶再翻两番，达到中等发达国家水平。经过改革开放以来几十年的努力，前两个目标已经实现。习近平总书记在党的十九大报告中明确提出了中国现代化建设“两个一百年”的奋斗目标：到2021年建党100周年时，全面建成小康社会（更高水平的小康社会）；到2049年，中华人民共和国成立100周年时，建成富强民主文明和谐的社会主义现代化国家，达到中等发达国家水平。一个国家的现代化水平，可以用工业化水平来衡量，可以用城市化水平来衡量，也可以用中产阶级人口所占比重来衡量。这就是说，中产阶级发展状况是一个国家现代化水平的重要反映，实现中产阶级占多数的目标，是我国现代化建设的重要任务。从我国现实情况看，为了实现这一目标，尚需我们继续努力奋斗。

一、中产阶级占人口多数是建成现代化的重要标志

第二次世界大战以来，包括美国在内的西方国家中产阶级人口数量快速增长，到 20 世纪 50 年代初，莱特·米尔斯写作《白领：美国的中产阶级》一书时，美国的白领即新中产阶级在就业人口中已经占到了一半以上。到 60 年代，中产阶级占人口数量的比重达到 70%，70 年代达到 75%，形成了两头小、中间大的所谓“橄榄型”社会人口结构——高收入和低收入人口占总人口少数，中产阶级人口占了大多数①。如果要建立中产阶级发展状况与工业化、现代化之间的联系，那么可以看出，中产阶级达到 50% 以上的时期，是西方国家已经实现工业化的阶段；而中产阶级在人口中的比重达到 70% 以上的时期，西方国家已经进入后工业化阶段。对比我国“两个 100 年”奋斗目标，在第一个 100 年，即实现全面建成小康社会目标时，我国工业化应该已经进入后期阶段或接近完成工业化，中产阶级人口应该在总人口中占 50% 以上；第二个 100 年，即达到中等发达国家发展水平、建成社会主义现代化国家时，我国也进入了后工业化社会，中产阶级人口在总人口中所

① 周晓虹等：《西方中产阶级：理论与实践》第 5 章相关内容，中国人民大学出版社 2016 年版。

占比重应该达到70%，形成“橄榄型”社会结构。

中产阶级人口占人口大多数，形成“橄榄型”社会结构，意义重大。一个国家有梦想，一个人也有梦想。实现中华民族伟大复兴的中国梦，是全国人民的梦想，这是一个大梦想。这个梦想具体标准是什么，目前还没有明确。这是一个大目标，需要长期努力和奋斗。对于一个家庭来说，也有自己的“小目标”。回溯70年，中国农民的小目标就是“20亩地一头牛，老婆孩子热炕头”。70多年过去了，经过改革开放40来年的发展，对于广大城乡居民来说，显然家庭的“小目标”发生了变化。我相信，目前大多数中国人的“小目标”就是进入中等收入行列。参照人们对中产阶级生活情景的描述，如果实现了进入中产阶级行列的“小目标”，就意味着中国人也能够实现所谓“美国梦”。“美国梦”就是典型的中产阶级生活状态，是具体的、可以触摸的，即“三个一”：一个家庭拥有一座独立房子、一辆到两辆小汽车、一条狗。如果中国大多数人成为中产阶级，大多数中国人可以达到“三个一”的生活水准，这也是中国经济发展史上的大事件，对于个人和家庭来说，也是令人振奋、令人鼓舞、令人向往的大事情，也是值得为之努力和奋斗的。

二、中国离中产阶级占多数的“橄榄型”社会还有多远

正如有的学者所指出的，中国中产阶级的历史到目前为止不过30年时间，还处在起步阶段。我在本书第二章曾经指出过，由于评估中产阶级的标准存在很大差异，关于我国中产阶级的情况还缺乏专门统计，目前对中国中产阶级人数的估计也有很大差别。有的估计2015年在1.6亿多，有的说2018年有2.6亿多，英国《经济学家》杂志认为2016年中国中产阶级

人口在2.25亿，李克强总理曾说2016年中国中产阶级人数为3亿多，中国社会科学院社会学所发布的数字认为有5亿左右。依我看，综合各个方面的标准和估计，目前中国中产阶级人数在3亿—4亿的区间，占人口总数的比重在15%到20%的区间可能比较可信。从以上的数字看，即使取中产阶级人数的高值，我国离中产阶级社会还有很大差距。根据学术界公认的标准，一个中产阶级社会，应该具有以下特征：70%以上的城市化率，白领人数超过蓝领，较小的贫富差距，平均12年的教育年限。用这几项指标衡量，我国现代化建设还有很长一段路程要走。如果上面关于中产阶级所占比例与工业化、现代化发展水平之间对应关系的看法大体能够成立的话，那么到2021年中国共产党成立100周年时，我国将全面建成小康社会，工业化基本完成，中产阶级人口在总人口中的比重应该达到50%左右。现在看来，即使全面建成小康社会的目标以及工业化的目标可以实现，如果现行的计算方法和统计方法没有大错，中国中产阶级发展的目标是不可能实现的。我们离中产阶级占多数的“橄榄型”社会的距离还很远。

这里还必须纠正一个错误观点，即把一个社会中处于收入水平中位的人数算作中产阶级。中国社会科学院的学者蔡昉曾经指出过，不能把经济学意义上的中产阶级与人口学上的平均收入水平人口混淆起来。这是很有道理的。一个社会衡量中产阶级的标准，起码要达到国际社会认可的水平，并且随着经济发展水平和人民收入水平的不断提高，这个标准也要不断做出调整。因此，如果按照国际学术界的标准特别是用美国的标准来衡量，我国中产阶级人数恐怕没有社科院等乐观学者估计的那么多。

重要的问题在于，今后我国中产阶级发展趋势如何。如果国际国内经济环境和各方面条件有利于中产阶级继续发展壮大，我国就有可能在较短的时间内建成中产阶级占多数的“橄榄型”社会，实现现代化建设的重要目标；如果国际国内经济环境发生重大变化、各个方面的经济条件不利于中产阶级成长壮大，我国形成中产阶级占多数的“橄榄型”社会的时间就要拖延。我们要根据经济环境和各种经济条件的变化，有针对性地制定应对措施和政策，努力化解不利因素的影响，克服种种困难，促进中产阶级队伍的扩大，争取尽早实现建成“橄榄型”社会结构的现代化建设目标。

第二节　经济全球化新趋势与中国中产阶级发展走势

邓小平同志曾指出，一个国家关起门来搞建设，是建不成现代化的。我国中产阶级兴起与我国经济发展进程密切相关，而我国经济发展与国际经济环境、与对外开放紧密联系。因此，当前和未来国际经济环境发展走势，对今后中国中产阶级的发展壮大具有重要影响。

一、经济全球化与中产阶级命运：发达国家和中国的不同效应

市场经济的本质决定了市场规模必然不断扩大，由局部地区市场发展到全国统一市场，由国内市场发展到全球市场。与自然经济不同，商品生产是为别人生产的，只有市场规模不断扩大，为更大范围的消费者和生产者生产，才能保证商品可以

卖出去。市场经济存在激烈竞争，要求不断提高生产效率，降低产品成本，因而要求分工不断深入、细化，实行规模化、大批量、标准化、通用化的专业化生产，这就要求市场规模不断扩大，才能容纳专业化分工的发展，才能允许大工业生产的发展。亚当·斯密一个很重要的经济学观点就是，市场的规模决定着分工的程度。市场经济追求资源利用效益的不断提高，因而要求在更大的范围内配置资源，一方面把商品卖到价格最高的地方，另一方面在价格最低的地方采购能源、原材料、机器设备、雇佣劳动力，也必然会导致市场范围的不断扩大。因此，市场经济发展的逻辑，必然走向经济全球化。

商品经济发展的历史，或者说资本主义发展的历史，在某种意义上就是市场规模不断扩大的历史。早在 19 世纪中期发表的《共产党宣言》中，马克思、恩格斯就指出："资产阶级，由于开拓了世界市场，使一切国家的生产和消费都成为世界性的了。"① 可见，远在马克思、恩格斯生活的年代，商品生产就因为其内在的发展逻辑冲破了地区市场、国内市场的界限，形成了世界市场。正因为如此，一些研究经济全球化的学者认为，远在 19 世纪，经济全球化进程就开始了。经济全球化究竟起始于什么时候，这当然是可以讨论的，我们这里不去深究。这里要重点探究的是经济全球化对中产阶级发展带来的影响。

经济全球化（Economic Globalization）的概念最早是由美国经济学家 T. 莱维于 1985 年提出来的，至今还没有一个公认的定义。国际货币基金组织认为，经济全球化是指跨国商品与服务贸易及资本流动规模和形式的增加，以及技术的广泛传播

① 《马克思、恩格斯选集》（第 1 卷），人民出版社 1995 年版，第 276 页。

使世界各国经济的相互依赖性增强。而经济合作与发展组织则认为，经济全球化可以被看作一种过程。在这个过程中，经济、市场、技术与通讯形式都越来越具有全球特征，民族性和地方性在减少。经济学术界一般认为，经济全球化是指世界经济活动超越国界，通过对外贸易、资本流动、技术转移、提供服务、相互依存、相互联系而形成的全球范围的有机经济整体的过程。由此可见，经济全球化使得各国经济联系加强和相互依赖程度日益提高；各国国内经济规则不断趋于一致；国际经济协调机制加强，各种多边或区域组织对世界经济的协调和约束作用越来越强。学术界认为，第二次世界大战后经济全球化过程开始加快，特别是20世纪80—90年代以信息技术为代表的新技术革命，大大促进了经济全球化进程，各国之间相互投资、贸易、技术转让强度和规模急剧扩大，形成了你中有我、我中有你的经济格局，各国经济之间的相互联系、相互依赖大大加强。

1. 经济全球化进程加快与西方国家中产阶级衰落

经济全球化有力地促进了世界经济发展，对中产阶级的发展壮大也产生了重要影响。但是，经济全球化对中产阶级发展的影响，在不同国家差别很大。在西方发达国家，经济全球化对中产阶级利益增进是不利的，不仅无助于中产阶级人数增加，反而导致了中产阶级人数的减少和衰落。对此，西方国家的政治家、经济界人士早有预测。1995年9月27日至10月1日，全球500多位政治、经济精英包括老布什、撒切尔夫人、各大顶级企业的董事长在美国旧金山集会。会上大家认为，全球化会加剧贫富差距，使全球财富集中到20%的人手中，而80%的人则会被边缘化。如何化解这80%的人与20%的人之间的冲突？如何消解这80%的人的多余精力，转移他们的注意力？有美国鹰派“国师”之称的布热津斯基提出，唯一的办法是给这 80% 的人嘴里塞一个“奶嘴”，在保证有碗饭吃的前提下，使大众安于为他们量身打造的娱乐信息中，慢慢丧失热情、抗争欲望和思考的能力。这就是所谓的“奶嘴乐”战略（Tittytainment，由奶嘴 titty 和娱乐 entertainment 组成）。经济全球化发展的事实与西方精英的预测是一致的，再一次证明了美国等西方国家的精英是真精明。

中产阶级的发展壮大不仅取决于社会财富的增长，还取决于社会财富的分配。如果生产发展了，财富增加了，但是分配越来越不均衡，则有可能在社会财富增加的同时，出现中产阶级人数减少的现象。2014 年 4 月，法国经济学家托马斯·皮凯蒂出版了《21 世纪资本论》，一时成为热门书，在东西方世界都出现了“洛阳纸贵”的景象。皮凯蒂通过研究第二次世界大战以来资本和劳动收益与经济增长的关系，发现上班赚钱的速度远远比不上靠资本赚钱的速度。随着经济不断发展，财富总量不断增加，财富越来越集中于资本所有者手中，在西方国家特别是美国，贫富差距不是缩小了，而是变得更大了，从而推翻了库兹涅茨的“倒 U 型曲线”表达的结论。新浪网《理财周刊》驻美记者乔磊研究了 1962 年到 2009 年美国财富集中情况的变化。1962 年，美国最富有的 1% 的家庭占有的财富平均为 638 万美元，20% 的富有家庭占有的财富平均为 77 万美元，余下 80% 的家庭占有的财富平均为 4.4 万美元。1% 的最富有的家庭拥有财富平均值是余下 80% 的民众财富平均值的 140 倍，20% 的富人拥有财富平均值是余下 80% 的民众财富平均值的 16 倍。到了 2001 年，美国最富的 1% 家庭平均占有的财富为 1537 万美元，比 1962 年增加了 140%，20% 的富有家庭平均拥有的财富为 194 万美元，增加了 151%，余下的 80% 的家庭平均拥有的财富为 8.9 万美元，增加了 97%。与此相对应，1% 的最富有家庭占有的财富平均值是 80% 的家庭拥有的财富平均值的 171 倍，20% 的富有家庭拥有的财富平均值是 80% 的家庭财富平均值的 21 倍。到了 2007 年，富有家庭和普通家庭拥有资产平均值差距又有扩大，1% 的最富有家庭拥有财富平均值是 80% 的家庭拥有财富平均值的 175 倍，20% 的富有家庭拥有财富平均值是 80% 的家庭拥有财富平均值的 22 倍[①]。

正是由于经济全球化进程中，财富越来向少数人手中集中，经济全球化快速发展的结果，表现为发达国家中产阶级数量和比重出现了下降。据有的学者估计，与 1973 年相比，1984 年美国的上层阶级增加了 0.8%，下层阶级增加了 4.3%，而中产阶级队伍则萎缩了 5.1%；20 世纪 70 年代初，有 75% 的美国人属于中产阶级，但到了 80 年代末，这个比例降至 67%[②]。而根据皮尤研究中心 2015 年的最新研究，2014 年美国中产阶级所占比重已经跌破 50%，只有 49.4%，从而得出了中产阶级不再是美国的基础的结论（The middle class losing ground）[③]。

我认为，经济全球化加快发展过程中美国等西方发达国家中产阶级衰落的最重要原因，是西方国家产业结构调整与经济全球化的交集。20 世纪 80 年代以来，由于以信息技术获得突

---

① 参见马传景：《穷人经济学导论》第 9 章有关内容，商务印书馆 2018 年版。

② 周晓虹等：《西方中产阶级：理论与实践》，中国人民大学出版社 2016 年版，第 195 页。

③ 皮尤研究中心：《美国中产阶级比例已跌破 50%》，载《华盛顿邮报》2015 年 12 月 9 日。

破为标志的新一轮新技术革命和产业革命的发生，西方国家产业结构进入加速调整时期，经济发展的支柱产业由原来的传统制造业向高技术产业和现代服务业转换。这时恰好是经济全球化加快推进的时期，于是西方国家纷纷把传统制造业向发展中国家转移。这样，能够获得高收入的主要是 IT 产业等高技术产业以及金融业等服务业的人士，而以传统产业中的技术人员和管理人员为主体的中产阶级一时难以适应产业结构的调整，一部分人失去了工作机会，一部分人只能从事收入较低的服务业工作，因而出现了原来中产阶级人士收入水平的普遍降低，导致了中产阶级队伍的萎缩。当然，随着发达国家就业人员逐渐适应产业结构调整的新形势，适应高技术产业和服务业的新工作，一部分人的收入水平会随之提高，中产阶级队伍数量会出现回升，但这需要一个过程。

2. 经济全球化加速与中国中产阶级的快速增加

与西方国家中产阶级随着经济全球化进程加快而出现萎缩的情况形成鲜明对照，我国中产阶级的兴起和快速发展恰恰是在经济全球化加速推进时期发生的。有学者认为，我国中产阶级快速增加应该是从 1992 年开始的，在 21 世纪我国加入世界贸易组织后增加速度更快。如何解释这一现象？我以为这主要是因为我国和西方国家所处经济发展阶段和产业结构有很大不同。经济全球化快速发展的 1990 年代和 21 世纪前 10 年，我国不仅经济发展水平与西方国家相比存在很大差距，而且我国产业结构是以传统产业为支柱产业，生产制造技术和产品质量水平与西方国家比也存在巨大差距。经济全球化加快推进和产业结构加速调整，给我国承接发达国家产业和技术转移创造了难得机遇，使我国有可能把丰富、廉价的资源与西方资本、先进技术、管理经验结合起来，既可以满足国内市场的需求，又可以以低成本优势迅速占领国际市场，导致了我国经济的一波快速发展。在这个过程中，随着我国经济发展水平不断提高，一批受教育程度比较高的技术人员和管理人员收入水平随之提高，进入了中产阶级行列。同时，由于经济全球化发展和我国对外开放的不断扩大，大量境外资本和企业纷纷进入中国，在境内开办企业，一批专业技术人员进入外企或合资企业工作，可以获得较高的工资收入，一跃进入中产阶级行列。

二、国际经济环境变化对我国中产阶级发展的影响

人类历史是由一连串必然性和偶然性事件构成的。历史潮流滚滚向前，但从来不是直线发展的过程，其中必然出现曲折和反复。社会经济发展过程也是如此。因此，我们不能用线性思维看待经济发展和经济运动，认定一种经济现象出现后，一定会从初始状态、初级阶段向高级形态、高级阶段直线进发。自从经济全球化在 20 世纪 80 年代引起人们注意，90 年代以后加速发展，经济学家和各国经济当局从来没有怀疑过经济全球化会继续发展，各国之间的经济联系将越来越紧密，相互依赖、相互联系的态势进一步加强。但是，事实上经济全球化过程也不是直线发展的过程，最近一个时期以来就出现了重大曲折和反复。我国国际经济环境的这一重大变化将会对我国经济发展进程产生何种影响，从而对中产阶级的未来发展产生什么样的影响？这是我们研究中国中产阶级未来发展问题时必须予以高度关注的现象。

1. 美国“退群”、英国“脱欧”与经济全球化新动态

首先对经济全球化发难的是美国。2016 年 11 月 9 日美国东部时间凌晨 1 点 40 分，4 年一度的美国总统选举结果揭晓。事前被主流媒体和华盛顿精英看好的民主党候选人克林顿·希

拉里落选，从来没有从政经历的地产商唐纳德·特朗普当选美国第45任总统。特朗普上任后，一反以前历届政府的对外政策，越来越倾向于单边主义政策，经济政策也出现了反经济全球化倾向。比如下令查禁非法移民，严禁全球难民和部分国家公民入境，收紧移民签证，取消海地、萨尔瓦多等多国灾后移民临时保护身份，下令斥巨资在美国和墨西哥边境修建一条隔离墙，如此，等等。特朗普上台后最令人瞩目的举动是连续退出了一系列国际协定和国际组织，被称为“退群”行动。2017年1月23日，特朗普宣布退出有“经济北约”之称的TPP，即《跨太平洋伙伴关系协定》。这是一个由美国、日本、澳大利亚、加拿大、韩国等12个国家签署的国际多边经济谈判组织，加入协定的各国经济总量占全球经济总量的40%。美国宣布“退群”，剩下日本、加拿大等国不知所措，十分尴尬。2017年6月1日，特朗普宣布退出《巴黎气候变化协定》。这是一个有170多个国家参加的国际协定，旨在明确各国承担义务，减少气体和污染排放，保护全球环境和气候。除了退出这些重要的经济组织，美国还一口气退出了多个国际组织，如伊朗核协定、联合国科教文组织、维也纳外交关系公约、联合国人权理事会等。特朗普不顾国际舆论、国内舆论和美国反对党的反对，一意孤行地采取一系列“退群”行动，是因为他认为美国加入这些国际组织和协定，美国做出了太多的牺牲，承担了太多义务，但并没有给美国的经济发展和人民生活改善带来什么好处，美国因此吃了大亏。这实际上是对经济全球化的否定。冷静地分析起来，迄今为止的经济全球化潮流是美国提倡和主导的，肯定是对美国有利的，当然对世界经济发展、对发展中国家经济发展也是有利的。特朗普对经济全球化不满意，频繁“退群”，反映了美国一部分人的观点：美国因为经济全球化吃了亏，现有的国际经济秩序和规则对美国不利，因而不承认现有规则，要构建更有利于美国的世界新规则。

除了美国“退群”，近年来国际社会发生的另一个大事件就是英国的决定“脱欧”。英国在欧洲是一个很有个性的国家。由于英国是一个岛国，历来有孤立主义传统，与大陆国家始终保持一定距离。虽然曾经的“日不落帝国”不复昔日辉煌，“二战”以后把世界领导地位拱手让给了美国，但是瘦死的骆驼比马大，大帝国的架子还在，处处与别的国家格格不入，要显示自己的个性，至今英国及其英联邦国家的交通规则还是靠右行车。英国是比较晚才加入欧盟的，与其他国家使用欧元不同，仍然继续使用英镑，保持相对独立的货币政策。加入欧盟后，英国与其他国家起初相处得还可以。但是自从国际金融危机爆发后，一些欧盟国家经济上出了大问题，如被戏称为“PIGS”的葡萄牙、意大利、希腊、西班牙几个国家政府财政濒临破产边缘，需要欧盟出手相助才能渡过难关。既然这些国家以放弃一些经济主权如使用统一货币、实行欧盟统一的货币政策等为代价加入了欧盟，当这些国家遇到了过不去的坎儿时，其他国家就有义务出手相助，拉兄弟一把。这样，经济情况比较好的国家如德国、法国和英国等付出了不小的代价，既要发债帮助这些国家渡过财政难关，又要拿出一笔数量巨大的资金，使得希腊、意大利等劳动生产率低于德国、英国的国家维持较高的国民收入水平，等于在欧盟内部吃起了“大锅饭”。时间长了，英国民众感到加入欧盟吃亏太大，国内不满情绪越来越大，在2013年就有人正式动议全民公投，决定是否脱离欧盟。2016年6月23日，英国举行全民公投，主张脱欧的人数超过了反对的人数，英国脱欧成为不可逆转的事情。

2018 年 6 月 26 日，英国女王批准了英国脱欧法案。经过多轮谈判，英国脱欧时间最终确定为 2019 年 3 月 29 日。最近几个月以来，由于英国与欧盟在脱欧协议谈判中未能达成一致，英国脱欧时间延长。但英国脱欧已是板上钉钉、不可逆转。欧盟的成立与扩大，是地区经济一体化的重要进展，是经济全球化的重要内容。英国脱欧的举动，是对经济全球化的严重打击。

2. 近期中美经贸关系重大变化及其思考

20 世纪以来美国快速崛起，特别是第二次世界大战结束以后美国取代英国取得了世界霸主地位。“二战”以后的世界格局是美苏两霸争雄。随着前苏联在 20 世纪 90 年代的解体，美国成为当今世界唯一的超级科技、经济强国和军事强国。美国的科技经济发展走势、美国的政策取向甚至一举一动，都会对世界经济政治发展产生举足轻重的影响。所以，中国经济发展的国际环境，在很大程度上取决于和发达国家特别是美国的关系。如果美国对中国比较友好，将会极大地减少中国现代化建设进程中的困难；如果美国刻意阻挠中国的发展，将会给中国富起来、强起来带来很大的困难。中国的对外开放，实质上也是对美国等发达国家的开放，扩大开放就是扩大对美国等西方发达国家的开放。这一点，在邓小平同志做出中国要对外开放的关键决策时，就是十分明确的。邓小平从来不讲大道理，说话直奔主题，切中要害。1979 年访美途中他说：与美国关系好的几个国家发展得都不错。中国也要和美国搞好关系，中国对外开放的重点是对美国等发达国家开放。

从 1979 年邓小平访问美国取得巨大成功到 21 世纪前 10 年，虽然中国和美国的关系时好时坏，中间也有不少曲折，但总的来看是合作多于对抗，美国对中国的态度是容忍多于遏制。在中美关系的一些“蜜月期”，可以说美国对中国经济发展给予了很大支持。如2001年美国发生“9·11”恐怖袭击事件以后的一段时期，中美关系就处于发展较好的时期，国际经济环境对中国经济发展都比较有利。但是，自从特朗普就任美国第45任总统以来，中美关系发生了严重逆转，中美关系更多地表现为冲突与矛盾，美国对中国发展更多地是遏制和打压。比如，2019年以来，特朗普政府已经先后分两次对中国出口美国的500亿美元商品和2000亿美元商品加征25%的关税，并威胁对更大数额的中国进口美国的商品加征关税。同时，美国政府还指责中国强行要求美国在华企业转让技术，对中国“工业2025”计划高度警惕，要求中国政府停止对国有企业的补贴和国际市场上的不公平竞争，借偷窃美国机密技术为由，指控并逮捕了多名华裔科学家及科技人员，特别是授意加拿大政府逮捕了华为公司财务总监孟晚舟并争取引渡到美国审判，收紧了对中国留学生的签证，等等。面对美国政府的做法，中国予以有理有据的反击，在美国政府出台对中国进口商品加征关税措施后，很快宣布了对部分美国进口商品加征关税的反制措施，两国经贸关系一时间变得十分紧张。

如果我们以为与中国过不去的只有美国政府，那就大错特错了。事实上美欧日以及一些发达国家对中国现有市场经济模式和经济增长模式形成了共识，决定采取共同行动对中国进行反制。2018年5月31日，美欧日在巴黎签订了零关税区协议，并在协议中保留了针对中国的条款。同一天，美欧日在巴黎还发表了一个声明，“重申对欧美日之外一些国家非市场导向政策的关注”，“明确了三方共同的目标，以解决导致产能严重过剩、给美欧日工人和企业带来不公平竞争环境、阻碍新技术的开发和应用、破坏国际贸易的正常运行（包括令现有规则无效）等非市场导向的政策和做法”。他们签的三个声明附件，一个涉及“产业补贴规则的基础界定”，一个涉及“技术转让政策和做法”，一个涉及市场导向的环境。这些文件都是针对中国的。这说明，中国除了与美国存在经贸摩擦，与其他发达国家之间也存在着严重分歧，只不过不如美国反应得那样激烈罢了。

随着中美两国政府同意在 90 天内进行磋商，力求达成共识，避免矛盾的进一步加剧给两国经济造成更大的伤害，中美两国经贸摩擦的后果如何目前尚难以准确预料。我这里要指出的是，目前国内各界尤其是经济界对中美关系变化的基本性质认识是不到位的，对我们面临形势的严峻性估计严重不足。特别是一些媒体对中美经贸摩擦前景的预测更是盲目乐观，完全是一厢情愿。

如果仅仅看直接影响，美国对中国进口产品加征关税对我国经济增长影响并不大。当前我国经济增长中内需贡献率超过 90%，贸易依存度下降到 33%。2017 年我国全年出口总额 22600 多亿美元，中国出口美国产品价值超过 5000 亿美元，对美国出口占我国出口比重为 22% 左右。据有关专家估计，美国先后对我国 2500 亿美元进口产品加征关税，可能会影响我国经济增长速度下降 0. 8%，我国经济增长速度仍可以保持在 6% 左右，高于大多数经济体的经济增长速度。但是，如果考虑到产业之间是相互联系的，考虑同一产业上下游的相互影响，美国对中国进口产品加征关税，对我国经济增长的影响还会更大一点。但是，必须看到，当前中美关系的关键不在于美国对中国部分进口产品加征关税，也不在于中美之间发生了经贸摩擦，美国与其他国家也曾经发生过经贸摩擦，如在 20 世纪 80 年代与日本的经贸摩擦也很激烈。甚至可以说中美关系的关键不仅仅在于经济领域，而是政治、经济等各方面整体关系、中美关系大局发生了根本性的变化。我们知道，过去美国对中国的迅速发展和综合实力增强也有所忌惮，但总的来说，美国对中国的态度是抑制加接触，而现在美国朝野对中国的态度可以说出现了重大转折，已经不再把中美关系视为伙伴关系，而是敌对关系，由接触加遏制转为全面遏制和打压。有人说班农是特朗普的精神教父。班农对中国的看法，很能代表美国朝野对中国的主流看法。班农认为，中国利用经济全球化和加入 WTO 获得了巨大好处，而没有履行加入 WTO 时的种种承诺。中国国有企业利用政府支持，在国际市场竞争中处于优势地位，损害了美国企业的利益。中国共产党加强了对企业的控制，政府加强了对经济活动的干预，不是朝着市场经济方向发展，而是朝着计划统制经济方向发展。中国提出和实施“一带一路”建设，加强军备，在南海加强军事行动，要与美国争夺在世界上的领导地位。班农还进一步指出，美国和中国的分歧不仅是经济方面的分歧，还涉及政治、军事方面的分歧；不仅是双方利益的冲突，而且涉及价值观的不可调和。应该说，目前美国主流社会接受了班农的观点，特朗普更是接受了这种观点。所以，遏制中国发展和崛起，不是少数人的观点，而是多数人的观点。所以，过去美国政府要出台有损中美经贸关系的政策，企业界总是有人站出来反对，为中国说话，反对党也有人出来反对，国会也会发出不同声音，阻挠不利于中国的法案出台。而这次特朗普决定对中国进口产品加征关税，朝野一致赞成，国会迅速通过，也没有听到企业界人士站出来反对。我与一位从事外交工作的朋友交谈，问他是不是美国朝野已经就遏制中国取得了一致认识，他的答复是肯定的，只不过美国朝野还没有就遏制中国在政策层面上形成统一的看法，也没有制定出遏制中国的政策体系而已。

有了对中美关系性质变化的正确认识，我们就不能停留在仅仅从贸易摩擦的层面看待和应对中美关系的变局，而是应该从中美经济、政治、文化全局全面分析和研究中美关系的变化，做好出现中美全面对抗的思想准备，制定从政治到经济，到军事、外交全方位的应对措施。否则，在未来中美关系中我们将处于被动局面。

3. 经济全球化进程受阻对我国中产阶级壮大的不利影响

在分析改革开放以来中国中产阶级兴起的原因时，我们曾指出经济全球化是中国中产阶级成长的重要推动因素。同样道理，经济全球化发展受阻或者说出现反全球化倾向的新形势、新情况，特别是中美经贸关系和中美全面关系发生一定程度逆转的新情况，一定会对中国中产阶级的进一步发展壮大产生不利影响。

第一，经济全球化的逆转以及中美关系的新变化，将会对中国经济发展产生一定消极影响，因而会对中国中产阶级成长带来不利影响。经济发展以及随之带来的人们收入水平的提高，是中产阶级增加的根本原因。经济增长速度的减缓以及收入水平提高的放慢，必然会引起中产阶级增加的放慢。所以，一切影响经济发展的不利因素，同时也是阻碍中产阶级发展的不利因素。贸易保护主义的重新强势抬头，尤其是美国对中国出口商品的限制，将会对我国出口贸易带来不利影响。在我国经济发展新动能转换尚未完成的情况下，因出口减少而导致的需求减少，还不能完全被国内需求增加所弥补，经济增长将会遇到总需求不足的制约，使经济增长速度出现一定程度的下降。经济全球化和中美贸易摩擦的影响不仅会导致我国外贸出口减少，还可能导致我国从国外引进先进技术、获得国外资金变得更加困难。我国这些年一直走了一条追随式发展道路，缺乏自主创新能力，我国所需要的先进技术特别是制造业必需的不少先进技术主要靠从发达国家引进，其中相当多的先进技术靠从美国引进。过去工业部门描述我国工业发展状况时，经常说我国工业关键技术、关键设备、关键原材料、关键元器件主要靠进口。虽然近年来我国政府特别强调科技自主创新，但一个国家技术创新能力的提高，不是一朝一夕的事情。到目前为止，我国工业发展依赖国外技术的状况仍然没有发生根本性的改变。特朗普政府限制中国经济发展的手段，不仅仅是限制我国对美进口产品，还包括限制向我国转让先进技术，限制我国企业收购美国技术先进企业，通过降低企业税收吸引美国境外资本向国内的回流等等。这样，在一定时期内，我国先进技术来源就会成为一个严重的问题，影响我国产业技术水平提高和企业、产品竞争力的增强，利用来自美国的资本也会出现增幅下降或绝对减少，从而对我国经济发展产生较大影响。

第二，中美两国经贸关系和双边关系的逆转，将会导致美国在华投资和企业增长趋缓甚至减少，也会对中国中产阶级增加产生一定程度的不利影响。我国不少中产阶级人士是美国在华独资企业和中美合资企业的技术人员、管理人员，他们一般享受较高的工资待遇，大大高出国内平均水平，得以过上中产阶级水平的生活。如果中美两国不能在 90 天内乃至更远的未来达成双方都能接受的理想协议，贸易战继续打下去，并且在政治、外交、军事等领域发生进一步对抗，使两国关系变得越来越紧张，考虑到投资安全，美国企业就会减少对中国的投资，原来一些在华美国资本也会撤出，就会导致美国在华投资和企业的减少，直接导致更多人成为中产阶级的机会减少，使整个中国中产阶级成长步伐放慢。

第三节 经济发展“新常态”与中国中产阶级发展壮大

本节主要考察我国经济发展形势的新变化及其对中产阶级进一步增加的影响。

前面我们分析过，中国中产阶级兴起的最根本原因是改革开放以来中国经济的快速持续发展，带来了社会财富的迅速增加，使全体人民的收入水平不断提高，相应地水涨船高，一部分中产阶级人士才能脱颖而出。近年来，我国经济发展基本面发生了重大变化，发展环境、发展动力、发展速度都出现了新的特点，必然对中产阶级的成长产生重大的影响，决定了中产阶级发展的未来。

一、中央对我国宏观经济发展走向的基本判断

有人说，经济学家是天生的悲观派。但是，在我国却活跃着一大批乐观的经济学家（这里所指的经济学家，主要是学院派经济学家和媒体经济学家）。他们始终对中国经济发展充满信心，坚持我国经济发展的基本面没有改变，长期向好的趋势没有变。我国经济发展面临的困难都是暂时的，经济增长速度下行也是暂时的，很快就会反弹回升。他们判断今后若干年经济增长走势时，一会儿说经济增长的曲线是 V 型的，很快就会触底反弹；一会儿又说经济发展曲线是 W 型的，还要经历几番上涨下跌的折腾。如果有人说中国经济将进入一个较长时期的中低速增长，都会遭到他们义正词严地批判。但是，真

实的经济运动情况狠抽了所谓乐观派几巴掌。据权威人士在《人民日报》公开撰文所表达的观点，从2012以来，中国真实的经济增长轨迹是一条L型曲线，至于经济增长速度是在竖线上，还要继续下行，还是在横线上，经济下行已经到底，但要持续较长一段时间，还有待于观察。

其实，乐观地看经济也好，悲观地看经济也好，只要在全面掌握真实经济运行情况的基础上，并且用科学方法进行研究分析，大家得出的结论不会有太大的区别。怕就怕有的人对现实经济情况的重大变化视而不见、充耳不闻，一味反对“唱衰”中国经济，一味盲目乐观，这就不是科学经济学的态度了。

对中国宏观经济形势和今后经济发展趋势应该做出什么样的基本判断？党的十八大报告、十九大报告和今年的中央经济工作会议都已经做出了回答。党的十八大报告指出：“综观国际国内大势，我国发展仍处于可以大有作为的重要战略机遇期”，“我们要准确判断重要战略机遇期内涵和条件的变化”。党的十九大报告指出：“国内外形势正在发生深刻复杂变化，我国发展仍处于重要机遇期，前景十分光明，挑战也十分严峻。”于2018年12月19—21日召开的中央经济工作会议在分析当前和今后面临的总体形势时指出：“我国发展仍处于并将长期处于重要战略机遇期。世界面临百年未有之大变局，变局中危和机同生并存，这给中华民族伟大复兴带来重大机遇。”“要善于化危为机、转危为安，紧扣重要战略机遇新内涵。”对当前经济形势的判断也是“稳中有变，变中有忧”。从两次党的代表大会报告中央对经济发展大势的分析判断可以看出，虽然中央认为我国仍处于重要的战略机遇期，但现在的“战略机遇”与以前的“战略机遇”相比，还是有了重大变化，即内涵和条件发生了变化。我们既面临着重要的发展机遇，也面临着严峻的挑战。而且这里指出的严峻挑战，不是大而化之的空话，而是具体的困难和问题，是有所指的。这次中央经济工作会议对总体形势的判断更发人深省，“世界面临百年未有之大变局”，指出这种大变局对我们既有机遇，也有危机。中央准确、科学地觉察到我国经济发展环境和条件发生了重大变化，面对的挑战和危机更严峻，不能一味盲目乐观。而且中央对经济形势的分析研判还包含另一层含义，面对危机和机遇并存的大形势，只有我们保持头脑清醒，增强危机意识，应对得当、措施得力，才能转危为安，变“危”为“机”。这与一些经济界人士的闭目塞听、自娱自乐形成了鲜明对比。

中央对经济形势的研判具有高度概括性。经济学界和经济工作者则需要对经济形势的主要方面进行具体分析，做出经济学的专业解释和判断。我认为，研究和判断经济形势，无非从需求和供给两个大的方面进行具体分析，看看供给侧、需求侧有无发生根本性变化。如果供给侧和需求侧只有局部变化，就可以做出经济发展的基本面没有变化的结论。如果供给侧和需求侧都发生了很大变化，或者供给侧、需求侧任一方面已经发生了重大变化，我们就应该得出经济发展的基本面已经发生了重大变化的结论。相应地，对今后的经济发展走势的判断和认识就应该随之变化，并及时研究采取相应的政策措施，进行正确地应对，争取最好的经济发展结果。如果不是采取掩耳盗铃的态度无视经济形势变化，即使对我国经济发展的宏观环境进行粗线条的分析，我们也能够得出当前供给和需求两个方面都发生了深刻变化的结论，因而经济发展的基本面也发生了重大变化。在这样的宏观经济环境下，我国将进入一个较长时期的中低速增长时期。中央把这种经济发展状况概括为经济

"新常态"。

二、关于宏观经济研究方法的讨论

总的看，我国经济学界对宏观经济形势的研究、判断与现实经济情况是不相符合的，对国家宏观经济政策制定帮助不大。我国经济学界没有人预测到 2008 年会发生全球性的金融危机和经济危机及其对我国经济发展的影响，也没有人对 2012 年以后我国经济增长速度减缓做出预警。为什么我国经济学界对宏观经济形势的判断会出现较大的偏差？我以为根本的原因在于研究、分析宏观经济形势的方法是有问题的。大家都知道，我国占主流地位的经济学说是西方新古典经济学。这是一种微观经济学，也是一种短期、静态经济学，研究方法是短期、静态研究方法，排斥长期、动态的研究方法，而这种方法与宏观经济形势分析的要求是不匹配的。我们的经济学家固守这种研究方法，不可能科学把握宏观经济形势，并就宏观经济发展走势做出正确的预测。我们的经济学家习惯于用半年或一年经济发展的数据，如当前的经理人采购指数、生产者价格、消费者价格、投资增长幅度、全社会商品零售额等所谓先行指标和短期指标来预测一年、至多两年的经济发展速度，结果往往与实际经济增长速度相去甚远。新制度经济学和新经济史的代表人物、诺贝尔经济学奖得主道格拉斯·诺斯就说过，新古典经济学的目的不在于解释长期的经济变化。

那么，什么样的宏观经济分析方法才是科学的方法？我以为，应该从以下角度和方面来分析、研究宏观经济形势，才能正确把握和科学预测宏观经济发展趋势。

1. 看世界

在经济全球化和我国对外开放不断扩大的背景下，我国经济发展已经深度融入世界经济发展，世界经济的任何风吹草动，都会对我国经济发展产生一定影响。所以，今天研究中国宏观经济发展趋势，就必须关注世界经济发展的外部大环境。看世界，首先和重点要看美国。美国是当今世界上唯一的超级大国，是世界头号经济科技强国，美国经济发展情况极大地影响着世界经济走势。如果美国经济咳嗽，世界经济就会感冒。分析美国经济发展形势，有三个方面必须予以关注：一是美国科技和产业发展新动态。美国的科技创新和产业发展影响着世界科技和产业结构调整的方向，也引领着世界经济发展的潮流。比如美国在20世纪发生的互联网技术革命催生了信息产业等新兴产业群，引起了新一轮产业革命和经济快速发展。现在正在美国发生的页岩气、页岩油开发，3D打印，智能制造，生物医药研发等，有可能引起新一轮科技革命和产业革命，改变世界经济的发展面貌。二是要关注美国的货币政策。由于美元在世界储备货币中占60%的比重，美国联邦储备银行货币政策的调整，将影响世界货币供给的变化，既对经济发展走势发生重大影响，也会对大宗商品价格升降产生巨大影响。有研究发现，自20世纪70年代中期布雷顿森林体系解体后，美国的货币政策经历了几个周期，每个周期大约15年左右。在每一个周期中，有8—9年实行弱势美元政策，即增加美元发行量、降低利息率、对其他货币贬值；5—6年实行强势美元政策，即货币发行量减少、利息率提高、对其他币种升值。在弱势美元政策期间，世界货币供应量急剧增加，助推世界经济高速发展，同时引起大宗商品价格快速上涨；在强势美元政策期间，世界货币供给收缩，引起世界经济增速走低，同时导致大宗商品价格下降。一个有趣的现象是，20世纪70年代以来，大宗商品价格的潮涨潮落，与美国强势美元、弱势美元的货币政策交替高度重合。近几年来世界石油价格的断崖式下跌（中间虽有短期价格回升，但接着又掉头向下），用国际石油市场供求关系变化是不能解释的。依我看，就是因为美国实行强势美元政策，使大量美元回流到美国，引起了世界货币市场供给紧缩导致的。所以，如果有人问我，世界能源价格比如说石油价格会不会在短期内回归到 2014 年前的水平，我的回答是否定的。因为，美国自从 2014 年年底退出量化宽松政策，开始实行强势美元政策，到现在只有 3 年多，按照强势美元政策一般要持续 5—6 年估计，强势美元政策还要持续 3—4 年。在今后 3—4 年期间，美元供给和国际货币市场供给是偏紧的，大宗商品价格不会出现明显上涨。三是要关注美国的对外经济政策是否发生了重大调整。美国既是世界上最大的进口市场，也是最大的产品和技术出口市场，美国的对外政策对其他国家的出口和国际市场规模有着重要的影响，对其他国家技术供给也有重要的影响。在上一节中，我们已经对美国的对外政策尤其是对中国的经济政策进行了探讨，这里就不再讨论了。

2. *看周期*

研究和分析宏观经济形势要采取动态分析方法和周期分析方法。经济发展过程不是直线运动，而是波澜起伏的，有快速增长时期，也有发展放缓和停滞时期，是一种周期性的运动。马克思主义经济学的经济危机理论认为，资本主义经济将周期性发生经济危机。经济危机分为四个阶段：繁荣、衰退、萧条、复苏。在西方经济学中，也有成熟的经济周期或商业周期理论。西方经济学家先后提出了关于经济周期的短波理论、中波理论和长波理论。一般把 40 个月左右的经济周期称为短周期或“基钦周期”，10 年左右的称为中周期或“朱格拉周期”，50 年左右的称为长周期或“康德拉捷耶夫周期”。每一种周期都区分为经济增长的上行阶段和下行阶段。在上行阶段，大势已成，经济高速增长不可遏止；在下行阶段，大势已去，费尽移山之力，也难以把经济增速拉上去。抛弃周期性分析方法，只对所谓先行指标以及半年、一两年内的短期变化进行分析，就匆忙得出结论，那样的判断基本上不会是正确的。比如，2008 年国际金融危机爆发后，国内经济学界普遍认为这是战后最沉重的经济危机。这种判断应该是正确的。但是，当国家采取了应对危机的一揽子计划，就是大家说的“四万亿”的刺激措施，2009 年下半年中国经济刚刚出现了回升，有的经济学家就迫不及待地宣布中国率先走出了危机的困境，“后危机时代”的名词一时蹿红。其实，既然这次危机是第二次世界大战以来最深重的危机，是世界经济的深度调整，是又一个 50 年长周期的下行阶段，怎么可能转瞬即逝呢？在经济全球化、中国经济高度国际化的情况下，世界经济形势不见根本好转，中国经济不可能独善其身。结果 2012 年刺激需求经济政策一旦退出，我国经济增速开始一路下行。事实证明，在分析一个国家和世界经济走势时，一定要进行周期性和长期动态分析，不能只进行短期静态分析，就事论事。

经济周期与世界重大科技突破和革命有着内在联系。科技重大突破往往带来新兴支柱产业的形成和发展，从而带来世界经济的快速增长，使经济周期处于上升阶段；当科技革命和新兴产业的推动作用逐渐衰减，又没有新的重大科技突破发生时，世界经济往往增长缓慢，使经济周期处于下行阶段。比如，1980 年代中期，世界经济科技发展中发生了一件大事：信息技术实现了革命性突破，催生了以信息产业为核心的新型产业群的发展，推动了世界经济近 30 年高速增长。到 21 世纪初期，信息技术和新兴产业群的带动作用已经释放得差不多了，而在此期间没有发生新的重大科技突破，因而世界经济发展缺乏新的驱动力，国际资本没有盈利领域，纷纷进行金融创新，或进入大宗商品领域进行投机，推高了石油、粮食等价格，最终引发了美国的次贷危机，并蔓延成全球范围的金融危机和经济危机。所以，对世界经济发展进行周期性分析时，判断世界经济能否从下行阶段向上升阶段转换，还要观察近期世界科技有无可能发生重大革命性突破，从而带来世界经济的新一轮发展。回到当前，在今后几年内会不会发生新一轮科技革命和世界经济新一轮快速增长？这涉及对世界科技突破前景及经济发展前景的判断和估计。2010 年前后，美国和国际科技界对新的科技革命的判断是世界科技正孕育着重大突破，但世界科技突破前景不明。如果那时新的科技革命还是“只听楼梯响，不见人下来”，那么随着生命科学、新能源、新材料、人工智能等一系列新的技术突破，目前人们已经可以听到新的科技革命的敲门声了。不过，能够引起世界经济和人类社会面貌巨变的技术似乎还隔一层窗户纸没有捅破，世界科技发展前景仍然存在一定不确定性。所以，近期国际上有没有可能发生重大科技突破，从而推动世界经济新一轮快速增长，目前下结论为时尚早。

3. 看大势

所谓看大势，就是要密切关注经济发展的总趋势和基本面——供给和需求情况是否发生了重大变化。现在流行的对经济发展大势的判断有两句话：一句话是我国发展仍然处于大有可为的战略机遇期，但战略机遇期的内涵发生了变化；另一句话是我国经济发展长期向好的基本面没有改变。关于我国仍然处于大有可为的重要战略机遇期，可以做以下简单分析。改革开放以来的前 30 几年，发达国家发生了重大经济结构调整，把传统产业向发展中国家转移。我国有比较完整的工业体系，有丰富的劳动力资源和原材料、土地等资源，又可以把发达国家不再需要的技术引进来，于是国外的技术、国内外市场需求与中国丰富的资源结合起来，带来了难得的战略机遇。可以说，天时、地利、人和都具备了。我国抓住了这个战略机遇，实现了30几年的快速持续发展。其他发展中国家没有这个条件，也没有这个机遇，被我国甩在了后面。然而，这样的机遇可遇不可求，类似能够支持我国经济高速发展30几年的机遇肯定不存在了。至于战略机遇期的内涵发生了变化，这些变化是什么，现在还没有人明确地指出来，需要作深入的研究。第二句话是经济学的专业判断，需要深入分析一下。实际上，经过改革开放以来几十年的高速发展，我国经济发展在供给和需求两方面都发生了重大变化。下面，我们将对需求和供给两个方面进行具体地分析。

三、我国需求方面的重大变化

需求方面，可以说投资、消费、出口“三驾马车”三个方面都发生了重大变化。从投资需求看，基础设施连年高强度投资，剩下的短板越来越少，考虑到投资效益，不能过度超前、过度投资，投资需求对经济增长的支撑力度也在减弱。有关专家的研究表明，我国基础设施需求高峰是2007年，目前一些基础设施的供给能力已经大大超过了需求，比如港口能力已经过剩，高铁除了东部几条干线和一些城际铁路赚钱，中西部高铁由于客流不足大多都赔钱。由于大多数传统产业都出现了产能过剩，40%以上的工业行业开工不足，新兴高技术产业没有发展起来，投资需求缺乏好的项目，已出现增速大幅度减缓的情况，工业投资近几年都保持在10%以下，大大低于过去超过 20% 的增速。上海交通大学安泰经济与管理学院教授潘英丽在一次演讲中指出，根据模型推算，2012 年我国制造业产能利用率略高于 60%，就是说 40% 的制造业产能是过剩的。国际货币基金组织的测算也接近 40%。因此，今后一段时期，我国工业投资增长颓势也难以有根本性改变。

从外部需求看，国际经济环境的新变化，特别是经济全球化出现了曲折，贸易保护主义抬头，中美经贸摩擦前途未卜，我国出口增长将遇到更大困难。外贸出口这几年对经济增长的贡献要么是零，有的年份甚至是负的。虽然有的学者主张我国经济发展的对外依存度在不断下降，因而外贸出口增速减缓或缩减，对我国经济增长影响不太大，但是也有的学者不同意这种看法。前引上海交通大学潘英丽教授的演讲中还指出，改革开放 40 年来，我国经济增长模式其实没有多大变化。在加入 WTO 之前，我国传统的经济增长模式是政府主导、投资拉动、产能过剩、关停并转。加入 WTO 以后，经济增长模式转变为政府主导、投资拉动、产能过剩、出口释放。可见少了出口这一块需求，出现了制造业产能过剩，只有通过企业关停并转来消化，必然导致经济增长速度的下滑。所以，中美经贸摩擦以及国际经济环境的变化，对我国经济增长的影响是不可忽视的，不能轻飘飘地予以否认。据经济观察报记者报道，中美经贸摩擦已经对江浙一带数量众多的小微外贸企业带来了不良影响。2018 年 7 月美国连续公布了两轮对中国商品加征关税清单，江浙一带小型外贸企业的主营业务——机电、音像产品、轻工、纺织、家具寝具成为了加税名单中的重点，其中两轮加税清单中纳入了累计 1261 多亿美元的机电、音像设备等，预计带来行业损失 121.99 亿美元，不少工厂已经停工了。

从消费需求看，短期内没有什么明显的亮点。20 世纪 80

年代轻工业产品，90年代家用电器，21世纪初开始出现的汽车、住房等排浪式消费需求增长不存在了，我们面临的是消费需求升级和消费需求结构的变化，而目前的供给结构和生产水平不能满足新的消费需求。一些低价格、低质量消费品已经没有多少市场了，比如中等收入家庭不消费国内生产的婴儿奶粉，不买国内生产的衣服。需求结构方面，基本消费所占比重越来越低，而服务性消费所占比重越来越大。现在一个城市家庭用于吃饭的支出已经低于交通、通讯、水电费用，而且更大比重的支出用于教育、文化娱乐、健康、旅游、社会交往等方面。在新旧动能转换尚未有实质性进展的情况下，各种因素综合作用，我国总需求不足的问题开始出现，对经济增长的拉动乏力。

四、中国经济发展的主要隐患是供给方面的问题

对于经济发展而言，需求变化是问题又不是问题。在市场经济条件下，需求与供给之间的平衡总是偶然的、暂时的，不平衡则是常态。需求变化一般先于供给变化，供给总是要根据需求的变化进行调整，努力适应需求的变化。所以，一个社会和国家出现需求变化不必大惊小怪，关键看一个经济体是否具有灵活的机制，能够对市场需求变化及时做出正确的反应。正是由于需求的经常变化，才需要政府对经济活动的调节，才需要企业家发挥作用，做出正确的应对。另外，当出现有效需求不足时，可以通过财政政策、货币政策进行调节即凯恩斯主义的需求管理，在较短时间内使有效需求快速增加，达到与供给的新的平衡。由于供给与需求的性质不同，影响供给变化的因素更复杂，从采取一定措施到供给发生变化，通常有一个滞后期，进行供给调节通常更加困难。从我国经济发展的实际情况

看，自 2012 年开始，我国经济增长速度一路下滑，至今不见好转，除了需求方面的问题，更重要的是供给方面出了问题，急需研究解决。而由于从采取一定措施到供给方面发生显著变化需要一定时间，我预测我国经济中低速度增长还要持续一段时间，不会很快恢复到以前的高速增长。

第一，中国经济最大的问题是实体企业失去了赢利能力。这几年，我国经济中出现了一个重要现象，就是从 2012 年开始，民间投资增幅不断下降。2012 年以前民间投资平均每年增长幅度都在 30% 以上。2012 年以来，用了不到 4 年时间民间投资增幅降低到 2016 年 5 月的不到 1%，2017 年、2018 年两年的增幅也低于 10%。民间投资占总投资 60% 以上，民间投资不活跃，经济增长速度不可能不下降。民间投资增速下降的原因其实很简单，就是现在企业不赚钱。民营企业对投资回报率比较敏感，不赚钱就不愿意增加投资。不像国有企业还担负着政治责任，不赚钱也要投资。有的学者调查研究显示，2015 年我国制造业平均利润率只有 3.3%，比 2011 年的 6.2% 降低了将近一半，白色家电利润率甚至只有 1% 左右，许多行业企业大面积亏损。吉利汽车的李书福在 2015 年全国政协会议上的发言中说，现在制造业利润“比刀片还薄”。实体经济企业不赚钱，一方面是因为中国企业成本水平快速上升。过去劳动力成本、土地成本、原材料成本、环境成本都大大低于实际成本。经过几十年发展，现在各项生产要素成本都大幅度上升了。现在中国企业人工成本是印度的 3 倍、越南的 4 倍。我国的工业用电是一度 0.58 元，而美国由于页岩气、页岩油开发技术实现了根本性突破以及国际市场原油价格大幅下降等因素，工业用电已经降低到每度只有 1 毛钱人民币。北京大学周其仁教授研究认为，现在国内企业产品成本只比美国企业低

5%。二是因为企业税费负担过重。关于中国企业税负问题一直存在争论。官方认为中国企业税负与国外比并不太高，而一些学者则认为中国企业宏观税负大大超过了发达国家以及世界平均水平。关键是大家采取的口径不同。单看税收，中国企业税负并不太高，但算上企业必须交纳的各种费用，中国企业的宏观税负是很沉重的。据交通银行首席经济学家连平的研究，2016 年中国企业的总纳税率（企业纳税总额与政府收费占企业利润的比例）为 68%，在全球 190 个经济体里排名第 12 位。美国 2016 年企业的总税率是 44%，特朗普把企业所得税率由 35% 降低到 20% 以后，中国企业的总税率将比美国高得更多。有人说，现在的情况是税费正在侵蚀利润，企业尚能苦苦支撑。如果不下决心降低税费，将出现税费侵蚀成本的情况，工资都可能发不出了，企业就无法坚持了。到那时，将会出现大面积的企业倒闭潮，经济情况会更困难。三是企业经营模式已经过时。长期以来，我国企业的生产经营模式就是把国外现有技术和产品拿过来，与国内价格低廉的土地、原材料和劳动力结合起来，生产出产品拿到国际国内市场上，就可以赚到大钱。可以说，改革开放以来中国大多数企业走的是一条跟随式发展道路，很少有企业专注于技术创新，以技术和产品领先作为目标，就像任正非说的没有企业愿意进入“无人区”。这样的经营模式，过去可以，现在行不通了。因为现在我国劳动力成本和各项成本都上去了，中国企业的产品丧失了成本优势，同时中国企业生产的产品与国外企业处于一个产业层次上，国外企业不会把先进技术转让给中国企业，为自己培养竞争对手，使中国企业失去了技术来源，不能形成技术优势，必然导致企业大面积生产经营困难。最近大家都在议论，华为长期以来投入大量资金进行技术研发，向国外公司转让的专利大大超过了引进的专利，2015 年实现利润超过 400 亿元。而当年曾经炬赫一时的联想集团，一直实行跟随战略，没有自己的核心技术，现在越来越走下坡路，2015 年主业亏损 13 亿多元。

第二，中国经济效率明显降低。国内学者研究认为，近 10 几年来我国资源利用效率不断下降。如果这样说太抽象，我们可以用一元钱人民币获得的利润来观察我国经济效率的变化情况。十几年前，一元钱银行贷款可以获得 4—5 毛钱利润，2016 年一元钱只能获得 7 分钱利润。经济效率降低的原因有很多，我以为其中一个重要的原因是通过市场配置的资源数量减少，而通过政府配置的资源数量急剧增加。诺贝尔经济学奖得主英籍奥地利经济学家路德维希·哈耶克曾说过：人们经常在一些重大的理论观点和原则上出现反复，这是经济学的一大不幸。有心人会发现，从 2008 年开始，原来取得比较一致的一些基本经济理论观点又被颠覆了。比如由于国际经济危机的爆发，有人认为这是过度市场化的结果，市场配置资源的效率高于政府配置资源的效率的观点受到质疑，所谓“中国模式论”的观点一度占了上风。什么是“中国模式”？就是与强政府、强国企结合的市场经济。在这样的理论指导下，政府对经济的干预加强了，配置资源的作用放大了。2014 年以来，为了刺激经济增长，更多的资源被政府用来投入基础设施建设，被分配到国有企业，而民营企业很难得到银行贷款。据有的学者估计，这一轮基础设施建设投资，仅国家发改委已批准的十几个重点项目工程包和财政部 PPP 项目库的总投资额就会超过十几万亿。基础设施建设要适度超前，这没有问题，但过度超前必然降低经济效率。国有企业既要追求经济效益，更要讲政治，企业领导人还希望得到提拔，具有多重目标，再加上经营机制方面的问题，过多资源投入国有经济，也会降低经济效率。

第三，企业提供的有效供给不足。简单地说，就是中国企业生产的产品不符合市场和消费者的需要，不少中国人不买中国的产品。消费者选择购买物有所值的商品，这与爱国与否无关，也与觉悟高低无关。老百姓不买中国产品，肯定是因为中国企业产品的质量不如国外产品。应当指出，近年来我国市场需求方面发生了一些重要变化：一是由于中产阶级阶层的不断发展壮大，对消费品的质量有了更高的要求，而我国企业长期习惯于需求大于供给、缺乏竞争压力的市场环境，不重视技术创新和产品研发，不注意提高产品和服务的质量与技术水平，一些传统产业产品如食品、药品等存在比较严重的安全问题，老百姓消费不放心。许多国内生产的产品不能满足中产阶级阶层的需要，越来越多的人转而购买国外产品，因此导致了大量需求向境外的流失。比如，中国人到日本大量购买马桶盖、大米，到香港大量购买奶粉，到美国去奥特莱斯购买大量服装，到德国购买双立人刀具，等等。二是消费需求结构发生了重要变化，传统消费需求如吃穿用等支出在收入中所占比重日益下降，而通讯、交通、文化、旅游、教育、养老等需求所占比重不断上升。我国的供给结构没有随之发生调整，导致有效供给不足。比如优质教育资源短缺，导致越来越多的家庭把孩子送到国外上学，高水平养老服务短缺，一床难求，如此，等等。

第四，中国经济存在两大结构失衡。一个失衡是中国资产价格火箭式上升，大大伤害了实体经济。具备一点经济学常识的人都明白一个道理，如果一个国家的资产价格过于昂贵，就不可能有合理的实业投资回报率。有人甚至说，保持昂贵的资产价格和比较高的实业投资回报率，比揪着自己的头发离开地球还要困难。中国经济过度依赖房地产开发，特别是地方政府土地财政的驱动，不断推高房地产价格，银行、政府、开发商都获得了丰厚的收入，而从事实业的则举步维艰，利润微薄。前一段时间，网上热议的一个话题是，深圳一家企业一年辛辛苦苦即使能赢利 1000 多万元，都远远不够在深圳买一套房子，还不如把工厂卖掉，买几套房子坐等增值合算。不少做企业的开玩笑说，在中国是“实业误国，炒房兴国”。这种情况必然带来两个严重后果：其一是没有人愿意死心塌地地从事实业经营，更不愿意投入资金和人力从事技术和产品研发，只要有一点实力的企业，基本上都会涉足房地产业。国内一些著名企业，如海尔和格力，不仅有海尔电器、格力电器，而且还有海尔地产、格力地产。由于从事房地产可以获得高额利润，银行贷款等资源集中流向房地产，实体经济发展则缺少资金和资源支持。有人统计，我国房地产行业现在的产值（11 万亿元）占国内生产总值的 17% 左右，却占用了超过四分之一的银行贷款。其二是过于昂贵的资产价格加重了企业的负担，增加了企业成本。最近华为公司已经把研发机构搬到了东莞，就是因为深圳的房价使得华为这样的企业都无法吸引和留住科技研发人才。2017 年以来，先后有飞利浦、富士康等多家著名企业从中国撤出，也是因为包括土地、房地产价格过高，继续在中国生产产品，无法获得正常利润。

另一个失衡是银行等金融企业发展脱离实体经济，并且昂贵的融资成本压垮了实体企业。目前实体企业不赚钱，不等于所有企业都不赚钱。事实上，这些年来在实体经济企业利润微薄甚至大面积亏损的同时，银行靠高得离谱的存贷差，躺着都可以挣大钱。现在国际上银行存贷差一般是 1—1.5 个百分点，而我国存贷差却高达 2—3.5 个百分点。银行只要把存贷款规模做大即可赚钱，业务并没有多高的技术含量。从近几年上市公司年报可以看出，16 家上市银行的利润占 2000 多家 A 股上市公司全部利润的比例高达 50% 以上。我们还可以看看五大发电公司 2012 年和 2013 年价值分配状况。2012 年 5 大发电公司价值分配比例为：工资占 28%，利息占 39%，税收占 30%，税后利润占 4%，利润和利息之比为1∶3.96；2013 年价值分配比例为：工资 26%，利息 33%，税收占 29%，税后利润占 12%，利润与利息之比为 1∶2.15。这就是大家通常说的企业为银行打工。银行和实体企业是“皮和毛”的关系，皮之不存，毛将焉附。二者关系还可以形象地比喻为“狗和主人”的关系。金融业有一定独立性，在某种程度上可以脱离实体经济发展，但归根结底离不开实体经济的发展，就像人们遛狗时，狗有时会跑到主人前面去，有时候会落在主人后面，当距离主人太远时，它又会自己跑回来。实体企业不赚钱，银行轻松赚大钱，这种经济就是不健康的，这种状况也是不可持续的。从 2014 年下半年开始，随着实体经济普遍出现不景气，银行的利润增加也出现了明显减缓势头，不良贷款数额和所占比例都出现了大幅上涨。

第五，制度供给不足。政府在经济发展中的作用，最重要的是提供好的制度。从国有企业改革的情况看，最重要的是使员工与企业同呼吸、共命运，激发员工积极性和企业活力。目前，这方面真正的改革措施并不多，十八届三中全会全面深化改革的决定中提出的许多改革措施没有落地。相反，现在实行的一些改革措施，不利于激发企业的活力，调动企业家的积极性。比如：对国有企业领导班子成员实行薪酬改革后，中央企业负责人正职 2015 年平均收入是 81 万元，从 2016 年开始最高收入税前不得超过 60 万元，一下子减少了 20 多万。他们管理着上百、上千甚至上万亿的资产，如果我是这些企业的股东，我不相信这些收入会让他们更加投入地完成工作职责。另外，现在规定中央企业总部部门负责人待遇不变，二级以下公司负责人薪酬制度也维持不变，都远高于集团班子成员的收入水平。负有更大责任和掌握更大权力的人收入比下级低一大块，根据常识，在这样的制度安排下，企业会搞好吗？再比如，现代企业制度仍不完善。如董事会现在发挥的作用极其有限，无论在选聘经理层，还是决定经理层的收入方面，董事会基本上不能发挥作用，基本是国有资产监管机构说了算。另外，把党委决议作为企业重大决策的前置程序对企业决策没有太大影响，但确实降低了企业决策效率。因为企业经营班子成员基本都是党委组成人员，一件事要开两次会才能定下来。还比如，国有企业之间的合并实际上影响了企业的发展。现在被合并的企业之间不一定存在互补关系，不能提高企业的竞争力和效率，达到“一加一大于二”的效果，反而增加了许多矛盾，带来了许多扯皮，延误了发展机会。我以为，有关部门这样做，实际上是用企业合并代替了企业改革，是避重就轻。另外，目前中央企业的大规模合并的结果，是否与全国人大已颁布的《反垄断法》的精神相符合，还是《反垄断法》不适用于国有企业。此外，国有企业混合所有制改革没有迈开步子。实际上，十五届三中全会提出发展股份制，开启了混合所有制改革，这条改革路子没有错。现在发布的混改文件，反而限制了这方面的改革。比如，中央企业有近 4 万家法人企业，有关部门现只选择 30 家进行混改试点。最近虽然增加了试点企业数量，但在企业中仍然是少数，意味着大多数基层企业不能动，只能等。

由于以上分析过的原因，虽然我国经济增长从数字上还看得过去，但实际上已经有不少企业很困难了，不少企业已关闭或停产了。实体企业的困难情况从为企业服务的行业比如证券行业的情况可以窥见一斑。券商行业的情况与经济繁荣或萧条休戚相关。一个在券商工作的年轻人告诉经济观察报记者，2015 年他一个月收入可以达到十几万元，2016 年平均一个月收入也有三万多，2017 年每个月收入减少到一万五到两万元，2018 年下半年一个月收入则不到一万元。现在券商都面临着裁员、降薪以保住利润的境地。对比 31 家券商 2017 年和 2018 年半年报的数据，有 9 家券商员工数量同比下降，超过 20 家券商支付员工的薪酬同比下滑，其中国海证券下滑 32%，国元证券、国金证券、浙商证券、西部证券、海通证券下滑的比例都超过了 20%。一些对经济下滑比较敏感的行业正传出裁员、降薪消息。例如，仅 2018 年 12 月这一个月，互联网行业就有美团、知乎、京东、斗鱼、OFO 等企业爆出裁员风波。滴滴打车也传出员工年终奖减半、高管无年终奖的消息[①]。同时，从房地产业传出的消息是，最近通过按揭贷款购房的客户"断供"现象比较集中。尽管因为断供购房者，可能会损失掉首付款，一般达到 100 万元甚至更多，仍然有不少人弃房，主要是因为经济不景气，不少过去收入较高的员工进入了失业状态，失去了收入来源，没有能力继续向银行按月交纳本息。

五、潜在经济增长率决定我国未来的经济增长速度

以上对中国经济发展前景的分析是定性分析。要对中国经济发展速度做出直观、具体的预测，还需要进行定量研究。经济学家们提出，中国经济今后的经济增长率是多少，不能臆

---

① 见《经济观察报》，2018 年 12 月 26 日。

测，也不是我们的主观意志决定的，而是取决于未来一段时间内中国经济潜在的增长率。一些乐观的经济学家，对今后十几年中国潜在经济增长率估计很高，仍然认为今后中国经济可以实现 7—8% 的高增长。如林毅夫于 2018 年 12 月 15 日在北京大学国家发展学院第三届国家发展论坛上的演讲中就认为，2030 年前中国经济潜在增长率高达 8%，因而对今后几年经济增长速度的预测大大高于 6%。林毅夫认为今后十几年内中国经济潜在增长率将达到 8% 以上，主要论据是中国可以发挥后发优势，同时中国在发展新经济方面已经走在前面。他认为，两个方面的综合作用，8% 的潜在经济增长率的估计并不高。我个人认为林毅夫的立论靠不住。所谓发挥后发优势，过去可以，今后不行了。因为以前我们在产业技术水平上与发达国家存在较大差距，在产业结构方面存在较大差异，发达国家愿意把一些传统产业的技术转让给中国企业。现在我国的产品技术水平与西方国家相差不多，产业结构也逐步接近，美国生产飞机，我们也在研制商用飞机，美国搞智能制造，我们也在搞智能制造，美国企业发展新一代半导体，我国也在大力研发生产芯片，发达国家不会像以前那样乐于把先进技术转让给中国企业。2018 年 12 月，美国、日本和欧洲一些国家签订了巴黎协定，在限制对中国企业转让先进技术方面取得了一致。同时，由于新技术研发需要科学原理创新、基础支撑、技术积累等苛刻条件，需要较长时间的苦苦经营，靠我国自主研发解决经济发展所需要的先进技术，在相当一段时间内还做不到。所以，今后利用我国的后发优势，通过引进国外先进技术加速发展的条件不再具备了。至于我国新经济发展，在产业链上游我国发展速度和发展规模都很可喜，但是由于缺乏底层技术，比如智能制造、物联网等方面，我国缺乏芯片研发生产的基础技术，一旦国外加以限制，就会卡住我国这些产业发展的命门，因此，也不能过分乐观。2018 年发生的美国停止向中兴通讯供应芯片，中兴通讯一度停摆事件，就是很好的例子。

最近中国社会科学院数量经济与技术经济研究所的李平、娄峰发表了题为《2015—2025 年中国潜在经济增长率预测及建议》的文章，运用人口增长率、城镇化率、财政性教育经费占 GDP 的比率、研究与开发经费实际增长率、外商直接投资增长率、世界 GDP 实际增长率、汇率七个变量，设置基准、乐观、悲观三种情景，构建了一个系统动力学—计量经济学—投入产出综合经济系统模型，对未来十几年中国潜在经济增长率进行了量化研究。从现实经济运动的趋势看，有关变量的情况都与悲观情景相符合。这样，在未来几个时段内，2014—2015 年、2016—2020 年、2021—2025 年经济增长速度分别为 7.4%、6.4%、5.7%[①]。我以为，这个模型得出的结论比林毅夫的推断更可信。而且还要指出，即使这种比较低的经济增长速度，也要以国家实施有效的经济政策、国内外没有大的经济变故、企业具有较高的投资和生产经营积极性为前提。

六、经济发展速度减缓对中产阶级成长的影响

根据上述影响我国经济发展的国内外因素的综合分析和研究，我认为今后 10 年我国年平均实际经济增长速度不会超过 5%，远远低于改革开放以来 40 年的平均增长速度，更低于 20 世纪 80 年代到 2012 年期间的平均增长速度。与此相适应，今后中产阶级增加速度也将比前 40 年有所放慢。虽然决定中国中产阶级增加的因素是复杂的，但是毕竟经济增长速度对中

---

① 见中国经济学人官网，2018 年 11 月 2 日。

产阶级成长发生着决定性的影响。因此我们可以采取经济学特有的抽象分析方法，先不看其他因素的影响，在经济增长速度和中产阶级人数增加之间建立一种对应关系，预测今后 10 年内中产阶级年平均增加人数，也可以预测今后 10 年内中国中产阶级总量增加数。如果我们以 1991 年为分析起点（学术界一般认为，中国中产阶级快速增加开始于这个年份），1991 年到 2012 年中国经济年平均增长速度为 10.3%，中产阶级由 92.6 万人增加到 688.8 万人，年均增加 45 万多人，即经济增长一个百分点中产阶级可以增加 4.5 万人；2012—2017 年经济总量年均增长 7.2%，中产阶级人数从 2013 年底的 2.4 亿人增加到 2017 年底的 3.3 亿人，占总人口的比重达到 24%①，年均增加 1800 万人，经济增长一个百分点中产阶级人数增加 250 万人。可以看出，随着中国经济的不断发展，为中产阶级队伍的扩大创造了快速增长的基础和条件，2010 以后经济增长一个百分点相应增加的中产阶级人数是前 20 年不可比拟的，由十万级增加到百万级。如果今后 10 年年平均增长速度为 5%可以成立，按照经济增长一个百分点中产阶级增加 250 万计算，今后 10 年内每年增加中产阶级人数为 1250 万人，增加中产阶级总数为 1.25 亿人。目前比较多见的对中国中产阶级人数的估计是 3 亿多到 4 亿多。这样，到 2030 年，加上原来已有的 3 亿多或 4 亿多人，中国中产阶级总人数可达 4 亿多人或 5 亿多人，占总人口的比重接近 30%。

显然，由于经济增长速度的减缓，中国中产阶级增加的速度也出现了减缓，由 2012—2017 年的每年增加 1800 万人，减

① 专访中国劳动学会副会长苏海南：《我国中等收入群体超 3 亿人，到 2050 年有望达到 9 亿人以上》，载《中国经济周刊》2018 年第 15 期。

缓到每年增加 1250 万人。但是，中产阶级总量仍在继续增加，占人口比重在继续提高。

第四节　收入分配结构和制度对中产阶级发展的影响

从国内外中产阶级发展的历史过程看，收入分配制度和收入分配结构是影响中产阶级发展壮大的重要因素。我们可以从以下几个方面或角度来具体分析收入分配对中产阶级发展的影响。

一、国民收入初次分配状况对中产阶级发展的影响

国民收入初次分配是指国民收入在直接参与生产的各个要素之间进行的价值分配。初次分配的起点和对象是当年生产活动创造的新价值，各社会成员或社会集团按照各自在生产过程中的贡献大小进行分配，分为居民收入、政府收入和企业收入三部分。初次分配是国民收入分配的首要环节，是形成国民收入分配格局的前提条件，也是决定中产阶级发展的重要因素。国民收入初次分配又可以分为两个方面。一是国民收入在政府、企业和居民之间分配的状况。改革开放以来，我国国民收入在三部门之间的分配经历了政府部门和企业收入不断增加，居民收入所占份额下降然后又有所上升的变化。在国民总收入的构成中，企业部门初次分配总收入所占比重由 1992 的 17.4% 上升到 2004 年的 26%，2011 年仍然达到 20% 以上。居民收入占国民收入的比重由 1992 年的 66.1% 下降至 2007 年的

57. 9%，年均降低 0. 7 个百分点，2011 年的比重为 60. 7%。政府部门初次分配总收入占所占比重在 2000 年前一直在 16. 5% 至 17. 7% 之间波动，2001 年后开始逐年提升，到 2007 年上升到 19. 5%，2011 仍然高达 19. 1%。二是国民收入在劳动和资本之间的分配比例。我国劳动者报酬在国民收入中所占比重 1990 年为 53. 4%，2003 年开始快速下降，到 2007 年下降为 39. 74%，2008 年以后逐步回升，到 2015 年上升到 47. 9%，仍然低于 20 世纪 90 年代初的水平（根据历年《中国统计年鉴》的数字整理计算）。这种情况与西方发达国家形成了鲜明对比。诺贝尔经济学奖获得者库茨涅兹通过大量历史资料统计和比较发现，随着经济的不断增长，几乎所有西方国家的国民收入中资本报酬都随时间而下降，劳动报酬份额则相应地上升。有的国家劳动报酬占国民收入的份额达到 75%，而资本报酬份额则降低到 25%。现阶段，成熟市场经济国家的劳动报酬率普遍在 54%—65% 之间。如日本 1999 年劳动报酬率为 54. 18%，德国 2000 年的劳动报酬率为 53. 84%，英国 2000 年的劳动报酬率为 55. 27%。

以上统计数据显示，我国国民收入初次分配整体上是向资本和政府倾斜，企业收入和政府收入挤占了居民收入和劳动者收入。由于我国中产阶级人士主要是工资收入者，国民收入初次分配的失衡，必然造成劳动者工资收入增长缓慢，影响了随着经济增长中产阶级队伍的相应扩大。这里特别要指出的是，企业收入占国民收入比重提升，从直接意义上和中产阶级扩大有一定矛盾。因为在国民收入既定的情况下，企业收入比重提高，与工资收入者比重有一个此消彼长的关系，影响了工资收入者收入提高和中产阶级队伍扩大。但是，从间接意义上看，企业收入比重提高，则是有利于中产阶级增加的。企业收入增加，综合实力和投资能力增强，可以不断扩大生产经营规模，采用先进技术，改善经营管理，结果会导致社会生产规模扩大，社会财富总量增加，从而使社会收入水平水涨船高，促进中产阶级扩大。同时，企业生产技术水平和管理水平提升，要求使用更多具有一定专业知识、专业技能的劳动者，这些人一般要获得中等收入，构成了中产阶级的主体，会导致中产阶级人数增加。可以肯定的是，政府收入占国民收入比重提高或者说政府收入在国民收入占比过高，不论是从分配环节还是生产环节看，不论是从直接意义上还是从间接意义上，都不利于中产阶级发展。在国民收入总量既定的前提下，政府收入增加、比重提高，必然造成工资收入者收入占比下降，影响劳动者收入提高，直接影响中产阶级人数增加。同时，政府配置资源的效益和效率低于市场配置资源的效率和效益。因为政府收入的运用及财政收入的使用，基本不受经济效益和效率的制约，必然出现效率和效益低下的情况，影响整体经济资源利用效率和效益，使经济发展难以达到理想的效果，从而影响社会财富增加和居民收入水平提高，延缓中产阶级发展步伐。所以，中国要推进市场导向的经济体制改革。这是经过几十年改革理论和实践探索，我们得到的一个重要结论，是全社会基本认同的。还要看到，由于政府收入所占比重过大，影响居民收入水平提高，必然会影响消费需求扩大，限制经济发展的市场需求空间，使潜在经济增长率降低，间接影响居民收入水平提高，延缓中产阶级发展壮大速度。

二、国民收入再分配情况对中产阶级发展的影响

国民收入再分配状况对中产阶级的发展也有着重要影响。从我国的情况看，再分配的三个方面都不利于中产阶级的成长

壮大。一方面是所得税税收政策不利于中产阶级的成长。国家税收政策对社会不同群体财富增长和收入多寡有着极大的影响。税收政策向哪部分人倾斜，决定着哪一部分人可以富、哪一部分人不能富。我国长期以来个人所得税税基太低。2012年修订个人所得税法时，把个人所得税起征点提高为月收入3500元，又是多年不做调整，直到2018年开始才把起征点提高到月收入5000元，还是偏低。这样造成了低收入者不缴税，高收入群体一些财产性收入不缴税，主要靠工资收入的中等收入群体成了个人所得税的纳税主体。我国近年来个人所得税迅速增加，由2012年的5820多亿元一路飙升到2017年前11个月的11096亿元。在经济增长和财政增长双低增长的情况下，个人所得税增幅保持在两位数，说明在国民收入蛋糕的切割中，政府的分成比例在提高，居民的分成比例在降低。这些年房地产价格、教育、医疗费用在不断提高，这些方面的家庭支出快速上升，中等收入者得不到税收减免，收入完税后以及支付家庭几大项费用后所剩无几，一遇风吹草动就可能从中产阶级行列跌落出去。其他收入水平更低的群体，由于沉重的税收负担，也没希望进入中产阶级行列。不少学者建议按家庭人均收入水平计税，另外对一些家庭支出也要减免税。关于第一条，现在没有税收政策调整的迹象；关于第二条，最近有关部门有所回应，国家出台了六个方面的税收扣除政策，也是避重就轻，解决不了大问题。另一个方面是财政支出结构的不合理不利于中产阶级成长壮大。政府财政支出应该主要用于向社会提供公共产品和服务。我国财政支出结构方面的问题是：经济建设占比过高，既与财政的性质不相符合，也影响了资源配置和利用效率。同时政府行政费用支出占比过大，1978年占财政总支出比重只有4.71%，到2013年提高到18.73%，大大高于发达国家5%—7%的水平，比美国的接近10%也高很多。近年来，中央反复强调降低行政费用，反对铺张浪费，这个比重有所下降，但与发达国家和世界平均水平相比仍然偏高。政府行政管理费用支出是社会生产的扣除，属于马克思所说的非生产费用，应该越少越好。政府花费太大，直接挤占了居民收入，影响了居民收入水平提高和中产阶级成长。再一方面是政府财政支出中用于公共产品和服务的部分，也存在城乡、地区之间不均衡的问题。比如，教育、医疗类公共产品和服务，一概向城市倾斜，向城镇居民倾斜，农民和农民工不能平等地享受教育和医疗服务，既影响了农民工收入水平提高，进入中产阶级行列，也影响了农村一部分居民收入提升到中产阶级水平。现在，高额教育费用和看病难、看病贵，成为农民脱贫致富的严重障碍，也是一些农民家庭重新陷入贫困的主要原因。所谓“救护车一响，一头牛白养”。农民目前的生活水平尚且难以保证，更不要说提升一步进入中产阶级队伍了。

三、收入分配制度对中产阶级成长的影响

在讨论中国中产阶级兴起的原因时，我们指出，中国中产阶级是伴随经济体制改革包括收入分配制度改革而兴起的。因此，当前的收入分配制度是否合理，影响着中产阶级的进一步发展壮大，深化收入分配制度改革对中产阶级的增加也有着重要作用。从当前我国收入分配制度的现状看，有两点不利于中产阶级的增加。一是由于垄断行业、垄断收入的存在，不利于中产阶级成长。在我国收入水平最高的电讯、石油、互联网三个行业中，有石油、电讯两个行业属于垄断行业。这些垄断行业的高收入与个人努力没有关系，与个人专业技能和教育水平也没有直接联系，一方面导致许多优秀人才宁愿牺牲自己的专

业也要挤入垄断行业，造成人才的严重浪费。这些专业人才如果自己创业，自己富起来的同时，还会带动一批人富起来，扩大中产阶级队伍。另一方面，由于这些垄断行业的从业人员躺着就可以获得较高收入，影响了其他行业从业人员的劳动和创业积极性，不利于整个社会生产经营效率的提高，不利于社会财富的增加，从而影响着整个社会收入水平的提高和中产阶级人数的增加。二是在国有企业等国有单位，收入分配方面的平均主义仍然存在，抑制了人们的工作积极性和创造性，也不利于人们通过竞争和努力工作提高收入水平，进入中产阶级行列。现在国有企业的收入分配制度改革基本陷入停滞，企业之间、个人之间平均主义倾向严重。对企业，国资监管部门实行工资总额管理，即使企业获得了较好的经营效益，也只能在上年基础上增加5%，不能突破，这毫无疑问会抑制企业扩大生产经营规模、提升经济效益的积极性。企业内部不同岗位之间、管理人员与一般员工的收入差距上面也有规定，不能突破规定的倍数。尤其是最近又对国有企业集团一级班子成员实行限薪，税前年收入不能超过60万元，比子公司、总部二级单位负责人的收入水平低一截，必然影响他们的积极性，影响企业发展。而中产阶级的发展，说到底是与经济发展不可分割的，也必然影响中产阶级的发展壮大。

第五节　股市“割韭菜”和“新三座大山”：中国中产阶级发展的严重阻碍

除了上述所列影响中产阶级成长的几个方面，中国股市的暴涨暴跌和持续走低，教育、住房、医疗的沉重负担，也对中产阶级的发展壮大形成了重重障碍。

一、股市对中产阶级的洗劫

我看不懂中国的资本市场。但我知道一点，就是中国股市不但没有通过它的投资功能，使更多的中国居民获得资产收入，帮助一些股市投资者上升到中产阶级行列，或帮助现有中产人士巩固其中产阶级地位，而是通过一茬又一茬“割韭菜”给予中国中产阶级以重创，客观上使得不少原来还属于中产阶级的居民跌落到低收入群体，更断了居民通过资本市场投资增加收入，上升为中产阶级的途径。中国股市 20 年里经历了多次熊市和牛市，每一次股市震荡，都是对股民的一次洗劫。远的不说，我们回顾一下 2015 年以来的中国股市冰火两重天的情况。2015 年 6 月 12 日，A 股股市大盘曾达到了 5178 点的高点。三天后的 6 月 15 日，股市价格开始下跌，用了不到 6 个月的时间，中国股市大盘跌到了 2638 点，几乎跌了一半。从 6 月 15 日到 8 月 26 日，共有 1462 只股票跌幅超过 50%，2014 只股票的跌幅超过 40%。创业板更是惨不忍睹，由 4037 点跌到 1571 点，跌幅达到了 61%。此后，经过更换证监会掌门人，采取了一系列政策措施，中国股市开始缓慢回升，2018 年上半年一度回到 3587 的高点，随后连续下跌到 3000 点、2800 点、2500 点。股灾使股市市值严重缩水，给股民以重创。2015 年 6 月 12 日，沪深两市股市市值合计 71.24 万亿元，2017 年 5 月 12 日，沪深两市市值合计为 51.13 万亿元，减少了 20.11 万亿元。按 1.24 亿股民计算，平均每个股民亏损 16 万元。如果按散户、中户、大户分，散户平均亏损 9042 元，中户平均亏损 19.3 万元，大户平均亏损 183.2 万元[①]。据有关机构研究，股民中的中户绝大部分和大户中的一部分属于中产阶级阶层。从以上不同组别股民所受损失，可以看到这一次股灾对中国中产阶级的重创。

企业实行股份制，公开发行股票，并创立股票交易市场，不仅是现代化生产条件下企业发展的需要，也是改善社会财富分配状况，使广大普通劳动者分享经济发展成果的一种有效形式。我曾经在已出版著作中表达过这样一个观点，对于马克思主义经济理论的精髓，西方国家学者和政府的学习和领会并不比我们差。虽然资本主义国家的经济学家和政府从整体上反对马克思主义经济学说，但是他们接受了马克思关于资本主义社会存在着尖锐的矛盾，不解决这些矛盾，将威胁到资本主义自身的存在和发展的基本观点。鉴于马克思主义在全球的传播以及苏联、东欧和中国等社会主义国家的成立，加上 100 多年来工人阶级的反抗运动，资本主义国家的经济学家和政府认识到必须对资本主义的生产关系进行调整，以缓和社会经济矛盾，使这个社会制度继续存在下去。股份公司制度就是对资本主义生产关系的某种调整。通过普通劳动者持有企业的股份并获得一定资产收入，可以在某种程度上提高劳动者收入，分享公司赢利。所以，在西方国家把股份制企业发展称为“人民资本主义”。在现代西方国家中，居民特别是中产阶级人士收入的一部分来自于股市投资，资本市场发展对中产阶级成长和巩固发挥着重要作用。郎咸平关于中国经济发表了不少言论，我认为多数脱离中国实际，没有多少参考和实践价值，但是他对股份制企业和股票市场的看法具有很重要的认识价值，说明他在

---

① 见百家号万惠财经，2017 年 5 月 15 日。

宾夕法尼亚大学沃顿商学院学到了企业理论的真谛。比如他指出，股份公司可以上市，是国家对企业的背书，是用国家的信用给企业担保，意味着上市公司是居民投资的优先选择。反观我国的股市，建立之初的出发点是作为国有企业脱困的一项措施，后来变成企业圈钱的手段，大户坐庄的赌场，证券管理机构寻租的乐园，20 年时间内中国上市公司数量达到了美国用 200 年时间才达到的数量。这样的资本市场必然是无序的、混乱的，成为股市的实际操纵者对散户“剪羊毛”的工具。时至今日，人们还看不到中国股市管理和制度根本改善的迹象。

股市动荡并不奇怪，西方的股市也是翻云覆雨，但总的趋势是股指上涨，市值增加。比如道琼斯工业股价平均指数由 1987 年的 2000 多点上升到 2013 年的 18000 多点，2018 年 2 月创造了 26616 点的历史最高点。为什么我国股市总体表现、大盘点数近年来一直下行？凭心而论，中国经济的增长数字拿到世界上比较，表现并不差，但股市依然一泻千里。比如我们的一些国有企业，特别是在香港股市上市的“红筹股”，近年来业绩是年年上升的，但股价却不断下跌，许多企业的股票价格已经跌到低于净资产价值。我以为原因在于，股市不是看现在，而是看未来。我们的多数上市公司都是传统能源、原材料、制造业企业，又缺乏核心关键技术和自主创新能力，在新的科学技术革命和世界产业结构大调整呼之欲出、已经可以听到又一次科技革命和工业革命的叩门声的形势下，这些企业当然不会被看好。从中国经济整体发展形势看，正如我们在前面已经分析过的，消费需求缺少亮点、投资需求遇到天花板、国外需求遭遇阻击、供给方面的许多问题短期内难以解决、制度改进进展缓慢，很难让人得出中国经济将很快走出增长乏力状况的预期。香港资本市场是规范的股票市场，没有人为干预，我觉得香港股票市场对中国经济的预期和评价，更接近经济真实情况，也更值得我们关注，并以此为依据，真正认识我们面临的经济形势，下力气研究解决面临的问题。

二、房市对中产阶级的挤压

21 世纪以来中国房地产价格的轮番上涨，造成中国城市住房的天价，是中国中产阶级的最大痛点。中等收入阶层靠工资收入根本不可能支付购房款，只能交个首付，向银行借款。上海财经大学高等研究院公布的数据显示，2017 年三季度末，个人购房贷款余额为 21.1 万亿元，占总贷款余额的 54%[①]。而高房价导致的高负债、高利息，使中产阶级背上了沉重的还本、付息负担，许多中产阶级家庭成为“房奴”。由于新中产阶级的主力是 30 多岁的年轻人，所以有的报刊惊呼：“高房价压垮了 80 后。”2010 年，北上广深房价为每平米 20600 元、16800 元、13600 元、16700 元，到 2017 年，这几个城市房价分别上涨到 59000 元、54800 元、30500 元、54600 元。8 年期间，这些城市的房价上涨了两到三倍，而城市居民的可支配收入增加一般不到一倍。最能够衡量房价是否合理的指标是房价与收入的比例。上海易居房地产研究院发布了 2015 年度《全国 35 个大城市房价—收入比排行榜》，其中位列前 10 名的城市房价—收入比是：深圳 27.7、上海 20.8、北京 18.1、厦门 16.6、福州 14.7、太原 12.2、天津 11.7、杭州 11.3、南京 11.3、广州 11.1。到了 2017 年，这些城市的房价—收入比又有了进一步提高，城市的排名顺序也有一定变化。深圳

---

① 李映嘉：《关注中国家庭债务激增》，载《改革内参·综合版》2018 年第 21 期。

39.64、三亚28.16、上海27.98、北京25.7、厦门25.25、福州19.33、珠海17.81、杭州14.95、石家庄14.74、南京14.5、天津13.5。西方发达国家房价—收入比一般是4—6倍，相比之下我国城市住房价格实在是高得不着边际了，普通城市居民包括中产阶级无论如何无法负担。所以，现在一对年轻夫妻到大城市打拼，要想买到一套安身立命的住房，基本要掏干净自己的腰包，还要动员双方父母做出贡献，才能勉强交上首付。以后的20—30年内，就是为这套房子奋斗。这种状况对中产阶级的进一步发展极其不利，使得他们没有余力进行投资活动，从其他途径增加收入；也没有多余财力学习进修，进一步丰富自己的知识，提高技能，向更高收入阶层冲击；也影响了他们对子女教育的投入能力，难以保证下一代不沦为低收入阶级。

中国政府的房地产政策导向一直是保持价格稳定上涨，防止过快上涨，但是实际上陷入了价格上涨过快时控制一下，价格下来了又放松控制，进入新一轮价格上涨高潮。老百姓和房地产商已经掌握了政府调控房地产的“规律”，对房地产市场有了完全正确的预期，抵消了政府房地产调控政策的效果。房地产价格越是上涨老百姓越是大量购买，反正以后价格还会上涨，有刚性住房需求的晚买不如早买，炒房的总会赚钱；房地产商在政府调控时期照样抓紧拿地盖房，正好赶上房地产价格再次上涨时出手。这样，不是政府在调控房地产，而是房地产市场和老百姓反过来在调控政府。中国房地产出现这样的怪现象一点也不奇怪。因为，从中央到地方，从各自的立场出发，实际上都不希望房地产价格真正的下降或过慢上涨。地方政府强烈希望房地产价格上涨，以增加地方财政收入，通过各种途径对中央政府部门进行游说，对中央的房地产调控形成了压力；中央政府不希望经济增长速度下降太多，房地产价格一旦下降了或上涨过慢，对经济增长的拉动作用减弱，就会放松原来出台的各种限制，使房地产价格重回大幅上涨的轨道。自从习近平总书记明确提出房子是用来住的，不是用来炒的要求，这一轮房地产调控政策十分严厉，2018 年各城市政府出台了 400 多项房地产调控措施（这一轮房地产调控，中央把调控权交给了城市政府，不出台全国统一政策），不少城市出现了房地产市场量价齐降的情况。在这种情况下，要求放松房地产调控政策的呼声已经越来越高了。

其实，新一轮房地产调控政策也不是没有问题。比如一些地方出台的限购政策、对房地产实行限价政策，等等，似乎又回到了计划经济时代的管控轨道。这样调控的结果，房地产商不愿意拿地和继续盖房，必然出现房源紧张的情况，不利于解决对住房的正常需求。同时，现在要买房子，又出现了找政府、找熟人、找关系，到处求人的情况。这不符合市场取向改革的大趋势，也不符合房地产发展的客观规律，不利于房地产发展，也不利于解决人民群众住房问题。如果真想保持房地产业健康发展，国外已经有了行之有效的做法，完全可以学习借鉴。比如，规范租房市场，保护租房者权益，引导一部分住房需求通过租房满足；出台住房持有环节的税收政策，使持有多余房地产的居民把房子拿出来出租，获得合理的利润，不愿意通过出租房屋获利的，就不会把多余资金用来购买房地产，这样，就不会出现社会资金都涌向房地产的情况，把房地产价格不断推高。

三、“学市”给中产阶级家庭带来的烦恼

尽管官方把教育归入公共服务领域，但是实际上通过这些

年的教育产业化，教育已经变成了一个赚钱的行业，形成了教育市场。因此，我觉得把中国教育称为“学市”没有问题。这个市场又不是充分竞争的市场，而是一个垄断市场，教育部门和学校拥有教育产品定价权，就是说想给学生家长收多少钱就要收多少钱。当前的中国教育体系尤其是中小学，既导致中小学生疲于奔命，不能全面发展，身心健康受到摧残，家长为孩子的教育也要花费很多时间和精力。由于我们的教育理念、教育方法不科学，也培养不出人格健全，具有批判精神、创新精神和创新能力的人才。现在学生、家长、教师都很累，但对教育的结果都不满意。与此同时，由于所谓教育产业化，家长为了孩子教育要付出很高的经济代价，成为中产阶级家庭沉重的经济负担。在中产阶级中占很大比重的新中产阶级，是靠接受良好教育才出人头地的，为了保证自己的下一代保持住中产阶级地位，虽然意见很大，但只能硬着头皮在孩子教育上不惜血本地加大投入。据香港《南华早报》2018 年 10 月 16 的报道，去年 11 月对大陆 5. 2 万个家长的调查显示，教育支出平均占家庭收入的 20% 。一位蒋姓女士来自于山西，毕业于北京的一所名牌大学，年收入 10 万元。她把自己的成功归结于所受教育，因此为了女儿花 1. 2 万元上数学课，花 1. 2 万元上语文课，花 2. 5 万元上英语课。此外，还花 5 万元让女儿上舞蹈和钢琴课。她说，女儿教育占其家庭收入的约 30% 。自从有了女儿，她和丈夫从没买过价格超过 100 元的衣服。“我们节省的每一分钱都是为了女儿。”

由于教育负担沉重，加之家长对教育质量也不满意，在教育费用和国外差不多的情况下，许多中产阶级人士干脆移民国外，或者把子女送到国外就学。2016 年，中国家庭金融调查与研究中心的 4 万人采样调查显示，当时的中产家庭中的

30%有将下一代送出国的意愿。这对中国未来发展必将带来不可估量的负面影响。十年树木，百年树人。假以时日，这种影响就会表现出来。

四、“医市”对中产阶级的杀伤

目前我国城镇和农村基本医疗保险制度已经普遍建立，医疗费用中可以报销的项目根据各地规定有一定差别，大部分医疗费用可以报销，但有一部分需要自费。如农村基本医疗保险规定不能报销的项目有：自行就医（未指定医院或不办理转诊单）；门诊治疗费、出诊费、住院费、伙食费、陪客费、营养费、输血费、冷暖气费、救护费、特别护理费等其他费用；车祸、打架、自杀、酗酒、工伤事故和医疗事故的医疗费用；矫形、整容、镶牙、假肢、脏器移植、点名手术费、会诊费等；报销范围内、限额以外部分。城镇居民基本医疗保险报销范围为：住院治疗的医疗费用、急诊留观并转入住院治疗前7日内的医疗费用、符合城镇居民门诊特殊病种规定的医疗费用、符合规定的其他费用。其余未规定的皆不能纳入报销范围。职工医疗保险不能报销的诊疗项目中，仅服务项目类就包括：挂号费、院外会诊费、病历工本费；出诊费、检查治疗加急费、点名手术附加费、优质优价费、自请护士费等特需医疗服务。按规定，似乎多数医疗费用都可以报销，但是实际上许多药品、材料只是指定范围内的可以报销，不属于指定范围的不能报销。在实际医疗过程中，为了取得良好疗效，患者不得不用报销范围以外的药品或材料。由于现在有些医院过于追求经济效益，逼着医生多给患者用进口药、价格高的药和在报销范围以外的药，加重了患者及其家庭的负担。还有，医院的普通病房收费较低，但是重病监护室等特殊病房收费很高而且大部分要自费。这些都会成为患者的沉重负担。我国中产阶级人士大多是中青年，他们及其家庭成员的医疗费用一般不构成过大负担，主要是他们的父母如果患了大病，并且一些医疗费用需要自费，就会给家庭经济状况造成颠覆性影响。我们在第五章研究中产阶级消费对经济发展的影响时，曾引用过北京市一个中年男子的自述——家里老人病一场，几乎花去一套房子的钱。随着中国人口老龄化进程加快，今后类似现象将会更多发生，给年轻一代中产阶级带来很大经济上的压力。

除了以上分析的影响中产阶级发展的各种因素，有的社会学家指出的一个现象也值得引起重视。由于我国高等教育的课程设置和培养目标不合理，培养出来的学生与现实劳动力市场需要严重脱节，现在大学毕业生的就业成了我国就业的主要矛盾，许多大学生毕业就等于失业。即使毕业以后能够就业，收入水平也不高，有的研究生毕业月收入也不过 5000 元左右，不比初中毕业出来打工收入高。现在的快递小哥一个月收入也在一万元以上。既然一个家庭为了培养一个大学生要花一大笔钱，毕业后不一定有工作，有了工作收入也很低，因此新的“读书无用论”重新抬头。这种情况在农村尤其突出。现在农民子弟一般读到初中就自动辍学，外出打工。城镇情况与农村情况有一定区别，一般家庭还是坚持让孩子读到大学毕业。但是，现在城市的孩子生活条件优越，父母对孩子无限度的娇惯，使得未来一代缺乏吃苦耐劳精神，不愿意面对困难，有的成了啃老族。试想，今后一段时间内经济发展环境大不如从前，而下一代又缺乏上一代的吃苦耐劳精神，很难靠自己的努力进入中产阶级行列。这种情况很可能减缓未来我国中产阶级发展速度。

第六节　未来 20 年中国中产阶级发展状况预测

对于今后中国中产阶级发展趋势可谓见仁见智，差别很大。2010 年经济合作组织发表了一份工作报告，是由布鲁金斯学会全球经济与发展项目联合主任霍米·卡拉斯撰写的。卡拉斯在报告中预测，中国中等收入群体将出现井喷式增长，但在全球其他发达国家和地区，中等收入群体将增长缓慢或略有缩减。到 2030 年，欧洲中等收入群体只能增加 1600 万人，北美将缩减 1600 万人。而在中国，到 2030 年中等收入群体将新增 8.5 亿人。占总人口的比重将从 2009 年的 12% 上升到 2030 年的 73%①。

我国学者苏海南等在《当代中国中产阶层的兴起》一书中，对 2030 年我国中产阶级的发展状况做出了预测。该书以我国今后十几年间经济增长 5%、收入分配格局改善、教育水平有较大提高、社会保障体系更加完善等为前提，预计到 2030 年，我国中产阶级人数将达到 7 亿多，占人口比例达到 50% 以上②。

最近，中国发展研究基金会的学者杨修娜和国务院发展研究中心学者卓贤对今后 15 年中国中等收入人口增长进行了预测。假定收入分配格局保持不变，如果中国经济年均增长

---

① 见百家号未来金融趋势，2017 年 7 月 29 日。

② 苏海南等：《当代中国中产阶层的兴起》，浙江大学出版社 2015 年版，第 201－205 页。

6%，在现有中等收入人口4亿人（2016年数字）的基础上，2020年和2035年中等收入者比重将达到33.02%和44.31%，中等收入者人口将达到4.6亿人和6.6亿人。如果今后年均增长速度降低到3%，则中等收入者比重将没有提高，保持2016年28.93%的水平①。

在本章第一节结束时，我曾经仅就经济增长对今后10几年中产阶级增加情况进行了粗略计算，结论是到2030年我国中产阶级人数将达到5亿人左右，占人口比重达到30%多。如果把收入分配格局改善、教育事业发展和质量提高、社会保障体系完善等公共产品、服务增加的情况考虑进去，综合各主要方面情况预测，我和苏海南等人的估计大体差不多：到2030年，我国中产阶级人口将达到7亿多，占人口比重将达到50%以上。当然，这样的预测以中国经济发展不出现颠覆性变化为前提。

① 杨修娜、卓贤：《尽快量化中等收入者标准，提升政策精准性》，载《改革内参·综合版》2019年第21期。

第六章

促进中产阶级发展壮大的主要着力点

在分析发达国家和中国新时期中产阶级发展问题时，我们发现了中产阶级产生与发展壮大的主要原因，说明中产阶级的发展是有规律的。同时，我们在研究中国中产阶级发展趋势时，也指出了影响中国中产阶级人口增加的主要障碍。经济现象之间既存在着客观的内在联系，也存在着理论上的必然逻辑。根据中产阶级发展规律和中国中产阶级继续扩大中存在的问题，我们完全可以发现，要促进中国中产阶级进一步发展壮大，并最终在中国形成中产阶级占人口多数的“橄榄型”社会结构，当前和今后一个时期应该主要做好哪些方面的工作，需要采取哪些必要的政策措施。

第一节　保持经济稳定较快增长，夯实中产阶级成长根基

本书中一些章节的研究说明，经济持续较快增长是中国中产阶级产生和不断发展壮大的根本推动力。经济快速增长从两个方面对中产阶级发展起着推动作用。一是经济快速增长使得社会财富总量不断增加，人均占有财富或家庭收入才能不断较快增长，使更多的社会成员进入中产阶级行列；二是在经济持续较快增长的大形势下，可以保证就业的不断扩大和就业质量的提高，使人们可以获得较高的稳定收入。构成中产阶级主体的是各类雇员，只有保持经济较快增长，才能促进就业扩大和稳定，才能使越来越多的社会成员通过工作获得更高收入，加入中产阶级队伍。因此，今后促进中国中产阶级进一步扩大，最关键的措施是保证经济继续保持稳定较快增长。

从根本上说，我国经济增长速度下滑是由于经济发展的国内外环境都发生了重大变化，供给和需求两侧都发生了重大变化，即经济发展的基本面已经发生了重大变化。但是，分析表明，我国经济发展中供给方面出现的问题是主要矛盾。因此，这里主要从供给方面着眼，研究如何通过加强供给管理、改善供给方面状况，促进经济增长保持适当速度，同时也简要论述一下如何促进消费扩大，实现经济增长动能转换问题。

一、尽快恢复企业赢利能力

我们一直强调要实现经济增长动力转换，即由投资和出口

拉动转向国内消费需求拉动。但是需要指出的是，消费需求是一个分散决策的问题，投资需求是集中决策的问题。因此投资需求可能在短期内迅速扩大，而消费需求变化是一个缓慢的过程，不可能在短期内迅速扩大。近年来我国经济增长乏力、速度减缓的重要原因是投资增长速度大大减缓，特别是非公有制企业投资出现了连年下降，由过去每年增长 20% 以上减缓到现在的不到 10%，2018 年民营企业投资增长只有 8% 多。而民营企业投资增长速度明显下降的根本原因是企业赢利水平下降，一些企业只能实现微利甚至亏损。资本的本性是逐利，民营企业是真正的市场主体，真正实现了自负盈亏，企业不赢利当然不会有增加投资的积极性。而民营企业投资在我国全社会投资总额中一般占到 60% 左右的比例。民营企业投资下降必然导致全社会投资增长幅度下降，从而使经济增长乏力。所以，当前保持一定的经济增长速度，关键是要想方设法尽快恢复企业的赢利能力，提高企业追加投资和扩大生产经营的积极性。

不知道大家是否了解，国际金融危机以来，美国奥巴马政府在经济上实际主要做了一件事，就是使企业重新获得盈利能力。美国政府通过实施量化宽松的货币政策，增加货币供给，以降低企业的融资成本，很长一段时间几乎是零利息率；实行降低企业税负政策，通过扩大财政赤字来维持政府运转和解决社会事业支出。结果，经过 5—6 年时间的调整，美国过剩的、落后的生产能力已经基本出清，企业也获得了喘息机会，重新获得了盈利能力，经济增长、就业情况都大为改善，使美国具备了退出量化宽松货币政策的基本条件。2014 年第四季度，美国经济增长速度一度高达 4. 5%，被称为“大象跳桑巴”的奇迹，并于当年底退出了量化宽松货币政策，到目前为止连续三年实行了加息政策。

不知道大家是否了解，安倍政府采取的经济政策措施与美国相似，只是日本国内经济还没有出现美国经济那样明显的复苏，安倍经济学还在路上。国内一些学者写文章嘲讽安倍经济学已经破产，这话说得太早，最后可能证明一些经济学家自己是浅薄的。实际上我们对日本经济正在发生的变化了解不多。日本是一个讲求实惠的国家，我们在高调宣传自己发展成绩的时候，日本正默默地下力气调整经济结构，向高新技术领域进军。我们在大把大把花钱的时候，日本却在偷偷地赚钱。近10年，日本实际上早就抛弃已经沦为低端制造业的家电之类产业，全力投入决定未来发展走向的新兴高技术产业。2013年，麦肯锡发布研究报告，指出未来有12项颠覆性技术有望改变生活、商业和全球经济，即移动互联网、人工智能、物联网、云计算、机器人、次世代基因组技术、自动化交通、能源存储技术、3D打印、次世代材料技术、非常规油气开采、资源再利用。目前，这些技术中90%日本已经做到了世界第三，大数据云计算、新材料、资源再利用、能源存储、机器人等领域的科研日本已经做到了世界第一。有材料分析，现在日本人工智能、机器人的发展水平远远超过了我们的想象。有人说，20世纪80、90年代我们花大价钱买日本的家用电器，21世纪前10年大量买日本汽车，今后我们可能不得不花更大价钱去买日本的工业机器人和家庭机器人。另外，看日本的经济发展状况和真正的实力，不能只看日本国内，还要看日本海外投资状况，不能只看日本的GDP，还要看日本的GNP。日本海外资产已经超过了10万亿美元，相当于日本国内资产总额5万多亿美元的两倍多。如果把国内生产和国外生产加起来，日本的经济总量大大超过了中国2019年的9万亿美元，世界第二不是中国，而是日本。

国际金融危机以后美国和日本为恢复企业赢利能力而采取的政策措施很值得我国借鉴。尽管恢复企业赢利能力要从多个方面着手，依我看目前应该抓紧做两件事情：一是大幅度减税，二是降低银行贷款利息率。近年来各级政府针对小微企业实行了减税措施，根据有关部门统计口径，2018 年企业上交税收共减少 6000—8000 亿元左右。但是，正如有的专家所说，这样的减税费幅度远远不够，不足以使企业渡过难关，恢复赢利能力，政府减税降费要减到痛才行[①]。在当前困难的形势下，就政府、企业、员工三方面来看，应该让谁痛呢？不能让员工痛，不能降低工人工资，不能大规模解雇员工，要和员工一起共度难关，所以员工的福利不能减，否则就会带来社会不稳定。同时，企业成本上升、利润下降的状况不能再任由持续下去了，不然就会有一大批企业垮掉，经济持续发展就失去了根本基础，会带来更大的问题。在当前的情况下，只能让政府痛，采取降低税收和收费的办法。近两年来，虽然我国经济增长速度都在 7% 以下，但是财政收入增长速度仍然超过 10% 以上，达到了两位数增长，这是很不正常的，说明进一步降低税收是有空间的。另外，目前各级政府还是管了许多不应该管、也管不好的事情，应该通过行政管理体制改革，转变政府职能，减少政府各类行政支出。做到这一点，就为较大幅度地降低税收创造了条件。必须看到，企业是国民经济的细胞，企业的情况好起来，经济状况才能好起来，就会增加税费上缴，财政状况也会好起来。这个道理并不复杂。2019 年全国人民代

---

① 黄孟复：《权威专家建言重点领域改革开放》，载《改革内参·综合版》2018 年第 44 期。

表大会结束时，李克强总理在会见中外记者时表示，2019 年减税总额将达到 2 万亿元。这对恢复企业赢利能力将有较大帮助，是一个大的利好消息。

在减税降费的同时，要下决心降低银行贷款利息率，以降低企业融资成本，帮助企业渡过难关。我国目前实行的存贷款差，保证了银行业 300% 的毛利率，而实体企业的毛利率只有 30% 多，许多企业处于微利和亏损状态，全世界绝无仅有。金融危机以后，美国、欧盟和日本利率水平一段时期内保持零利率甚至负利率，而我国却始终保持了较高的利率水平，并且企业越是困难，银行贷款利率越高，十几家上市银行的利润占全部上市公司总利润的比重仍然高达一半以上。为了使中国经济走出困境，现在应该下决心把银行贷款利息率降低一到两个百分点，使实体企业获得喘息机会。金融业是一个不会自己创造利润的行业，只能靠实体企业赚钱。实体企业不赢利，银行业就变成了无本之木、无源之水，也不能正常的发展和生存。这个道理，实际上很浅显。我们不能再坐视银行业赚大钱，实体企业艰难度日而不管。如果要想继续保持发展，现在已经到了真下决心的时候了。

二、真正激发企业活力和企业家积极性

事情是人干出来的。人是经济活动的主体。分析经济发展状况不理想的原因，首先要想到是否因为人的积极性、创造性没有得到充分发挥。与人的积极性相比，其他因素对经济发展的影响相对来说都不重要。现在需要认真评估：一心一意谋发展、愿意干事、敢于干事的人是多了还是少了？“五加二”“白加黑”的“拼命三郎”是多了还是少了？

企业是经济活动的细胞，企业生产经营是人的经济活动。

在现代市场经济环境下，企业家在企业生产经营中起着主导作用。因此，国家经济发展状况取决于企业发展状况，而企业发展状况与企业家的精神状态关系密切。近年来我国经济发展出现的种种问题，特别是经济增长速度持续减缓，既有客观环境变化的因素在其中起作用，也与企业家干事、创业热情受到挫伤和压抑有关。最近几年来，中央严厉指出一部分干部存在懒政和不作为问题，反复强调对这样的干部要严肃处理。其实，正如有的学者指出的那样，不仅一些党政干部存在懒政和不作为问题，现在社会“三大精英阶层”即党政干部、国有和民营企业家均存在干事创业主动性、积极性不足的问题，没有进入“撸起袖子加油干”的状态。这就难怪经济发展要出问题了。

国有企业负责人和民营企业家缺乏干事创业主动性、积极性，又是因为经济体制改革包括国有企业改革进展缓慢、市场竞争环境不完善。前四十年我国经济快速持续发展是因为改革红利的释放，现在改革红利已经释放差不多了，要抓紧补上改革“赤字”，适应国际国内经济环境的新变化和经济发展的新要求①。

党的十八大以来，中央对全面深化改革决心很大，并且把经济体制改革提高到完善国家治理体制的高度来认识。十八届三中全会通过了《中共中央关于全面深化改革若干重大问题的决定》（以下简称《决定》）。这是一个充分体现解放思想、实事求是精神的文件，是一个符合市场经济根本特点、具有时代精神的文件。比如《决定》中把原来“市场在资源配置中

---

①　卢锋、李双双：《加快落实竞争政策》，载《改革内参·综合版》2018 年第 4 期。

发挥基础性作用”的表述改为“市场在资源配置中发挥根本性作用”，在市场与政府关系方面更加强调了市场机制的作用。但是，这一轮改革更强调顶层设计，对充分发挥基层单位和干部群众的改革积极性、创造性强调不够。换句话说，如果说以前的改革更多的是一种自下而上的改革，这一轮改革更多的是自上而下的改革。但是，这一轮改革的主要任务是转变政府转能，都是要革政府的命。显然，靠政府机构自己革自己的命，只能寄望于政府机关和工作人员改革的主动性和自觉性。人们常说，屁股指挥脑袋。政府官员也有自身利益，同样会根据自身利益决定对改革的态度。有利于自己的利益时，才会有改革的主动性、自觉性；当改革是革自己的命，对自己不利时，所谓改革的主动性、自觉性，不过是神话和梦话——让自己打自己的屁股，有几个人会真正用力？所以，深化改革的动力不在上面，而是在下面，在基层单位和基层干部群众。而目前基层改革、创新的自主性、主动性又不够，因此，十八大以来虽然关于改革的文件出台了不少，真正得到落实的并不多，改革的实质性进展并不明显。

拿国有企业来说，有人说党的十八大以前的十几年国有企业改革基本上处于停滞状态。十八大以后，出台了国有企业改革“1 + N”的系列文件，但是客观地说这些文件中有的缺乏可操作性，到现在也没有得到真正贯彻落实。比如混合所有制改革只是选择了几十家企业试点（2018 年试点企业数扩大到 200 家），而仅仅中央企业就有将近 4 万家法人企业，国有企业混合所有制改革的范围无论如何都太小、步子太慢；完善法人治理结构方面，在中央企业落实董事会职权也只是选择了 4 家企业试点，董事会在选择经营管理层、确定企业高管薪酬、制定和调整企业发展战略等方面的权力没有得到落实，国有企业离成为自主经营、自主决策、自负盈亏、自我发展的市场主体还有很大距离；国有资产监督管理机制改革进展也不大，还没有真正建立由管资产向管资本转变的体制机制，行政部门对于企业的生产经营活动仍然施加过多的干预。近年来出台的国有企业负责人薪酬改革，使得负有更大责任、拥有更大权力的企业领导人的收入反而低于部门负责人和子公司、分公司负责人。这种责任和收入倒挂的做法，挫伤了国有企业负责人的工作积极性，在工作中的担当精神、开拓精神必然大打折扣，影响了企业的发展。另外，现在审计、纪检、巡视组多支队伍紧盯着在国有企业生产经营一线工作干部的一言一行，各种监督检查层出不穷，既要花费大量时间和精力应付来自各方面的检查、审计，同时也感到自己辛辛苦苦在一线工作，却得不到足够的信任，认为干事的人不吃香，工作中难免出现得过且过、差不多就行了的问题。

要使我国国有企业进一步发展，为国民经济健康发展做出应有的贡献，必须围绕进一步搞活国有企业、激发企业活力、充分调动企业家和广大职工积极性和创造性，推动国有企业改革取得实质性进展。政府部门要减少对企业生产经营活动的干预，真正把企业生产经营决策权还给企业，落实董事会定战略、选高管、定薪酬、控风险等职权；根据企业生产经营状况和高管发挥作用确定员工工资收入和高级管理人员的薪酬，真正与企业经济效益挂钩，与企业各类人员的贡献挂钩；要使企业员工和企业技术人员、管理人员的个人利益与企业长远发展紧密联系起来，通过核心骨干员工持股，给予管理骨干期权、股权等方式，把他们的命运与企业捆在一起，与企业同甘苦、共患难，一损俱损、一荣俱荣；要鼓励企业家干事创业，切实建立容错机制，支持他们对企业改革和发展中的新问题进行探索，不能出了一点问题，许多部门和机构都来查处和问责；最近中央反复强调，要把民营企业家当成自己人。我看也要把国有企业负责人当成自己人，对他们给予应有的信任。要规范对企业的监督检查，适当减少对企业的检查、督察，并且尽可能实行联合检查或督察，改变目前这种审计、纪检监察、督察多个渠道、多个部门轮番轰炸、应接不暇的状况，使企业家从应付各种审计、检查、督察中解放出来，能够集中精力搞好企业生产经营。

最近媒体上大肆鼓吹什么要培养大批企业家。我忍不住要问：企业家是培养出来的吗？请问谁来培养企业家？由政府来培养企业家吗？政府管理和企业生产经营管理是两个行当，政府官员如何能够培养出企业家呢？再说，从本质上说，政府官员是最不需要创新的，其本质是追求稳定的，是保守的，企业家是最需要创新、突破的，如何让保守的政府官员来培养具有创新精神、创新能力的企业家呢？其实，企业家不需要培养，也不能培养。只要我们真正下功夫推进改革，创造一个充分竞争、公平竞争的市场环境，企业家就会如雨后春笋般地涌现出来。

再来考察民营企业的情况。从国家层面看，鼓励支持非公有制企业发展的态度是坚决的。2005 年和 2010 年中央先后发布了“老 36 条”和“新 36 条”，支持民营企业发展的相关配套文件也出台了不少。但是，今天仍然存在阻碍民营企业发展的“玻璃门”“弹簧门”以及对民营企业的歧视性待遇。由于行政性垄断和有关部门产业干预政策，在不少竞争性部门民营企业市场准入和投资仍然面临歧视性待遇或“准入不准营”问题；在信贷条件、获得政府补贴、并购与破产风险、违法违规受处罚、遭遇流动性困难或债务危机时获得救助等方面，民营企业和国有企业之间的区别性待遇也相当常见。比如在金融服务领域，国有企业与民营企业之间待遇还很不平等，有的学者说，银行对民营企业和国有企业融资需求的态度大相径庭。在企业生产经营效益下降、货币流动性趋紧的情况下，2018年有的银行内部下发的通知中明确要求收紧对民营企业的贷款。有的学者在浙江调研时发现，浙江的很多银行在给民营企业贷款时，要求企业法人代表和董事长配偶也要签字。企业融资成本方面，国有企业和民营企业之间贷款利率差别仍很大，国有企业可以拿到4%—5%的基础利息率，而民营企业的贷款利息率至少要达到8%—10%[①]。

我认为，在政策层面和政策执行层面之所以存在对民营企业另眼相看的问题，根子仍然在于对民营经济的思想认识问题没有真正得到解决。前两年有人散布私营经济离场论，有人说要往民营企业派出党委书记和工会主席，有人提出工人要参与民营企业管理和利润分配，有人说只是社会主义初级阶段需要发展民营经济，等等，以上种种都不是偶然的。说明对非公经济发展的错误认识，仍然很有社会基础，全社会对于发展民营经济思想认识上还没有真正解决。按理说，党的十三届四中全会以后，江泽民同志提出了“三个代表”重要思想，十六大党章指出中国共产党是工人阶级的先锋队，同时也是中国人民和中华民族的先锋队，一切社会主义建设者都是我们应该依靠的力量，扩大了党的阶级基础和执政基础，这个问题在理论上已经得到了解决，在实践中促进了非公有制经济的大发展和国民经济的发展。中国的实践证明，发展私营经济对解决就业、

---

① 《民营企业家对经济形势的看法和政策建议》，载《改革内参·综合版》2018年第45期。

增加国家财政收入、增加社会供给、方便人民生活发挥了极其重要的作用。民营经济的不断发展，成为改革开放以来国家经济实力不断增强、人民生活迅速改善的重要力量，也帮了政府的大忙。习近平总书记在2018年召开的民营经济发展座谈会上指出，目前民营经济的作用是“五六七八九”，即贡献了50%以上的税收、60%以上的国民生产总值、70%以上的技术创新成果和新产品、80%以上的城镇劳动就业、90%以上的新增就业岗位和企业数量。我个人认为，当前需要从两个方面端正对发展民营经济的认识。第一，按照习近平总书记在党的十九大报告中指出的，作为执政党，中国共产党现阶段的主要任务是使国家从富起来走向强起来，就需要一心一意谋发展，增加社会财富，在消灭绝对贫困的基础上，提高人民收入，使大多数人民达到中等收入水平，进入中产阶级行列。非公有制企业是发展经济的重要力量，民营企业的发展壮大，有利于实现党的奋斗目标，有利于巩固党的执政基础。另外，私营经济的繁荣和发展，增强了国家综合实力，改善了人民生活，只能证明党的领导是正确和英明的，有利于巩固和加强党的执政地位，为什么要对他们另眼相看呢？第二，要知道，民营企业家及其家庭的需要是很有限的。所谓广厦万间，卧眠七尺。私营企业主挣钱少时是为自己和家人挣的，挣钱多了就是为社会挣的——要么用来投资，扩大生产规模，从而吸收更多就业，为国家交纳更多税收；要么存在银行里，为其他企业发展提供必需的资金。政府应真正把民营企业家看成自己人，真心实意地支持和欢迎私营经济的发展。

为了稳定民营企业预期，提振民营企业信心，提高投资和扩大生产经营积极性，稳定经济增长，当务之急，要抓紧采取两个方面的措施。第一，要真正落实习近平总书记讲话要求，

“保护企业家人身和财产安全”，在法律上明确规定不许侵犯企业家的财产权和人身权。我国经济体制改革前辈、原国家体改委副主任高尚全同志在一篇文章中建议，今后修改宪法时要明确写上，“公有财产和私有财产都是神圣不可侵犯的”。我看完全有必要。今后要坚决杜绝一些地方政府官员借“打黑”等名义肆意剥夺民营企业家的财产。同时要明确，那些民营经济离场、要参与民营企业利润分配等论调是违宪的，要负法律责任，给予处罚，以免扰乱人心，搞乱经济。第二，必须明确，搞社会主义市场经济一定要坚持平等竞争，优胜劣汰，任何竞争性企业和部门都不能靠国家支持、吃偏饭，靠国家政策优惠或补贴获得发展。要制定明确、具体、可操作的法律法规和政策文件，落实习近平总书记重要讲话精神和党的十八大、十九大精神，对各种所有制企业要平等占有生产资料、公平参与市场竞争、同等受到法律保护，落实竞争中性原则，各种所有制经济都要平等对待、一视同仁，不能搞所有制歧视。对于任何部门和地方歧视性对待民营企业的违背法律法规行为，必须依法依规处理。只有这样，才能保障民营经济的各项权利，才能使民营企业家有安全感，才能提振民营企业家信心，调动民营企业家的积极性，愿意投资，愿意扩大生产经营，经济增长颓势才能得到有效扭转。

上述分析表明，在当前我国经济发展环境急剧变化的条件下，要达到稳增长的目的，政府不是处心积虑地制定和实施这政策、那政策去支持一部分企业，救助一部分企业，而是要真心实意抓改革，激发企业活力和企业家干事、创业的动力，为经济发展提供良好制度供给。正如浙江省的干部和企业家所说，只要能通过深化改革，营造一个良好的市场竞争环境，发挥广大企业家干事、创业的积极性，我国经济发展中的很多看似难以破解的问题就可以迎刃而解。

三、着力解决两个结构严重失衡问题

在本书以上章节中，我们曾经指出，中国经济在供给方面存在两个结构性失衡。一个是金融业与实体经济发展之间不平衡，另一个是房地产业与其他行业发展的不平衡。这两个方面的结构性失衡，已经对中国经济发展产生了严重的消极影响，必须抓紧研究解决。

金融业与实体经济之间的发展失衡主要表现在两个方面。一是银行及其他金融机构的收益率大大高于实体企业，加大了实体企业的融资成本，降低了实体经济发展的动力和能力。有的专家研究显示，我国 2016 年实体企业负债总额约 100 万亿元人民币，每年利息负担总额约 6 万亿元人民币，几乎等于所有规模以上企业的利润总额。另有数据显示，2016 年规模以上工业企业主营业务的税后净利润率在 5%—6%，而银行业的 ROE（Return of equity，即银行业的净资产收益率或股东资产收益率）仍处于 15%—16% 的高水平。在这样的情况下，实体企业要么由于融资成本过高，失去了通过融资扩大生产规模的积极性，要么千方百计挤入自己并不熟悉的金融业，谋取更高的金融收益。目前，实力较强的中央企业和民营企业，都程度不同地涉足了金融业。有的国有企业在两三年之内成立了一大批产业基金和财务公司，既蕴藏着巨大的风险，又导致实体企业不能聚精会神地发展实体经济。二是金融业结构体系不合理，不能为小微企业提供良好的金融服务。目前小微企业融资难主要是因为中小银行、民营银行发展不充分，而大银行从业务性质和组织体系都不适合于为小微企业服务。因此，要解决金融业和实体经济发展失衡问题，发挥金融促进经济发展的应有作用，也需要从两个方面着手。第一，要降低银行贷款利息率，向实体企业让渡一点利益，改变实体企业为银行打工的状况，使实体企业也能获得合理利润，从而具有发展动力和发展能力。2008 年金融危机以后，美国等发达国家为了恢复企业赢利能力，使经济从低迷中走出来，很长一段时间实现了零利率甚至负利率。如果实行零利率和负利率在我国根本做不到，那么为了使实体企业渡过难关，也为了银行业自身的持续发展，把贷款利息率降低 1—2 个百分点总是可以做到的。关键是看决策层是否有人下这个决心。第二，要解放思想，放开管制，下决心发展一批中小金融机构和民营银行，彻底解决我国金融体系与民营企业特别是中小企业发展不匹配的问题。长期以来，我国金融管理机构不相信中小金融机构可以办好，对中小企业的风险控制能力不放心。如果按照国有大银行的经营模式来办中小银行，确实难以办好。但是，只要找到了适于中小企业的经营模式，中小银行是可以办好的。我在《穷人经济学导论》一书中专门研究了孟加拉国经济学家尤努斯创办的格莱珉银行（孟加拉语意为“穷人的银行”）和我国台州商业银行的案例①。实践证明，服务于中小企业和微型企业的银行，亦即“穷人的银行”，也是可以办好的。就看你是否真心想为穷人创办的小微企业服务。

房地产业与其他产业发展失衡对我国经济健康发展的影响，在需求端和供给端都有表现。从需求端看，一是房地产过度发展和价格过快上涨，吸干了居民储蓄，使城镇居民消费能力下降，抑制了整个消费需求的增长。2015 年年底以来，随

---

① 参见马传景：《穷人经济学导论》，商务印书馆 2018 年版，第 185 - 191 页。

着房价的大幅度上涨和市场交易量的剧增，居民部门快速加杠杆，居民债务率大幅上升。2016 年年底，居民部门杠杆率攀升至 50.3%，比 2015 年底上升 6.3 个百分点，2017 年继续攀升到 54.4%，直到 2018 年才有所放缓。截至 2018 年 9 月末，个人住房贷款余额占住户部门贷款余额的比例为 54.6%，净储蓄在 2018 年开始出现下降的态势，与 2017 年相比下降了 7% 左右[①]。消费者在房地产去库存中债务率大幅上升，居民财富基本上被房地产掏空，广大中产阶级和中下收入阶层被房地产套牢，特别是新一轮去库存和棚户区改造导致农民工等储蓄相对较少的阶层的可利用资金基本上投入房地产，消费基础受到严重削弱。从供给端看，房地产价格上升加大了企业成本，挤占了其他实体企业贷款，并且引导越来越多的企业转向房地产开发业务或投资，也严重削弱了实体经济发展能力和发展动力。2018 年上半年，有 1680 家上市公司持有投资性房地产，投资额突破了 1 万亿元[②]。房地产投资的大幅增加，直接导致了固定资产投资增速下滑和经济增速减缓。房地产是一个支柱产业，但一国经济发展不能完全建立在房地产发展基础上，而必须建立在实体经济发展繁荣基础上。毫无疑问，必须采取措施抑制房地产的畸形繁荣和房地产价格的火箭式上升，但是也不能像目前这样，一城一策、一地一策，而且多是采取行政管制的办法，限购限价，使房地产由混乱状态变成一潭死水。其实，如何管控房地产价格，国外有成熟的经验和一套行之有效的做法，我们可以采取“拿来主义”态度加以学习借鉴，还是应该采取市场经济的做法来规制房地产业发展。比

①② 刘元春等：《2019 年宏观经济运行面临的六大深层次问题》，载《改革内参·综合版》2018 年第 46 期。

如，对单纯持有房地产的课以比较重的税收，使大量空置房地产投入使用，避免大量房地产资源闲置浪费；规范租房市场，保护租房者的合法权益，使租期长期化、租住稳定化，引导一部分城市居民通过租房解决居住问题，不鼓励所有城市居民都拥有一套产权房；适当规范住房出租收入，既能鼓励收入较高的阶层通过购买房屋出租获得合理收入，又不至于收入过高，使得社会资金都涌入房地产领域，如此，等等。这样，既能使房地产获得适度发展，发挥对经济发展的拉动作用，又能有效解决城市居民居住问题，同时又不会造成我国这十几年来一波又一波的房地产热，掏空居民腰包，掏空其他实体产业发展所需资金等资源。

四、努力补上科技创新短板

随着我国产业层次逐步与发达国家接近，西方国家和跨国公司不会把先进技术转让给我国企业，使中国企业成为自己的竞争对手。最近正在进行的中美经贸谈判，就包括了知识产权保护等内容，意味着西方国家向中国转让先进技术的进一步收紧。这样，今后中国企业需要的技术不能再依靠引进来解决，而必须要靠自主创新来解决。业内人士对我国目前的自主创新能力有比较清醒的认识，而所谓“厉害了，我的国”之流人士仍然在那里大吹大擂，大肆宣扬我国的科技创新，似乎中国已经成为了科技大国，靠自主创新提供经济发展所需要的科学技术已经不是问题了。因此，有必要对我国的科技创新状况做一点客观分析。

2018 年年初，中国科协主席万刚曾表示，截至 2017 年，中国发明专利申请量连续 7 年全球第一，2017 年我国国内

（不含港澳台）专利申请量已达 135.6 万件[①]。中国科技信息情报所发布的数据表明，我国科技论文发表数量连续 9 年排在世界第二位，仅次于美国。2017 年 SCI 数据库收录中国科技论文为 36.12 万篇，占世界总量的 18.6%[②]。数据已经很好看了，但数据后面的情况又如何呢？了解中国真实科技现状的人却认为，这些亮丽的数据与中国科技水平不搭配，不过是一堆漂亮的泡沫而已。让我们以中国专利申请情况为例，刺破泡沫，看看泡沫后面还剩下多少干货。国家知识产权局《2017 年中国专利统计年报》提供了我国专利发明的全面数据，通过分析这些数据，就可以看出我国真实的科技创新情况。在我国发明专利中，实用新型专利和外观设计专利各占国内有效专利总量的 56.3% 和 21.3%，发明专利只占 22.4%，而国外实用新型专利和外观专利各占国内有效专利总量的 4.8% 和 13.6%，而发明专利占比高达 81.5%。实用新型专利又称小发明或小专利，对创造性要求不高，在中国专利系统中属于低质量专利，而在美国和日本等发达国家已经不存在或即将退役了。用有的专利专家的话说，我国战略性专利太少，垃圾专利太多。从我国专利维持的时间，也可以看出专利的含金量。通常来说，专利维持时间越长，表明创造经济效益的时间越长，市场价值越高。国家知识产权局统计发现，国内有效发明专利中，维持年限在 5 年以下的占 54.3%，有效期超过 10 年的只占 4.8%，而国外这一比例达到 24.7%。我国专利不仅维持时间短，而且转化率低。有的专家指出，高校是专利申请的重要力量，真正实现产业化的科技成果不足 5%，全国每年几百万

---

① 见新华社 2018 年 2 月 17 日消息。

② 见中国科技网，2018 年 11 月 1 日。

件专利中，估计只有 10% 真正转化为市场价值①。

所以，我们绝不能继续沉醉于中国在世界发明专利排行榜上的领先名次了。如果我国目前这样的科技创新状态不改变，靠国内自主创新来解决经济发展和企业所需要的先进技术是没有指望的。增强我国自主创新能力，需要做的事情很多。本书只讨论以下几个方面的内容。

第一，必须改革科研活动的考核评价体系，改变跟随式科研模式。现在我国对科研的投入并不少，政府科研投入占 GDP 的比重已经达到 2.1%，大企业的科研投入占的比重还偏低，只有 0.94%。尽管这样，国家和企业加起来对科研的投入已经是一个天文数字了。但是把中国的科技创新活动放在世界竞争的大格局里去看，站在科技发展的大视野上回顾，就会发现，不管是原创性的科学理论，还是重大科技突破，都不是中国科学家做出来的，所有改变我们生产生活方式的东西，都不是我们自己的发明创造。中国科研难以出现重大突破和进步的根本原因在于科技界盛行的跟随式研究模式，即不去思考学科内部的核心问题和突破方向，而是紧跟国际科技界热点和大牌科学家的理论做一些无关紧要的修补，或者紧盯几本流行的科学刊物的研究，改头换面、添油加醋地弄几篇文章发表在一些影响因子很低的刊物上。造成这种状况的根本原因是我们对科研活动的考核和评价制度不合理。现在看一个科学家和一项科研活动的价值，主要看是否在国外的科技刊物上发表了文章以及发表文章的数量。而任何真正发明创造都需要耐得住寂寞，都是“板凳要坐十年冷”的结果。一个科学家研究的课

① 参见李鑫：《只有 10% 的专利真正转化为市场价值》，载《改革内参·综合版》2018 年第 48 期。

题能否得到国家或单位的支持，需要得到行业内已经成名的专家评定，而如果是那些颠覆了现有理论和技术的新理念，是很难得到成名专家的赞同和支持的。但是，如果一个科学家提出的课题是对现有专家的理论进行部分修正或发展则容易得到支持和通过。这种状况必须改变，否则中国的自主创新没有希望。鉴于对科研活动不熟悉，我提不出太具体的意见，但起码我们应该建立一种不那么急功近利的考核评价制度，要允许科学家和技术人员自主管理自己，按照科学规律从事科学研究，可以在一段时间内不出成果。看一项科研活动的水平，不能只看文章数量，而要看科研成果是否具有独创性。至于到底要建立什么样的科研活动考核评价体系和制度，我想我们的科技管理机构可以到美国、日本、以色列去认真学习一下，有现成的经验和做法可以供我们学习借鉴。

第二，加快改变工业共性技术研发薄弱状况。工业共性技术是一个行业共同需要、普遍适用的基本技术和关键技术，是工业技术进步的基础。中华人民共和国成立后，经过多年的努力，我国形成了较为强大的工业共性技术研发体系，到 20 世纪 80 年代中期达到鼎盛时期。拿当时的机械工业部来说，1985 年共有直属研究所 64 个，地方系统的院所有 493 个，而机械部系统的工厂才有 151 个，每 3 个工厂就有一家以上的共性技术研究机构作为支撑。共性技术研发机构的发展为推动技术进步和经济效益提升发挥了重要作用。如从 1979 年到 1985 年，中国电器工业增加值中有三分之二是靠科技进步带来的。到了 1998 年和 1999 年，国家决定实行应用型科研院所转制，一夜之间十几个工业行业的 376 家科研院所变成了企业。当时就有人预言，这次改革将从根本上折断中国工业的技术脊梁，其恶果用不了多久就会显现出来。回过头来看这次改革的后果，可以说被业内专家不幸言中。转制后的应用型科研院所变成了市场中的企业，要在市场中求生存、求发展，一切为了增加赢利和做大规模，即使搞研究也只是进行应用性研究，早就忘记和无暇顾及“掌握核心技术、引领产业发展、为行业服务”的使命。虽然这些院所挣到的利润比转制前增加了很多，但却沦为一些不大不小的普通企业，丧失了为行业发展提供技术支撑的功能，造成了中国工业企业所需要的共性技术的严重缺乏，不得不仰人鼻息，主要靠引进境外技术。由于缺乏共性技术，严重制约了我国工业发展水平和竞争力的提高，是我国工业有规模、缺实力，有数量、缺巨人，有速度、缺效益，有单机、缺成套，有出口、缺档次，整体大而不强的重要原因。例如机床行业，由于一系列关系数控机床主要性能的共性技术没有得到解决，产品缺乏稳定性、可靠性，质量难以得到保证，单台价格只有国外的三分之一，不少高端机床还要依赖进口。再如冶金行业，烧结、脱硫、非高炉炼铁等共性技术研发活动早已停止，这些关键共性技术只能靠从国外引进。2018年是一个多事之年，比如中兴通讯、福建晋华被国外卡了脖子，不得不签订城下之盟，接受外国苛刻的条件，才保证了续命的芯片。于是，国内不少业界人士问，我们的科学技术研究和工业共性技术研发哪里去了？这时大家才如梦初醒，一个国家工业发展是离不开共性技术及其研发的。早在2010年，笔者在国务院研究室工作时，就联合工信部、科技部等单位主持了《中国工业技术创新问题研究》课题，其中单列了工业共性技术研究子课题，并执笔写了《我国工业共性技术研发状况堪忧，亟须加强》的研究报告并呈送了国务院领导。国务院领导将这份报告批到有关部门，不知道什么原因，以后就没有下文了。这里，简单阐述一下加强工业共性技术研发的一些看法和建议，读者还可参考拙著《中国改革发展研究论集》中的有关文章①。一是加强对工业共性技术研发的规划和组织协调。工业管理、发展改革、科学技术等部门，要定期组织行业协会、企业、专家等研究提出5年甚至更长时间内工业行业共性技术发展规划，明确一定时期内主要工业行业共性技术发展的目标任务和方向领域，引导行业共性技术研发工作。同时，有关部门要对共性技术研发中的重大问题出面协调。二是建立国家共性技术研发基金。共性技术是竞争前技术，具有准公共产品性质，需要长期投入、长期研究、长期积累才能有所突破，并且失败率很高，不能单纯靠市场机制调节和企业自发研发活动。应借鉴发达国家的通行做法，加大国家对共性技术的投入。建议设立国家工业共性技术研发基金，主要用于重点工业行业共性技术研发，科研成果实现行业共享。三是抓紧整合利用共性技术研发资源。解决共性技术研发水平落后问题，需要组建专门科研机构。应适应工业发展需要并借鉴其他国家和地区的做法，在重点行业组建不以赢利为目的的共性技术研发机构，承担基础性、关键性、前瞻性、长期性共性技术研发任务。目前，国家发展改革委批准支持建立了70多家国家工程技术中心和国家工程中心，科技部批准支持建立了210多家国家重点实验室。有的专家指出，这些工程中心和实验室对工业共性技术研发确实发挥了“深”“远”影响：国家工程技术中心和国家工程中心分属于不同企业，技术研发成果不能为行业共享，被“深”锁在企业内部；国家重点实验室主要建在大学和科研院所，离现实工业生产和市场很“远”。因此，这

① 马传景：《中国改革发展研究论集》，中国言实出版社2019年版，第621－626页。

两类机构对共性技术研发都发挥不了多大作用。最近以上两个部门都宣布，不再批准新的国家工程技术中心和国家重点实验室。随着“中国制造 2025”规划的出台，工业技术进步的重要性得到重视。在这种背景下，工业和信息化部提出建立面向制造业应用基础转化的“制造创新中心”。这样由另一个政府部门另起炉灶的做法，与科技部和发改委主导建立科研机构的做法，我看不见得更具有可行性，有更好的效果。结合实际情况，可以考虑以行业转制科研院所为基础，将这些科研院所共性技术研发力量独立出来，并将分散在行业内其他单位从事共性技术研发的人才集中起来，组建关键行业工业共性技术研发机构。这些机构可以仍然归属原转制院所，国家相应调整对转制院所的考核办法和标准，并对共性技术研发机构给予资金和政策支持。四是支持国有企业在共性技术研发中发挥骨干作用。国有企业特别是中央企业资金、技术、人才实力雄厚，在许多重点行业中处于支柱、领先地位，最应该并且可能成为行业共性技术研发的主体。应引导大型国有企业把资金、人才等因素更多地投入共性技术研发，充分发挥行业技术排头兵的作用。要创新体制机制，将引领行业共性技术进步作为大型国有企业的一项重要任务，把共性技术研发等技术进步指标列入国有企业业绩考核的重要内容，列入科研型企业业绩考核的关键指标，使国有企业从事技术研发既有动力，也有压力。

第三，着力打造现代科技创新体系。这些年来，我国政府和全社会对科技创新不可谓不重视，科技创新投入强度与我国整体实力也基本上是相称的，但是效果却并不理想。比如，工业和信息化部一位专家研究了一个案例，表明我们的科技创新效率与美国相比存在着巨大差距。这位专家分析了 1997 年美国 8400 个科技创新项目的调查结果，同时分析了我国某配套项目1200个项目的调查结果，经过对比分析发现，彻底达不到项目预期目标的，美国是26.5%，而中国是75%！为什么在科技创新规划实施效果方面两国会出现如此大的差距？主要原因是我国科技创新体系不完整、不科学，存在重大缺陷。一个国家的科技创新体系是一个系统，分若干层次。从上往下看，绿色制造、智能制造决定了高质量的生产方式。高质量的生产方式需要高端装备来支撑，需要有高档成套的生产线，需要一系列的高端生产工具。高端装备的支撑是高端零部件、软件、材料、工艺以及检测计量、试验、验证、标准，即工业的基础能力。支撑工业基础能力的是关键共性技术。再往下是基础科学。在这个科技创新体系中，越往下越难、越关键，越往下我们与发达国家的差距越大。因此，今后推进科技创新需要关注的，重点不是盲目加大投入，不是在投入端发力，也不是建立这样那样的研发中心，而是在产出端作一些重大改进，要构建科学有效的科技创新体系，提高科技创新体系能力。美国早在20世纪50—70年代就形成了科学的科技创新体系，值得我们借鉴。要提高国家科技创新能力，首先在国家层面要有一个规划，提出明确的目标、任务，这可以称为A类文件。其次要制定工作分解结构标准，把任务目标分解落实到具体单位，可以称为B类文件。再次，要制定价值管理的标准，确定怎么样才算落实了，称为C类文件。最后要制定技术就绪度标准，即如何考核进度，制定一系列里程碑式标准，确定第一年、第二年以及若干年的进度，称为D类文件。正因为有了这一套科学的科技创新体系，保证了美国的科技创新工作有序推进，达成预定目标和任务[1]。我国目前的科技创新工作，只有 A 类文件，提出目标任务，B、C、D 类文件都不明确。近年来，习近平总书记关于科技创新发表了一系列重要讲话，提出了基本要求和明确目标，相当于我们有了 A 类文件，相关政府部门应围绕习近平总书记讲话要求，了解目标任务，制定进度指标和考核标准与奖惩办法，相继出台 B、C、D 类文件。然而实际情况是有关部门和各级政府在文件中同样重点讲科技创新重要性，提出目标任务，就是不研究如何具体落实。这样的一种科技创新体系不改变，我们提出的科技创新目标和任务十有八九要落空。

五、切实满足中产阶级消费升级需求

经济增长过程本质上是扩大社会再生产过程。研究经济增长和经济发展问题，就不能只研究生产领域的问题，还需要研究需求方面的问题。关于如何保持中国经济稳定较快增长，我们在前面重点讨论了供给方面应该采取的措施，对于如何扩大需求还需要进行简要的分析。

首先必须明确，在新的经济发展阶段，不能再像过去那样，当经济增长速度减缓时，主要采取扩大投资特别是基础设施投资的办法扩大有效需求，拉动经济增长。因为经过多年力度较大的投资建设，我国没有多少基础设施短板了，潜在经济增长率已经由过去的 10% 左右回落到 6% 左右，一些上游产业已经出现了严重的产能过剩。如果继续加大基础设施和传统产业投资力度，必然出现投资效益下降，以及新的产能过剩和资

① 参见李北光：《夯实基础，建设制造强国》，载《改革内参 · 综合版》2019 年第 2 期。

源浪费。特别是基础设施固然应该优先发展，但也不能过度超前。如公路建设方面，根据2007年公布的《综合交通网中长期发展规划》，到2020年，我国公路总里程要达到300万公里以上，其中高速公路10万公里左右。然而根据交通部门公布的数字，2017年的实际情况大大超出了规划进度。公路总里程已达到477万公里，较2020年规划目标超出60%，高速公路达到13.65万公里，也超出36%。由于2018年第二季度投资增长幅度陡然下降，前三季度增幅只有5.4%，7月份国务院常务会议要求加紧补基础设施短板，全国各地以"铁公机"+地铁为主的基础设施投资项目纷纷获批，追加投资额巨大。社会舆论惊呼，新的万亿基建投资潮又来了。2018年第四季度到2019年年初，发改委批复的基建项目规模超过了1.2万亿元，12月一个月就批复项目规模近8000亿元。中国铁路总公司2019年铁路投资额重回8000亿元，计划新开工铁路里程6800公里。2017年年底，国家发改委曾叫停了一批地铁项目，2018年7月，重庆、杭州、济南、长春等城市的地铁重新获批，合肥、西安、太原、武汉、成都等城市新一轮城市轨道交通规划已经上报待批。看起来，虽然中央早就指出，我国经济发展进入了新常态，不必一味追求增长速度，但是我们的一些经济管理部门面对经济增长速度减缓的情况，定力还是不够，又回到了靠扩大基建投资保增长的老路上去了。也许只有等这种盲目投资再度造成严重的经济问题，吃够了苦头，他们才能从原来的套路中走出来。

保持经济稳定增长，还是应该按照中央的既定方针，把经济增长动力从投资拉动、外需拉动转到国内消费需求拉动上来。当前应当高度重视的是，中产阶级已经成为重要的消费力量。但是由于我们的生产和服务部门不能提供足够的有效供给，在中产阶级消费升级和消费结构调整的新情况下，他们的消费需求不能得到很好地满足，从而影响了经济稳定增长。当前和今后一段时间内，应当想方设法提高生产技术和产品质量，开发新产品，发展服务业特别是提供高质量教育服务和医疗服务、健康服务、养老服务，创造更多中产阶级喜闻乐见的文化产品，把潜在的消费需求变成现实的需求，改变大量消费需求向境外市场外溢的状况。

在这方面，我们应该认真借鉴日本20世纪70年代经济转型的经验。我国目前的经济状况与日本20世纪70年代初高速增长结束时的状况十分相似。1973年第一次石油危机爆发后，世界经济增长速度下滑，日美贸易摩擦激化，日本经济发展的外部环境趋于恶化；长期高速增长带来了种种后遗症，如工业公害泛滥、环境严重污染、产能严重过剩、石油短缺、外需减少，倒逼日本改革，倒逼日本实行经济转型。从20世纪70年代初到80年代初的十几年间，经过十几年的艰苦努力，日本成功实现了产业结构的升级换代和经济转型。70年代后期，当西方其他国家还在滞胀困境中苦苦挣扎时，日本已经摆脱了危机而一枝独秀。到80年代中期，不仅在数量上而且在质量上也完成了追赶欧美的任务。从日本那个年代发布的经济白皮书中可以看出，面临产业结构调整和经济转型的新形势，日本没有把力气下在维持较高的经济增长速度上，而是通过采取一系列有针对性的措施，满足中产阶级消费升级需要，渡过了难关并实现了产业结构升级和经济转型。从50年代中期到70年代初期，日本先后经历了“神武景气”“岩户景气”和“伊奘诺景气”三大景气时期，即三个经济增长速度接近或超过10%的时期。正是这几个时期的高速增长，使日本进入了发达国家行列。在这几个经济高速增长时期，日本全体人民玩命工作，有时间挣钱，没时间花钱消费和享受。70 年代初期经济高速增长阶段结束后，针对这种情况，日本政府重视满足人们的消费需求，确保广大劳动者能够好好享受一下前几十年高速增长的成果。结果恰恰是这种政策取向，既很好地满足了消费者需求，同时又使日本走出了经济发展困境。70 年代初日本人均收入刚刚超过 1 万美元，70 年代末—80 年代初，日本的人均收入达到 1.4 万美元，与我国现在情况差不多，当时人们的消费需求特点呈现出个性化、高端化、品牌化特点。日本的生产和服务部门适应这种新的需求特点，调整生产和服务结构，提高产品和服务质量，在生产和服务结构上开发了一些人们需要的产品，创造了一批名牌产品，在服务业态上出现了便利店模式并获得快速普及，较好地满足了消费升级和消费结构调整的需求，也通过满足国内消费有效地拉动了经济增长。比如日产和丰田的高端小汽车就是那个年代开发生产的，罗森便利店也是在那个年代兴起的，高端化妆品等也是在那个年代研制出来并盛行起来的。如果我们也能借鉴日本经验，在满足中产阶级消费需求个性化、高端化、品牌化方面有所作为，在生产、服务结构上做出相应调整，把产品和服务质量提高一大步，创造出自己的消费品牌，使中国人民利用几十年来经济高速增长时期积累的财富存量，好好地满足一下自己的需要，弥补一下过去只是忙着挣钱而没有善待自己的缺憾，把生活水平提高一个档次，我国经济也很有希望走出当前的困境。这与重回依靠基建投资拉动经济增长的做法相比，可能要高明很多。

第二节　调整收入分配格局，扩大中等收入人群

研究表明，对中产阶级的成长，除了经济增长、财富增加等因素在起作用外，收入分配制度和收入分配格局对中产阶级的发展壮大也产生着举足轻重的影响。因此，在研究如何促进中国中产阶级尽快成长的问题时，不仅要研究经济增长问题，即如何生产、生产多少，还要研究分配问题，即为谁而生产的问题。如此看来，国内一些经济学家主张经济学只研究生产和效率提高问题，不研究收入分配问题，是作茧自缚，使经济学面对复杂的现实经济生活严重缺乏解释力，制约了经济分析发挥应有的作用。

收入分配问题涉及方面很多，既有国民收入的初次分配，也有国民收入的再分配；既涉及收入分配格局，也涉及收入分配制度；既关系公平，也关系效率，如此，等等。本节主要研究如何通过调整国民收入分配格局，促进中国中产阶级成长壮大。

一、调整政府、企业、居民在国民收入中的分配比例，增加居民及中产阶级收入占国民生产总值的比重

上一章分析国民收入分配对中产阶级发展的影响时，指出了我国国民收入分配格局明显不合理。其中，政府财政收入在国民收入中占比明显偏高，居民收入占比明显偏低。虽然企业与居民收入分配比例也不尽合理，考虑到企业是经济发展的基础，在当前企业盈利水平较低的情况下，不宜降低企业收入所

占比重。要提高居民收入在国民收入中的比重，必须降低政府收入即财政收入在国民收入分配中的比重。要做到这一点，必须解决两个问题：一是要不要降低财政收入的比例，二是能不能降低财政收入在 GDP 中的比例。前一个是必要性问题，也是一个理论问题；后一个是可能性问题，也是一个现实问题。

第一，从现代政府的作用看，特别是在发展市场经济条件下，政府收入不应该在国民收入分配中占比过高。按照有的学者的观点，21 世纪以来，财政收入在国民收入中的比重不断提高，是政府宏观调控的任务越来越重，需要集中一定财力支持。这种看法是值得商榷的。首先，政府的行政管理职能是相对稳定的，不应该人为扩大政府管理范围，增加政府管理机构和人员数量，增加这方面的财政支出。其次，在市场经济条件下，政府对经济活动的干预应该有明确的边界，政府的支出除了行政管理费用以外，主要是用来提供社会共产品，如教育、医疗、安全等，政府对经济的直接投资应该越来越少，政府直接配置的经济资源应该大幅减少，而主要应由市场来配置资源，由企业来承担投资主体的角色。因此，随着经济体制改革的不断深化，市场经济机制的越来越完备，政府财政支出应该减少，在国民收入中的比重也应该相应地不断降低。

第二，从经济发展的目的看，政府收入在国民收入中占比不应过高。思想的力量是强大的。较长一个时期以来，占主流地位的经济学是一种关于生产的经济学。在这种经济思想的影响下，许多国家经济政策的取向更加重视经济发展本身，而忽视了随着经济发展人民生活水平的提高。经济发展本来是提高人民生活水平的手段，改善人民生活才是经济发展的最终目的。现代国家的政府更应该关注就业和人民生活改善，而不是把经济增长放在政府工作的首位。在西方国家，政府调控的宏观经济目标是就业指标和物价指标，并不把保持经济增长速度作为必须完成的目标。在我们国家，现在经济发展本是手段却变成了目的，而目的本身即改善人民生活反而变得不重要了。这不能不说是经济活动和政府的迷失。比如我国改革开放以来的许多年中，经济增长速度都高于居民收入增长速度。2001年到2014年，国内生产总值年均增长9.8%，而城乡居民收入年均增长速度分别为9.2%和7.9%，直到2015年这种状况才开始扭转——国内生产总值增长8.4%，而居民收入增长8.9%，超过了经济增长速度。同时，为了保持经济增长速度，为政府集中更多财政收入提供了依据，多年来财政收入增长速度一直超过居民收入增长速度。比如，“十一五”时期财政收入年均增长21.3%，而居民收入年均增长只有9.7%[①]，财政收入增长幅度与居民收入增长幅度之间存在巨大差距。直到2017年，财政收入增长7.4%，居民收入增长7.3%，财政收入增长幅度仍然高于居民收入增长幅度[②]，但显而易见财政收入增长与居民收入增长之间的差距大大缩小了，说明国家和政府对人民生活的改善与以前相比越来越重视了。关于处理财政收入和人民收入之间的关系，我们应当从中国历史和文化中吸取智慧。西汉刘向在《说苑》一书中有这样一段记述，发人深省。“文王问于吕望曰：‘为天下若何?’对曰：‘王国，富民；霸国，富士；仅存之国，富大夫；亡道之国，富仓府’。”中国古代高明的政治家已经明白这样的道理，国家集中过多财富不是好事，真正好的政府总是更多地藏富于民，而不是藏富于“仓府”，即政府特别是中央政府。

---

① 见搜狐·实投金融，2016年10月19日。

② 见南方网，2018年1月23日。

第三，从当前国民收入分配结构看，降低财政收入所占比重是有空间的，是可行的。从当前我国财政收入占 GDP 比重看，仍然高于新加坡、美国等发达国家。如果按照发展市场经济的要求，明确政府干预经济活动的边界，减轻政府对经济发展承担的责任，我国不用集中当前这样数量巨大的财政收入。同时，如果对财政支出状况进行一点分析，可以看出，许多财政支出是可以大大减少的，国民收入中应该有更大的比例用于提高居民收入。网上有篇文章对 2017 年我国财政支出项目进行了分析，认为我国可减少税费 6 万多亿元，相当于当年财政收入的约三分之一。具体来说，在一般公共服务方面可减少 8022 亿元，在外交方面可减少 281 亿元，在科技方面可减少 3009 亿元，在文体传媒方面可减少 2296 亿元，在城乡社区支出上可减少 16379 亿元，在农林水和扶贫上可减少 10615 亿元，在交通运输上可减少 8320 亿元，在资源勘探信息上可减少 3359 亿元，在商业服务上可减少 1373 亿元，在金融上可减少 883 亿元，在住房保障上可减少 5879 亿元，合计 64757 亿元①。作者并不是凭空推断，而是对这些财政支出的效果和必要性进行了深入分析，并与其他国家的情况进行了对比得出的结论。比如，政府行政性开支这一项，2008 年是 8490 亿元，2017 年增加到 16510 亿元，几乎增加了一倍。考虑到行政事务工作量没有增加多少，而且随着市场取向经济体制改革的不断深化，行政事务应该逐步减少，2008 年的 8490 亿元应该能够满足行政机关运行的需要，不应该翻倍增加。再比如国家增加教育投入是天经地义的，但是也要做具体分析，是否学生人数特别是义务教育人数增加了，财政性教育经费使用是否合

① 见今日头条·财经，2019 年 1 月 7 日。

理，要看投入到哪些领域，产生了什么样的效果。教育经费 2008 年为 9010 亿元，2017 年是 30153 亿元，增加了一倍多。但是这期间义务教育的服务对象，初等教育（小学）人数从 2008 年的 1. 2666 亿人，减少到 2017 年的 1. 1589 亿人，减少 1100 多万人；中等教育（初中）人数，从 2008 年的 1. 3564 亿人，减少到 2017 年的 1. 111 亿人，减少 2450 万人；收费的高等教育服务的对象从 2695 万人增加到 3654 万人，增加了近 1000 万人；收费的学前教育服务的学生数量从 2008 年的 3515 万人增加到 6037 万人，增加了 2500 万人；教师数量变化也不大。由此可见，这十多年间，财政性教育投入增加一倍多，但学生数量却在减少，教师数量变化不大，同时教育质量和水平也没有明显提高，社会对中国教育质量颇多微词，很不满意，以致越来越多的家长用脚投票，不惜花重金从初中甚至小学就开始把孩子送到国外读书。那么由此可以做出判断，这些年增加的教育投资大部分投到盖大楼等基础设施上去了。但是，“所谓大学者，非谓有大楼之谓也，有大师之谓也。”我们花这么多钱，没有培养出多少大师，教育质量没有多少提高，可以说多投入教育的巨额财政经费，基本是白花了。如果教育没有根本性的改革和改善，这部分钱可以省下来另作他用。再比如，与世界上其他国家相比较，2010 年以来，我国财政支出增加最快。美国财政支出从 2010 年的 61702 亿美元增加到 2017 年的 69747 亿美元，8 年增加 13%；日本 2010 年到 2016 年 6 年间财政支出增加 6%；德国从 2010 年到 2017 年 8 年间财政支出增加 17. 7%，中国财政支出从 2010 年到 2017 年 8 年间增加了 126%！如果我们不是从政府的立场出发，而是采取中立的、客观的立场，也许作者的分析和结论并不是完全没有道理。姑且把作者提出的可以减税的数字拦腰砍一刀，财政支出减少 3 万亿元，那也大大高于这几年每年 6000—8000 亿元的税费减少额，说明减税和降低财政收入比重，提高居民收入比重，大有可为。近年来居民收入在国民收入中的比重有回升趋势，这是中央的正确决策。我担心的是，怕就怕出现反复、动摇，重新回到抑制居民收入增长、提高财政收入比重的老路上去。

二、调整不同社会群体收入分配格局，提高低收入和中等收入人群收入水平

我国居民之间收入分配方面也不尽合理。主要表现为：(1）城乡二元分割导致城乡收入分配不合理，农民工不能同工同酬，社会福利待遇和公共产品服务不平等，影响了农民工进入中等收入群体。(2）垄断部门员工凭借垄断地位获得高收入，与他们的贡献和努力程度没有多少关系，一方面抑制了竞争和经济活力，另一方面使垄断部门占有了过多国民收入，影响了更多社会成员进入中产阶级行列。(3）由于所得税制度设置不合理，低收入群体和中产阶级成为主要的纳税群体，而高收入者反而可以通过投资活动等方式免除纳税义务，影响了中产阶级的成长。(4）由于经济体制和法治不健全，在我国存在着大量地下经济活动，一部分社会成员获得了非法收入，一部分政府官员利用手中掌握的权力收受贿赂，侵吞了一部分社会财富。笔者在 20 世纪 90 年代出版了《地下经济研究》一书，那时正处于新旧体制急剧转换时期，各种地下经济活动如走私、偷税漏税、无照经营、利用价格双轨制倒买倒卖物资、行贿受贿大量存在，我在书中估计我国 20 世纪 90 年代末地下经济活动产值占国民生产总值的比重大约能占到

15%—20%[①]。现在法治比那时要健全，经济体制的漏洞也堵住了不少，估计地下经济收入在国民收入中占比应该有较大幅度的下降，但地下经济活动依然存在，这些经济活动获得的收入仍会是一个不小的数字。

解决不同社会群体收入分配不公和收入水平差距过大问题，就是要围绕上述几个方面采取政策措施，提高低收入和中等收入人群收入水平，调节过高收入，取缔非法收入，逐步取消不合理的高收入，促进更多社会成员进入中产阶级队伍。一是切实落实中央关于促进农民工融入城市的一系列政策，真正做到同工同酬，解决农民工在城市的户籍问题，在社会公共服务方面特别是子女入学、入园，住房，医疗等方面实行同等待遇，减轻农民工经济负担，提高农民工收入水平，使他们中的一部分人进入中产阶级行列。二是加快推进垄断行业改革，允许其他社会资本进入这些行业，开展平等的市场竞争，改变这些行业轻轻松松获得垄断利润、员工获得高收入的不合理状况，从而使更多社会成员可以通过公平竞争获得较高收入，进入中等收入阶层。三是在条件成熟时进一步提高个人所得税起征点，对高收入征收更高的税收，并堵住高收入者通过信托、投资等途径避税的渠道，使国家财政收入更多地来自高收入者交纳的税收，减轻低收入和中等收入阶层税收负担，使现有中产阶级人士经济地位更加稳定，使更多低收入者有机会进入中产阶级行列。2018 年国家决定把免征税额从月收入 3500 元提高到 5000 元，与多数工资收入者的期望相距甚远，也缺乏前瞻性。据网易当时对 3 万多名纳税人的问卷调查数据，认为个税免征额应在 1 万元以上（含）的占 50. 5%，8000 元以上

① 参见马传景：《地下经济研究》，山西经济出版社 1994 年版。

（含）的占69%，认为免征额为5000元的只占12.6%。据有关人士透露，相关部门曾算过账：从经济增长来看，2017年中国国内生产总值比2011年增长超过80%，照此推算，个税起征点应该是在月收入6300元以上；从城镇居民收入增长来看，2017年比2011年上涨了65%，照此推算，个税起征点应该在5800元以上。还有的专家指出，个税免征点的提高，至少应该跟上这7年来物价、工资和人均收入的增长，而这次提高个人所得税起征点，没有跟上以上几项数字的增长，谈不上前瞻性[①]。下次调整个税起征点时，应该思想再解放一点，调整幅度再大一点，起码要符合个税调整前瞻性的要求。四是打击地下经济活动，使一些合理的经济活动从地下走到地上来，对不合理、非法经济活动坚决打击，坚决惩处腐败，使一部分地下经济活动收入变成公开收入，或用于社会公共服务，或用于收入分配，增加低收入人群收入。

第三节　加快补齐民生短板，解除中产阶级后顾之忧

根据上一章的研究分析，民生领域中产阶级成长遇到的主要障碍是所谓“新三座大山”：住房、医疗和教育。为了解除中产阶级后顾之忧，防止现有的中产阶级人士滑落到低收入阶层，补齐民生短板的重点，就应该在“楼市、学市、医市”

① 李鑫：《个税调整额的设定应具有前瞻性》，载《改革内参·综合版》2018年第26期。

这几个领域真正发力，采取能落地的政策措施。

一、坚持房子是用来住的原则和市场化改革方向，防止房价过快、过大上涨

房价过快上涨掏空了中产阶级腰包，甚至掏空了“六个钱包”——包括夫妻双方父母的存款，不仅影响了基本消费需求的扩大，使经济发展缺乏需求拉动力，而且当一个家庭资产的大部分都凝结在房地产上时，那是“房奴”，他们过的生活不是中产阶级的生活。所谓中产阶级，经济上的含义不仅指收入水平，也包括生活方式、消费方式。如果每个月交了月供，剩下的收入只能维持基本生活，没有能力进行享受型、发展型消费，像前文中提到的那对夫妻，几年来没有买过一件超过 100 元的衣服，那就不是中产阶级的生活方式，而是穷人的生活方式。正因为如此，一些被高房价套住的中产阶级人士认为自己不是中产阶级，而是“被中产”了。另外，中产阶级人士大多是职业人士，是雇员，一旦经济形势逆转，所在企业或单位生产经营状况恶化，就会面临失业和收入断流的情况，就没有能力继续还款付息，就会陷入房子被收走，既失去工作又失去固定住所的危险处境。近十几年来，美国“铁锈带”大量的原中产阶级家庭就陷入了这样的困境。

保持房价稳定小幅上涨的关键是恢复房子是用来居住的本质属性，而不是把房子用来作为投资品倒买倒卖。要解决这个问题，一是要拓宽居民投资渠道，想方设法恢复资本市场如股市、债市的本来属性，使居民投资拥有更多渠道，不至于使绝大多数闲置资金都涌入房地产市场来。如果只是消费基金进入房地产市场，房地产价格的上涨不会幅度太大；如果投资基金也进入了房地产市场，资金供给量是海量数字，必然大大推高

房地产价格。毕竟房地产市场价格也是供求关系的函数。资金供求量大幅增加，房地产需求急剧增加，价格必然上涨；资金供给量平缓增加，对房地产的需求平稳增加，房地产价格上涨必然也是平稳的。二是出台房地产持有环节税收政策，使得拥有闲置房屋的居民不是把房地产留在手上待价而沽，而是设法租出去获得收入，使房屋资源都能够利用起来，扩大房屋供应。如果北京市、上海市的空置房都能进入租房市场，大城市的房地产价格就会稳定下来，不会出现一房难求和价格飞涨的情况。这样实际上形成了有钱人出钱盖房、买房，钱少的人租房住的局面。西方国家解决城市住房就是采取了这样的模式。当然，出台房地产持有环节税收政策，还面临一定的法律障碍，比如土地属于国有，不属于房屋持有者所有，法理上无法收土地所有税。而且在房地产开发环节，国家已经一次性收取了土地转让金，从法理上说也不能再向房屋持有者收税了。不过，国家还是可以对持有的房屋而不是针对土地收取一定的税收。三是深化房地产制度改革，改变政府翻手为云、覆手为雨，直接操纵房地产市场价格，造成一波又一波价格上涨的状况。事实上，正是由于地方政府增加财政收入的冲动，再加上政府直接插手二级土地市场，使得土地价格翻跟头一样的上涨，房地产开发商为了获得合理利润，必然水涨船高提高房屋价格，从而不断推高了房地产价格。当然，这两年地方政府按照中央的政策导向直接对房地产市场实行了行政干预，比如实行限购、限价等政策，一度使房地产价格出现了下降或小幅上涨，似乎达到了控制房地产价格的目的。但是，成也萧何，败也萧何，只要这种体制机制不改变，哪一天政府感觉财政吃不消了，需要房地产价格上涨，完全可以采取行政手段再一次把房地产价格推上去。2018 年年末，已经有几个地级市宣布放开房地产限购政策。既然有人开了头，中央对此也没有做出反应，不知道还会有多少地方政府也会重新拔掉开魔瓶的塞子。还要指出的是，运用行政手段限价、限购，房地产开发不能获得合理利润，扭曲了价格和市场，影响了房地产开发商拿地、盖房的积极性，一方面抑制了房屋供给，另一方面房屋需求仍然在正常增长，必然导致供给与需求之间的失衡，实际上酝酿着一波更剧烈的房地产价格上涨浪潮。

二、加快医疗体制改革和医疗保障体系建设，解决因病致贫问题

从一个医疗行业外行的角度看，搬掉压在中产阶级以及城乡人民头上的医疗负担这座“大山”，我以为主要应从下面两个方面着力。一是解决医疗费用过高问题，包括通过完善医生报酬制度，改变检查项目越多、开药越多越贵医生收入越高的状况，避免过度医疗，减轻患者负担。要借鉴有些执法部门收费和支出两条线的做法，使医生收入与患者医疗费用脱钩，用其他办法对医生的工作进行合理评价和获得合理报酬。二是完善医疗保障制度。应当扩大基本医疗保险支付范围，尤其是要把大病、重病纳入基本医疗保险，医疗费用主要由医疗保险基金支付，防止一个重病人拖垮一个家庭情况的发生。为了保证基本医疗保险基金充足，国家应当把更多财力投入基本医疗保险，提高基本医疗保险基金支付能力，做到应付尽付。随着经济发展水平提高和财政实力增强，应把城乡全体劳动者都纳入基本医疗保险中来。当然，从需要和可能两个方面考虑，城乡和不同地区保障水平可能有一定差别，但是今后发展方向应该是城乡人民、不同地区的居民享受同等水平的医疗保障。同时，要大力发展补充医疗保险，鼓励收入水平较高的社会成员

积极参加商业保险，享受更高水平的医疗服务和抵御大病风险。

近些年来，国内一些媒体毫无道理地夸大中国实力，同时闭眼不看事实，贬低一些发达国家。比如，在我们的媒体报道中，似乎日本已经成为了二流国家，发展情况远不如中国。真实的情况不但不像媒体告诉我们的那样，而且我国与日本等发达国家的差距远远超过我们的想象。世界卫生组织在最新的《世界健康报告》中，从医疗水平、接受医疗服务的难度、医药费负担公平性等方面对世界各国的医疗体系进行了综合评价。日本因为高品质的医疗服务和医疗负担的平等程度、国民寿命高等原因，再次蝉联世界第一，而中国排在第 64 位，落后于尚未从战乱中完全恢复的前南斯拉夫国家波黑（WHO：《World Health Report. 2018》）。当然，有的人会说，日本比中国发展水平高得多，中国不可能建成日本那样高水平的医疗服务体系。那么我们来看看上海与台湾地区医疗服务情况的比较，因为两地发展水平比较接近。2016 年，台湾地区 GDP 是 3.7 万亿人民币，财政收入是 4800 亿人民币；同年上海 GDP 是 2.7 万亿人民币，财政收入是 6400 亿人民币。台湾地区人口是 2350 万人，上海人口是 2400 万人。两地人口数量差不多，上海 GDP 比台湾地区少 1 万亿元人民币，但财政收入比台湾地区多 1600 亿元。在这样的情况下，台湾地区实行了免费医疗，临终关怀也是免费的。在上海，许多医疗服务项目和贵重药品特别是进口药品还是需要付费的，家庭成员一场重病依然会把中产阶级打回到低收入阶层。据有的文章介绍，北京一位老人患了癌症，在北京、美国治疗都没有什么效果，经朋友介绍到台湾地区治疗，住进了台湾地区最好的医院荣民总医院，接受了最好的治疗和看护，最终结果是治得了病救不了命，患者还是驾鹤西去了，结算费用时只有 2 万元左右人民币。在大陆这是不可想象的。所以，在当前我国经济发展水平下，医疗服务完全可以更好一点，居民医疗负担可以再多减轻一些。正如《孟子·梁惠王上》中所说，改善医疗服务，减轻医疗负担，并不是“挟太山以超北海”，而是“为长者折枝，是不为也，非不能也”。

三、按照教育的本质办教育，改变各类教育机构“吸金”现状

这一小节讨论的是如何减轻城乡居民家庭子女教育负担问题，下面还要专门讨论提高教育质量问题。根据我了解的情况，目前居民家庭子女教育负担重，主要发生在收费教育这个环节。比如，为了让孩子能上重点小学、重点初中和高中，以便以后能考上重点大学，经济条件比较好的家庭从幼儿园开始就要交纳一笔数目不小的择校费。同时，许多家庭还要花费重金给孩子报这样那样的补习班、特长班等，如音乐、体育、美术、奥数、英语班等。且不论这样的做法违反教育规律、不利于孩子健康成长，仅从减轻家庭教育负担的角度，也必须坚决改变。造成家长不惜重金为子女择校和参加各种各样的校外辅导班、补习班、特长班的根本原因，是因为客观上存在重点学校和普通学校的差别，而形成这种差别的重要原因是人为造成的，是政府行为。我个人认为，私立学校之间存在教学质量的差别，政府不必去改变这种现状。如果学生家长愿意花更多的钱送子女到好的私立学校上学，是他们自己的事，也不用政府操心。而公立教育机构一定不能再分成重点学校和非重点学校。尤其是政府不能做锦上添花的事情，越是好学校，政府给予的教育经费拨款和师资配置支持力度越大。我以为，美国职

业篮球协会即 NBA 的营运体制很值得我们的教育部门借鉴。NBA 的核心理念是努力使各支球队之间的实力保持合理差距。采取的措施有：设定一个“工资帽”，球员工资总额不能突破这个数额，防止财力雄厚的球队把顶尖球员都招到队中。同时，在 NBA 的几十支球队中，排在后面的几支球队能够获得优先选秀权，签到最有潜质的球员。相反排在前面的球队，选秀时要排在后面。这样运行的结果，原来成绩较差的球队经过一段时间的调整，水平会很快赶上来。因此，在 NBA 几十支球队中，实力没有绝对的悬殊，排在后面的球队完全有机会战胜排名靠前的球队。这就是所谓“NBA 无弱旅”。我们的教育管理部门应该在教育经费拨款、师资配置等方面，持续重点支持教学水平暂时落后的学校，促使它们的教学水平不断提高，直到与所谓重点学校教学水平没有明显差别。这种重点支持的对象要动态调整，根据各个学校教育质量变化，及时对教学水平落后的学校予以支持。按照这种思路和模式，经过一段时间以后，同一城市或地区各个学校的教学质量就会大体平衡，人们就没有必要花重金择校，也没有必要为孩子报这样那样的补习班、辅导班、特长班，背上沉重的经济负担，既搞得孩子没有童年，家长也因为陪孩子学习而疲于奔命。当然，这样做是否可行，还要请教教育专家。不过，这些年我国居民教育负担似乎一直没有减轻，老百姓对教育质量的不满反而越来越强烈了。

第四节 全面深化教育改革，拓宽中产阶级成长通道

在现阶段，与发达国家的情况相仿佛，中国中产阶级特别是新中产阶级主要是那些通过接受良好教育、掌握了专业知识与技能、获得一份稳定工作和较高报酬的专业人士。因此，要促进中国中产阶级进一步发展壮大，很重要的一个抓手就是办好教育，通过教育培养更多专业技术人才，从而改变人们的命运，使更多的社会成员上升到中产阶级行列。

就我国当前教育现状而论，是难以担当这一重任的。正如我们在讨论中国教育问题时所指出的，中国教育的问题不在数量，而在质量；不在于教育投入不足，而在于教育体制机制和教育理念、办学方法，等等。我以为，解决中国教育问题，当务之急不是继续盲目加大投入，而是要深入研究产出端出现了哪些问题，多在产出端采取措施、想办法。一是尊重教育自身发展规律，改革教育体制，真正改变行政部门和行政官员过多干预教育、学校跟着行政机关指挥棒转的现状，取消这样那样的行政评比、验收活动，真正做到教育家办学，把学生作为教育的中心，把培养社会需要、品行端正、有真才实学的合格人才作为办学目标。二是引入市场竞争机制，冲击一下现有教育体制和办学方法。中国传统教育体制机制和办学理念、办学方法根深蒂固，期望教育界人士自我革命、深化改革、解决教育的痼疾，难度很大，完全可以借鉴经济体制改革的经验和做法，首先在增量改革上想办法，鼓励民营资本和其他社会资本

兴办学校，采取新的办学理念和教育方法，用体制外教育的发展冲击原有教育机构，促使原有中小学和大学改革创新。最近，马云等民营企业家合作创办湖畔大学，宣布要按照教育的本来规律办学，培养高层次科技人员，希望能够取得好的效果，为中国民营教育趟出一条路子，产生示范效应，也对我们原来的大学教育形成冲击，增加教育改革的紧迫感。三是调整教育结构和培养目标，根据经济社会发展需要确定培养目标。要纠正多数大学都把建设研究型大学作为目标的做法，大多数大学应当把培养社会需要的实用型人才作为主要任务和目标。因此，要改革课程设置，增加技能型、适用性课程。要调整高等学校结构，减少普通高等学校的数量，把一批普通高校变成高等技术学院，培养技能型人才。最近，教育部决定把200多所普通高等学校变成职业技术院校，开了一个好头，还应该把更多普通高校变成职业技术院校。

参考书目

［英］A. 格兰特：《社会主义与中间阶级》，盛震溯译，商务印书馆 1964 年版。

［美］C. 米尔斯·莱特：《白领：美国的中产阶级》，周晓虹译，南京大学出版社 2016 年版。

［美］丹尼尔·贝尔：《后工业化社会的来临——对社会预测的一项探索》，高銛译，商务印书馆 1984 年版。

［德］爱德华·伯恩斯坦：《社会主义的前提和社会民主党的任务》，殷叙彝译，生活·读书·新知三联书店 1965 年版。

［日］大前研一：《M 型社会：中产阶级消失的危机与商机》，刘锦秀、江裕真译，中信出版社 2010 年版。

［前南］密洛凡·德热拉斯：《新阶级》，陈逸译，世界知识出版社 1963 年版。

［美］托马斯·弗里德曼：《世界是平的》，何帆、肖莹莹、郝正非译，湖南科学技术出版社 2005 年版。

［美］保罗·福赛尔：《格调：社会等级与社会品位》，梁丽真、乐涛、石涛译，世界图书出版公司 2012 年版。

［美］A. W. 古尔德纳：《知识分子的未来和新阶级的兴起》，顾晓辉、蔡嵘译，江苏人民出版社 2006 年版。

顾俊礼：《福利国家论析——以欧洲为背景的比较研究》，经济管理出版社 2002 年版。

［美］吉尔伯特、卡尔：《美国阶级结构》，彭华民、齐善鸿译，中国社会科学出版社 1992 年版。

［美］李成编著：《〈中产〉中国——超越经济转型的新兴中国中产阶级》，许效礼、王祥钢译，上海译文出版社 2013 年版。

李春玲主编：《比较视野下的中产阶级形成：过程、影响以及社会经济后果》，社会科学文献出版社 2009 年版。

李春玲：《断裂与碎片：当代中国社会阶层分化实证分析》，社会科学文献出版社 2005 年版。

周晓虹主编：《全球中产阶级报告》，社会科学文献出版社 2005 年版。

陆学艺主编：《当代中国社会阶层研究报告》，社会科学文献出版社 2002 年版。

陆学艺主编：《当代中国社会结构》，社会科学文献出版社 2010 年版。

［美］约翰·斯梅尔：《中产阶级文化的起源》，陈勇译，上海人民出版社 2006 年版。

孙寿涛：《发达国家工人阶级的演变》，经济管理出版社 2007 年版。

夏建中：《社会分层、白领群体及其生活方式的理论与研究》，中国人民大学出版社 2008 年版。

郑杭生：《中国社会结构变化趋势研究》，中国人民大学出版社 2004 年版。

周琪：《当代西方社会结构：理论与现状》，中国社会科学出版社 1995 年版。

秦言：《中国中产阶级：未来社会结构的主流》，中国计划出版社 1999 年版。

马传景：《穷人经济学导论》，商务印书馆 2018 年版。

苏海南等：《当代中国中产阶层的兴起》，浙江大学出版社 2015 年版。

安然：《政府、市场与中产阶级》，北京师范大学出版社 2016 年版。

［英］劳伦斯·詹姆斯：《中产阶级史》，李春玲、杨典译，中国社会科学出版社 2015 年版。

跋

人生难得有益友。何谓益友？“友谅友直友多闻。”我要说，因为有良师益友的鞭策与关心，才有这本书的问世。

从 2001 年到 2013 年，我在国务院研究室工作，负责国务院领导同志文稿起草和经济政策研究工作。我深知所承担工作的重要性和艰巨性，即使全力以赴也难以完全达到要求，没有余力左顾右盼，使我的学术研究活动中断了十多年。2013 年年初转任中央企业专职外部董事后，进入一个全新的工作领域，需要抓紧学习企业经营管理方面的专业知识，熟悉任职企业的业务情况。尽管这样，与以前那种没日没夜的工作状态相比还是有了一些空闲时间，遂萌生了重拾学术研究的念头。到了 2014 年下半年，这种朦胧念头演化成强烈冲动，一些酝酿已久的想法喷薄欲出，在三个月的时间内一口气写出了《富人经济学批判》。该书于 2015 年出版并入选 2016 年“经典中国出版工程”。书出来后，迫不及待地送给至爱亲朋，说是请大家批评指正，实际上也是向大家宣示，“画省待漏”12 个春秋，本人学术研究的武功还没有废掉。朋友们聚会时，大家对《富人经济学批判》出版表示了祝贺，同时问我：有富人经济学，是不是还有穷人经济学？我说这正是我下一本书研究的内容。有的朋友说，你要是再写一本中产阶级的书，就比较全面了。一语点醒梦中人，这倒是我当时没有想到的。研究中产阶级经济问题的念头，就在那时种下了。

由于我研究写作《穷人经济学导论》的过程十分艰难和旷日持久，书稿完成后，很长一段时间内打不起精神着手研究中产阶级经济问题。后来，还是在朋友们的激励下，我重新抖擞精神，不再恍兮惚兮，进入了研究写作《中产阶级经济论》的工作状态。经过一年多的紧张研究和写作，现在这本书终于可以交稿了。交代这本书的成书过程，主要是想感谢朋友们的激励和鞭策。这件事也充分说明，人能做成多大事情很大程度上取决于所处的环境，你交往的朋友的高度，决定了你自身的高度。

经济关系、经济现象之间存在着内在的现实经济联系，也存在着必然的理论逻辑。当你研究认定经济学应该为增进占人口大多数的普通人、而不仅仅是富人的福祉出谋划策，逻辑上必然指向如何增进大多数人特别是穷人利益的理论和政策研究。当你深入研究穷人的出路问题时，就会得出穷人上升的必然逻辑是进入中产阶级行列，需要对发展中产阶级的种种经济问题进行探索。经济研究就是这样，从一个点出发，发散开来，可以指向四面八方，引出越来越多的未知问题和研究课题。人生时光有限，能做的事情不多。我以为，《富人经济学批判》《穷人经济学导论》《中产阶级经济论》可以称为我的“当代中国经济三论”，从若干个侧面对中国经济形成了自己比较系统的看法。“删繁就简三秋树，标新立异二月花”。人生到了即将退休的阶段，不必再汲汲于名利二字，著书立说时没有必要人云亦云、拾人牙慧。或筚路蓝缕，开山立派；或旁逸斜出，另立新说，要说就要说点有创见的话。给自己树立这样的标杆，凭空加大了研究工作的难度。我完成上述三本书所经历的艰辛和付出的心血，正难与他人言说矣。至于这些书能够对现实经济产生多大影响，作者就无法控制了。在一个全民刷屏的时代，对此我不抱乐观态度。即使这样，那又如何？在自己内心驱使下，认认真真做该做的、想做的，并且争取做好，我看就挺好。

几年前，亿万富翁王健林的儿子王思聪向社会公布了他的“小目标”：一年先挣两个亿。这对于绝大多数人来说，不是“小目标”，而是不可能完成的目标。但是，无论个人抑或国家，还是应该有一个目标。有了目标就有了奋斗方向。一个国家要有一个大目标，也要有一些“小目标”。就像跑马拉松，一想到起点到终点有 40 多公里，不少人就会打起退堂鼓。如果在心理上把马拉松全程分解成四段，每一段 10 多公里，一段一段跑下去，依次完成一个又一个近期目标，就能鼓起跑下去的决心和信心。再比如摘树上的果子，跳一下可以够得到，人们就会努力地跳；如果完全高不可及，人们索性连跳都不跳一下。所以，我们的国家要有实现中国民族伟大复兴的中国梦这样的大目标，也要有一些小目标，比如让多数人进入中产阶级行列。要知道，对这些小目标老百姓一样很在意或者更向往。放在二十世纪三四十年代，中国农民向往“二十亩地一头牛，老婆孩子热炕头”，千千万万的庄稼汉跟着共产党闹革命，就是为了奔向这样的“小目标”。而在今天，典型的中产阶级“小目标”也是很有诱惑力的：在城市郊区拥有一座房子、家里有一辆以上的小汽车再养上一条狗。如果在党的领导下，能使大多数人实现了这个“小目标”，中国共产党就完成了前无古人的伟业，就不愧为伟大、光荣、正确的党。为了实现这个“小目标”，值得党和全体人民为之不懈奋斗。中国的经济学家也应当以极大热情、投入足够精力研究如何才能实现这个目标，为实现这个目标做出应有的理论贡献。

衷心感谢研究出版社抬爱，愿意出版我关于中国中产阶级经济问题的研究成果。明明知道一本书虽然有一定学术价值和实践意义，但也不会大红大紫、洛阳纸贵，仍然决定出版，这需要魄力，也需要品位和格局。冷眼环顾，世道人心，开口言利，这就尤其难能可贵。感谢责任编辑张立明先生一丝不苟和高职业水准的工作，保证和提高了书稿的质量。

我对于中国中产阶级经济的研究还处于起步阶段，还要在这个领域继续深耕。我也希望更多的经济学者关注中国中产阶级的成长，深入研究中国中产阶级经济问题，建立有中国经济学派风格、较为系统完整的中产阶级经济学说体系。由于作者水平有限，书中难免有疏漏和瑕疵，诚恳欢迎读者批评指正。

马传景

2019 年 4 月 1 日